新编21世纪高等职业教育精品教材

智慧财经系列

成本会计：
成本核算与管理
（第三版）

主　编◎赵峰松　费琳琪
副主编◎徐　艳　张俊清
范晓娟　徐玉萍

中国人民大学出版社
·北京·

图书在版编目（CIP）数据

成本会计：成本核算与管理/赵峰松，费琳琪主编 . 3 版 . -- 北京：中国人民大学出版社，2025. 3
（新编 21 世纪高等职业教育精品教材）. -- ISBN 978-7-300-33190-4

Ⅰ. F234. 2

中国国家版本馆 CIP 数据核字第 2024XN6869 号

新编 21 世纪高等职业教育精品教材 · 智慧财经系列

成本会计：成本核算与管理（第三版）

主　编　赵峰松　费琳琪

副主编　徐　艳　张俊清　范晓娟　徐玉萍

Chengben Kuaiji：Chengben Hesuan yu Guanli

出版发行	中国人民大学出版社		
社　　址	北京中关村大街 31 号	**邮政编码**	100080
电　　话	010－62511242（总编室）		010－62511770（质管部）
	010－82501766（邮购部）		010－62514148（门市部）
	010－62515195（发行公司）		010－62515275（盗版举报）
网　　址	http://www. crup. com. cn		
经　　销	新华书店		
印　　刷	北京昌联印刷有限公司	**版　　次**	2017 年 8 月第 1 版
开　　本	787 mm×1092 mm　1/16		2025 年 3 月第 3 版
印　　张	18. 25	**印　　次**	2025 年 3 月第 1 次印刷
字　　数	406 000	**定　　价**	49. 00 元

前　言

中华文化源远流长，博大精深。会计文化的产生与发展贯穿于中国社会经济发展与政治变革中，从传说中的会计萌芽到当今社会的会计繁荣，中国会计文化犹如一部绵延千年、博大深沉的乐章，谱写着社会经济的发展。本书以党的二十大精神为引领，全面贯彻党的教育方针，落实立德树人根本任务，坚定文化自信，弘扬工匠精神，推进习近平新时代中国特色社会主义思想进教材、进课堂、进头脑。为了及时反映新时代课程教学改革的成果，满足高职高专院校财经类专业的教学需要及相关人员在岗培训的需求，本书从培养专业能力、方法能力、社会能力、学习能力出发，以服务专业、服务后续课程、服务应用、服务市场为宗旨，按照理实一体化的教学模式编排内容。在此基础上，编者总结多年的工作经验和教学经验，在第二版的基础上对教材进行了全面的修订和完善。修订后的教材具有以下特点：

1. 全面反映新时代教学改革成果

教材以《教育部关于职业院校专业人才培养方案制订与实施工作的指导意见》（教职成〔2019〕13号）、《教育部关于印发〈中小学教材管理办法〉〈职业院校教材管理办法〉和〈普通高等学校教材管理办法〉的通知》（教材〔2019〕3号）为指导，以现行企业会计准则、税法和2014年1月1日起施行的《企业产品成本核算制度（试行）》为依据，以课程建设为依托，全面反映新时代产教融合、校企合作、创新创业教育、工作室教学、现代学徒制和教育信息化等方面的教学改革成果，以培养职业能力为主线，将探究学习、与人交流、与人合作、解决问题、创新能力的培养贯穿教材始终，充分适应不断创新与发展的工学结合、工学交替、教学做一体化，以及项目教学、任务驱动、案例教学、现场教学和顶岗实习等理实一体化教学组织与实施形式。

2. 以“做”为中心的“教学做合一”教材

教材按照“以学生为中心、学习成果为导向、促进自主学习”思路进行开发设计，弱化“教学材料”的特征，强化“学习资料”的功能，将企业成本会计岗位任职要求、职业标准、工作过程或产品作为教材主体内容，将相关理论知识点分解到工作任务中，便于运用“做中学”教学模式，体现“教学做合一”理念。

3. 编写体例、形式和内容适合职业教育特点

教材结构设计符合学生认知规律，采用模块化设计，以“任务”为驱动，强调“理实一体、学做合一”，更加突出实践性，力求实现情境化教学。教材共分十个模块，下设若干任务，每个任务以“案例导入”开头，激发学生的学习兴趣，明确“学习目标”。每个任务下设置具体“学习任务”，学生通过完成具体任务，循序渐进地实现必要知识的积累和实践动手能力、分析问题能力的提高，符合学生的认知规律和接受能力。

教材体系既体现了成本计算程序，又考虑到企业成本管理需要，在附录中增加了成本管理相关应用指引，并配备适当的技能训练，引导学生不但要做“核算会计”，还要承担“管理职能”。体系设计符合教学规律的要求，同时还考虑到了高职高专层次不同类别学校及不同专业的教学需要。

4. 新形态一体化教材，实现教学资源共建共享

发挥“互联网+教材”的优势，教材配备二维码学习资源，手机扫描教材上的二维码，即可获得数字课程资源支持。同时，提供配套教学课件、课程标准、技能训练答案等供任课教师使用。新形态一体化教材便于学生即时学习和个性化学习，有助于教师借此创新教学模式。

5. 校企“双元”合作开发教材，实现校企协同“双元”育人

教材紧跟产业发展趋势和行业人才需求，及时将产业发展的新技术、新工艺、新规范纳入教材内容，反映典型岗位（群）职业能力要求，并吸收行业企业技术人员、能工巧匠等深度参与教材编写。教材在编写团队深入企业调研的基础上开发完成，多数案例来源于企业真实业务。营口经济技术开发区勤缘会计培训中心校长刘秀林女士，具有多年的企业会计工作阅历和社会学员培训经验，为教材的编写提供了诸多宝贵意见。

本教材编写分工如下：辽宁农业职业技术学院赵峰松拟定编写大纲，编写前言、模块一、模块二、模块四、模块九，并负责全书的总纂；费琳琪编写模块三、模块五，并负责全书的审核；徐艳编写模块六和模块八；张俊清编写模块七；范晓娟、徐玉萍编写模块十和整理附录。

教材在编写过程中，参阅和选用了国内外有关专家和学者在成本核算方面的一些新的理念和成果，在此深表感谢。

限于编者水平有限，经验不足，疏忽之处在所难免，恳求广大读者批评指正，以便于我们在今后的重印和修订过程中及时修正。

编者

目　录

模块一

成本会计认知

知识目标

- 能描述成本会计的含义、职能
- 能说明成本的开支范围
- 能解释成本核算基本要求及基本程序

技能目标

- 能够对实际生产、生活中的各项列支进行支出、费用、成本的区分
- 能够正确确定成本会计的对象，恰当选择成本会计计算的方法

素养目标

- 坚定会计文化自信
- 热爱会计职业

任务一 认识成本会计

案例导入

华为是全球领先的信息与通信技术（ICT）解决方案供应商，专注于ICT领域，坚持稳健经营、持续创新、开放合作，在电信运营商、企业、终端和云计算等领域构筑了端到端的解决方案优势，为运营商客户、企业客户和消费者提供有竞争力的ICT解决方案、产品和服务，并致力于实现未来信息社会、构建更美好的全链接世界。

2022 年 8 月 3 日，《财富》公布世界 500 强榜（企业名单），华为排名第 96 位。2020 中国民营企业 500 强华为排名第一，2022 年华为获得收入 6 423 亿元。

思考：华为成功的原因是什么？

学习目标

通过学习，能描述成本会计的含义、职能和任务。

相关知识

一 成本会计的含义

成本是商品经济的价值范畴，是商品价值的组成部分，是企业进行生产经营活动或为达到一定的经济目的，而耗费一定的资源（人力、物力和财力），其所耗费资源的货币表现及其对象化称为成本。产品成本是企业为了生产产品或提供劳务而耗用的各项耗费或支出。

成本会计是运用企业会计的基本原理和一般原则，采用一定的技术方法，对企业生产经营过程中发生的各项费用和产品（劳务）成本进行连续、系统、全面、综合的核算和监督的一种管理活动。

成本会计是一种专业会计，是现代会计的一个重要分支，有广义和狭义之分。狭义的成本会计是指只进行产品成本的计算工作；广义的成本会计则是指进行成本预测、决策、计划、控制、核算、考核和分析等管理活动。

二 成本会计的职能

成本会计的职能

成本会计的职能，是指成本会计所具有的客观功能。成本会计的职能在不同的历史时期体现为不同的内容。现代成本会计一般具有成本预测、成本决策、成本计划、成本控制、成本核算、成本分析、成本考核等职能。

学习任务 1 请扫码深入学习成本会计的职能，并归纳各项职能之间的关系。

做中学	各项职能之间的关系：

三 成本会计的任务

成本会计是企业经济管理的重要组成部分，它的任务由企业经营管理的要求所决定，根本任务是企业尽可能节约生产经营过程中活劳动和物化劳动的消耗，不断降低产品成本，提高经济效益。成本会计的任务主要有：

（1）正确计算产品成本，及时提供成本信息。

（2）优化成本决策，确立目标成本。

（3）加强成本控制，防止挤占成本，注重效益。

（4）建立成本责任制度，加强成本责任考核。

知识园地

成本的开支范围

任务二　成本核算基本要求及基本程序

案例导入

某生产企业20××年6月份有关数据如下：

（1）购进材料50万元，其中60%被生产领用。

（2）发生人工薪酬总额为20万元，其中，生产工人薪酬10万元，生产车间主任和其他生产管理人员薪酬2万元，厂部管理人员薪酬3万元，销售人员薪酬5万元。

（3）贷款购买设备的利息8 000元（设备已经投入使用）。

（4）支付水电费5 000元，环保部门罚款1万元，保险费6 000元。

（5）计提折旧费2万元，其中厂部办公楼折旧1万元，厂房、机器设备折旧1万元。

（6）本月无期初在产品，当月投产100件产品，95件已经完工，在产品生产所需的费用也已全部投入完毕。

思考：该企业6月份生产费用和期间费用各为多少？成本核算程序如何设计？

学习目标

通过学习，能解释成本核算基本要求和基本程序。

相关知识

一　成本核算基本要求

成本会计的核算过程，既是对生产经营过程中发生的各种耗费进行归类、反映的过程，也是为了满足企业管理要求进行信息反馈的过程，还是对成本计划的实施进行检验和控制的过程。成本会计的核算除了遵循核算原则外，还应符合以下各种要求：

（1）加强对费用的审核和控制。

（2）正确划分各种费用的界限。

（3）正确确定财产物资的计价和价值结转方法。

（4）做好各项成本核算的基础工作。

学习任务 2 请扫码深入学习成本核算基本要求。

成本核算基本要求

二 成本核算基本程序

产品成本核算的基本程序是指根据成本核算的基本要求，对生产费用进行分类核算，并按成本项目进行归类，直到计算出完工产品成本的基本工作过程。工业企业的产品成本核算是一项比较复杂的工作，所涉及的内容及运用的方法很多，但总体而言，企业生产费用的发生过程，就是产品成本的形成过程；产品成本的计算过程，就是将各种生产费用进行归集和分配，最后计入各种产品成本，按成本项目反映完工产品成本和期末在产品成本的过程。工业企业成本核算基本程序具体如下：

（1）确定成本计算对象。

（2）确定成本计算项目。

（3）确定成本计算期间。

（4）审核生产费用。

（5）归集、分配生产费用。

（6）计算月末完工产品成本与月末在产品成本。

（7）已销售产品成本的结转。

企业的成本核算程序如图 1－1 所示。

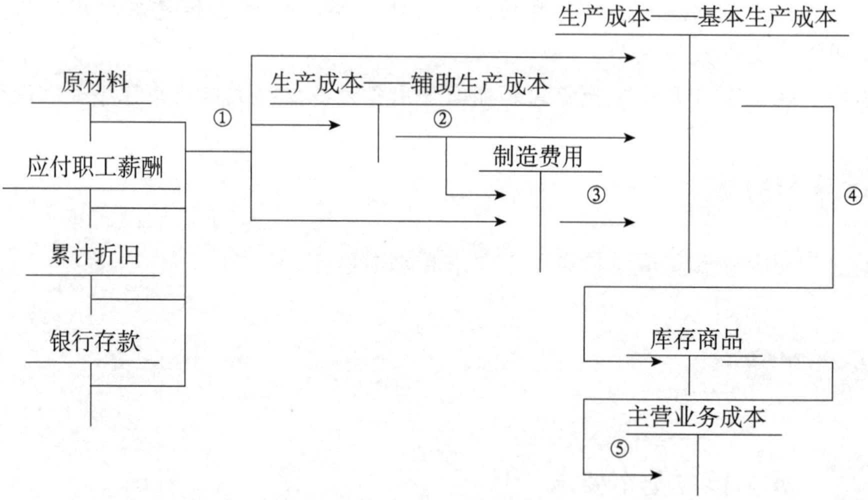

图 1－1 企业的成本核算程序

说明：①归集、分配原材料费用、外购动力费用、人工费用和其他费用。

②归集、分配辅助生产费用。

③归集、分配基本车间制造费用。

④确定月末在产品成本，计算并结转完工产品成本。

⑤结转已销售产品的生产成本。

知识链接

工业企业的支出、费用与产品成本的关系

工业企业的支出、费用与产品成本是三个关系极为密切的概念，三者之间的关系如图 1－2 所示。

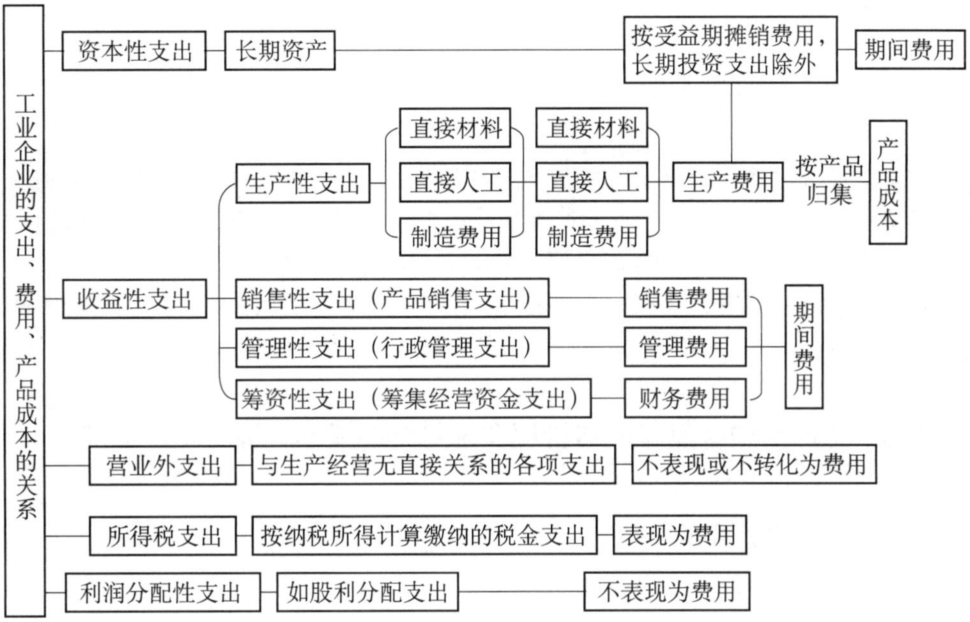

图 1－2　工业企业的支出、费用与产品成本之间的关系

要深刻理解成本核算的内容，就必须清楚支出、费用、成本三者之间的关系，请扫码深入学习支出、费用与产品成本的关系。

支出、费用与产品成本的关系

任务三　成本会计的对象和成本核算方法的选择

案例导入

佳美服装厂常年加工四种化工企业工作服，通过市场销往全国各地。该加工厂设有裁剪、缝纫、熨烫整理三个基本生产车间，一个机修辅助车间。因服装在生产过程中形成的半成品不具有独立经济意义，所以半成品不核算，不设半成品库。企业可以工作服的品种或工作服的生产步骤为成本计算对象，采用品种法或分步法核算，而企业采用了品种法核算。

思考：企业为什么采用了品种法核算？依据影响成本核算方法选择的因素回答。

学习目标

通过学习，能描述成本会计的对象，能解释如何选择成本核算方法。

相关知识

一 成本会计的对象

成本会计的对象是指成本核算和监督的内容。由于成本会计研究的主要是物质生产部门为制造产品而发生的成本即产品生产成本，因此，成本会计核算和监督的内容也主要是指产品生产成本。需要说明的是，在产品生产过程中，除了发生生产耗费外，还会发生筹资支出、管理支出和销售支出等经营管理费用。由此可见，对于产品制造企业来说，成本会计的对象包括产品的生产成本和经营管理费用。

二 生产类型特点与成本管理要求对产品成本计算方法的影响

（一）企业的生产类型

企业生产按不同的生产标准，可以分为不同的生产类型。企业的生产类型可以按生产工艺过程的特点和生产组织方式进行划分。产品制造企业的生产类型如图 1－3 所示。

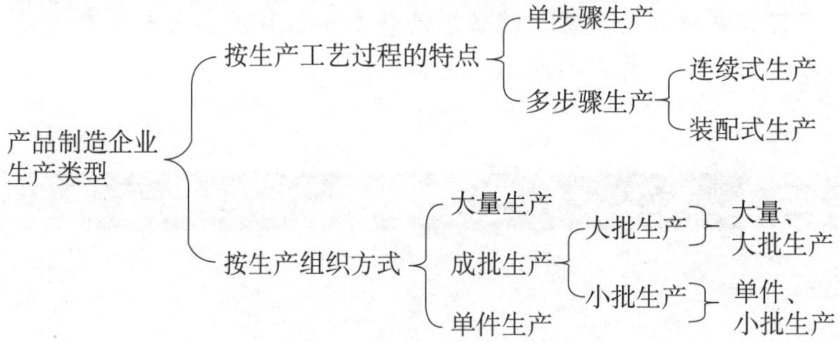

图 1－3 产品制造企业的生产类型

企业的生产类型

学习任务 3 请扫码深入学习企业的生产类型。

（二）影响产品成本计算方法的因素

企业为了正确计算产品成本，就必须正确确定成本计算方法。成本计算方法的确定，取决于企业的生产类型特点与成本管理要求。企业生产类型不同，对成本进行管理的要求也就不同，生产类型特点与成本管理要求必然影响产品成本计算方法的确定。这一影响主要表现在如何确定成本计算对象、如何确定成本计算期、生产费用在完工产品与期末在产品之间是否分配以及如何分配等方面。

学习任务 4　请扫码深入学习生产类型特点及成本管理要求对产品成本计算方法的影响。

生产类型特点及成本管理要求对产品成本计算方法的影响

三　产品成本的计算方法

(一) 产品成本计算的基本方法

产品成本计算方法的确定，取决于企业的生产类型特点和成本管理要求。根据前述，为了适应企业生产类型的特点和满足企业成本管理要求，在确定产品成本计算对象时，有三种不同的成本计算对象，即产品的品种、产品的批别和产品的生产步骤。而不同的成本计算对象，就形成了以成本计算对象为主要标志（或以其命名）的三种成本计算方法，它们分别是品种法、分批法、分步法。

1. 品种法

以产品品种为成本计算对象的产品成本计算方法，称为品种法。其适用于单步骤的大量、大批生产企业，如发电、采掘等；也适用于不需要分步骤计算成本的多步骤的大量、大批生产企业，如造纸、水泥等。

2. 分批法

以产品的批别为成本计算对象的产品成本计算方法，称为分批法。其适用于单件、小批生产企业或管理上不要求分步骤计算成本而要求分批别计算成本的多步骤生产企业，如船舶制造、重型机器制造、电梯制造等。

3. 分步法

以产品生产步骤为成本计算对象的产品成本核算方法，称为分步法。其适用于大量、大批多步骤生产企业，如纺织、冶金、机器制造等。

表 1-1 为产品成本计算三种基本方法比较，对三种方法下企业的生产类型、成本管理要求与成本计算对象和成本计算方法之间的关系进行了说明。

表 1-1　产品成本计算三种基本方法比较

成本计算方法	成本计算对象	成本计算期	期末在产品成本的计算	适用范围	
				生产类型	成本管理要求
品种法	产品品种	定期按月计算	单步骤生产一般不需要计算；多步骤生产一般需要计算	大量、大批单步骤生产或大量、大批多步骤生产	管理上不要求分步骤计算成本
分批法	每批或每件产品	与生产周期一致，一般不定期计算	一般不需要计算	单件、小批单步骤生产或单件、小批多步骤生产	管理上不要求分步骤计算成本
分步法	产品品种及其所经过的生产步骤	定期按月计算	需要计算	大量、大批多步骤生产	管理上要求分步骤计算成本

由于这三种方法是计算产品实际成本必不可少的方法，因此是产品成本计算的基本方法。企业应根据自身生产类型的特点及管理要求，选择正确的方法计算产品生产成本。

（二）产品成本计算的辅助方法

在实际工作中，在上述三种基本方法的基础上，企业还会采用其他成本计算方法，即分类法和定额法。

在产品品种、规格繁多的企业，采用品种法计算成本工作量较大，为了简化成本计算工作，还可以采用一种简便的产品成本计算方法——分类法。分类法是以产品类别为成本计算对象，将生产费用先按产品的类别进行归集，计算各种产品成本，然后再按照一定的分配标准在类内各种产品之间分配，以计算各种产品成本的方法。在定额管理工作基础好的企业，为了配合和加强定额管理，加强成本控制，更有效地发挥成本核算的分析和监督作用，还采用了一种将符合定额的费用和脱离定额的差异分别核算的产品成本计算方法——定额法。定额法是以产品定额成本为基础，加上（或减去）脱离定额差异和定额变动差异，来计算产品成本的一种方法。这两种方法与生产类型无直接联系，主要与简化成本计算工作和加强成本管理有联系。从计算产品实际成本角度来说，它们不是必不可少的产品成本计算方法。因此，分类法和定额法是产品成本计算的辅助方法，这些辅助方法一般与基本方法结合使用，而不能单独使用。

知识园地

组织成本会计工作

在工业企业中，根据生产类型的特点和管理要求采用不同的成本计算方法，主要是为了正确提供成本核算资料以加强成本管理。但是，无论哪种类型的企业，无论采用哪种成本计算方法，最终都必须按照产品品种计算出产品成本。因此，按照产品品种计算成本，是产品成本计算最一般、最起码的要求，在成本计算的基本方法中，品种法是最基本的成本计算方法。

模块二 产品成本构成要素的归集与分配

知识目标

- 能说明产品成本构成要素有哪些
- 能描述产品成本构成要素归集和分配的方法

技能目标

- 能够对产品成本构成要素费用进行正确的归集
- 能够将归集的各项费用在受益对象间进行合理的分配

素养目标

- 养成“诚信为本、操守为重、遵循准则、不做假账”的职业操守
- 养成诚信敬业、实事求是的职业操守

任务一 材料费用的归集与分配

案例导入

美林公司是一家生产服装的企业，产品主要销往韩国市场，20××年实现销售收入8 000万元。某日，销售经理收到某俄罗斯商人邮件，想洽谈下一年价值800万元的服装订单，但是服装的款式、材料等与以前销往韩国的产品不一样，生产工艺也不完全相同。销售经理向财务部和生产部求助，麻烦他们协助提供材料成本、制造费用等产品成本相关信息。

思考： 服装成本构成要素有哪些？如果销售经理向你求助，你如何收集这些信息，并提供给销售部呢？

学习目标

通过学习，会描述材料费用归集和分配的方法，能够合理分配材料费用。

相关知识

材料费用包括企业生产经营过程中耗费的原材料（原料及主要材料）、辅助材料、设备配件、外购半成品、燃料、低值易耗品、包装物等而发生的费用。

一　材料费用的归集

材料费用的归集是指企业在生产经营过程中发生的各种材料费用，都必须按照领用材料的类别、名称、规格、数量、单价、金额、领用单位、用途等填制原始凭证。主要填制的原始凭证如下。

（一）领料单

领料单是一次使用的领发料凭证，每领一次材料填写一次。它适用于难以用消耗定额控制和不经常领用的材料，一般要求一单一料一用途，以便分类汇总。领料单一式三联，其中，一联留存领料单位备查；一联留存发料仓库，据以登记材料明细账；一联送交会计部门据以进行材料发出的账务处理。领料单的格式如表 2-1 所示。

表 2-1　领料单

领料单位：　　　　　　　　　　　年　月　日　　　　　　　　　　　编号：

用途：　　　　　　　　　　　　　仓库：　　　　　　　　　　　金额单位：元

材料编号	材料类别	材料名称	规格	计量单位	数量		单价	金额	备注
					请领	实发			
用途							合计		

财务主管：　　　记账：　　　发料：　　　领料单位负责人：　　　领料：

（二）限额领料单

限额领料单是一种在有效期间和限额内可以多次使用的累计领发料凭证，适用于经常使用，并有消耗定额的材料。它一般由计划部门或供应部门根据生产计划和材料消耗定额等资料，按照产品和材料分别填制。该单一般一式两联，经计划部门和供应部门审核签发后，向仓库领料。限额领料单的格式如表 2-2 所示。

表 2-2　限额领料单　　　　金额单位：元

领料单位：　　　　年　月　日　　　　仓库：

用途：　　　　计划产量：　　　　单位消耗定额：

<table>
<tr><th rowspan="2">材料类别</th><th rowspan="2">材料编号</th><th rowspan="2">材料名称</th><th rowspan="2">规格</th><th rowspan="2">计量单位</th><th rowspan="2">单件</th><th rowspan="2">领料限额</th><th colspan="3">全月实领</th></tr>
<tr><th>数量</th><th colspan="2">金额</th></tr>
<tr><td></td><td></td><td></td><td></td><td></td><td></td><td></td><td></td><td colspan="2"></td></tr>
<tr><th rowspan="2">日期</th><th colspan="3">请领</th><th colspan="2">实发</th><th colspan="3">代用材料</th><th rowspan="2">限额节余</th></tr>
<tr><th>数量</th><th>领料单位负责人签章</th><th>领料人签章</th><th>数量</th><th>发料人签章</th><th>数量</th><th>单位</th><th>金额</th></tr>
<tr><td></td><td></td><td></td><td></td><td></td><td></td><td></td><td></td><td></td><td></td></tr>
<tr><td></td><td></td><td></td><td></td><td></td><td></td><td></td><td></td><td></td><td></td></tr>
<tr><td></td><td></td><td></td><td></td><td></td><td></td><td></td><td></td><td></td><td></td></tr>
</table>

仓库负责人：　　　　生产部门负责人：

（三）领料登记表

领料登记表是为了减少发料凭证数量，简化填制和审批手续而采用的领料凭证。领料单位每月对同种材料的多次领取，只需填制一张领料登记表。这样处理，减少了日常领料凭证的填制工作，又便于月末材料发出汇总工作的进行。领料登记表与限额领料单的区别在于不确定材料领用的限额。

企业生产经营过程中发生的材料费用，应根据领用材料时填制的原始凭证上列明的领料部门及领料用途分别确定不同的对象进行归集。基本生产车间领用的直接用于产品生产，构成产品实体或有助于产品形成的原料及主要材料、辅助材料、半成品、燃料等，应直接归集在“生产成本——基本生产成本”账户；辅助生产车间为进行辅助产品或劳务生产而领用的各种材料，应归集在“生产成本——辅助生产成本”账户；各生产车间或分厂为组织、管理生产和维护机器设备而领用的各种材料，应归集在“制造费用”账户；企业行政管理部门领用的材料，应归集在“管理费用”账户。

知识园地

余料退库和废料收回的处理

二　材料费用的分配

（一）原材料费用的分配

原材料是指企业通过采购或其他方式取得的用于制造产品并构成产品实体的物品，以及取得的供生产耗用但不构成产品实体的辅助材料、燃料等。

1. 原材料费用分配对象的确定

原材料在生产经营活动中有着不同的用途，如有的用于产品生产，有的用于组织和管理生产等。通常情况下，原材料费用是按用途、部门和受益对象来分配的，要视企业的生产特点和管理要求而定，不能随意确定。

2. 原材料费用的分配方法

原材料费用的分配是通过编制“材料费用分配表”的方式进行的，而各生产车间和部门的“材料费用分配表”是根据各种领料凭证中的记录编制的。一般而言，凡能辨清原材料费用承担对象的，应直接计入该分配对象。属于几种产品共同耗用的，即间接计入的，应采用适当的分配方法，分配计入各有关产品成本。下面主要说明材料定额耗用量比例法和材料定额费用比例法。

（1）材料定额耗用量比例法。

材料定额耗用量比例法是指以各种产品的材料消耗总定额为标准，来分配直接材料费用的方法。计算步骤是：

1）计算各种产品原材料定额耗用量。

2）计算原材料消耗量分配率，即单位材料定额耗用量。

3）计算各产品应分配的原材料实际耗用量。

4）计算各产品应分配的原材料实际费用。

计算公式如下：

$$\text{某产品材料定额耗用量}=\text{该产品实际产量}\times\text{该产品单位产品材料定额耗用量}$$

$$\text{材料定额耗用量分配率}=\frac{\text{材料实际总耗用量}}{\text{各种产品材料定额耗用量之和}}$$

$$\text{某产品应分配的实际材料数量}=\begin{matrix}\text{该种产品定额消耗}\\\text{的材料总量}\end{matrix}\times\begin{matrix}\text{材料耗用}\\\text{量分配率}\end{matrix}$$

$$\text{某种产品应分配的材料实际费用}=\text{该种产品应分配的实际材料数量}\times\text{材料单价}$$

【例 2-1】 某企业20××年1月生产A、B两种产品，分别为40件和50件。根据“领料单”归集材料费用，A、B两种产品共同耗用原材料甲8 000千克，甲材料的单位实际成本为每千克50元。甲材料的单位消耗定额如下：A产品为25千克，B产品为30千克。

学习任务1 请你采用材料定额耗用量比例法分配计算A、B产品各自应负担的材料费。

学习任务1
解析

做中学	A产品材料定额耗用量= B产品材料定额耗用量= 材料定额耗用量分配率= A产品应分配的实际材料数量= B产品应分配的实际材料数量= A产品应分配的材料费用= B产品应分配的材料费用=

点睛 采用这种分配方法，可以考核材料消耗定额的执行情况，有利于进行材料消耗的实物管理，但分配的计算工作量较大。为了简化分配计算工作量，也可以直接按材料定额消耗量分配材料费用。分配计算公式为：

$$\text{材料费用分配率}=\frac{\text{材料费用总额}}{\text{各种产品材料定额耗用量之和}}$$

$$\text{某种产品应分配的材料费用}=\text{该种产品的定额耗用量}\times\text{材料费用分配率}$$

点睛　上述两种分配方法的计算结果相同，但后一种方法不能反映各种产品所应负担的材料消耗总量，不利于加强材料消耗的实物管理。

（2）材料定额费用比例法。

在各种产品共同耗用原材料种类较多的情况下，为了进一步简化计算工作，可以按照各种材料的定额费用的比例来分配材料实际费用，即材料定额费用比例法。计算公式如下：

某产品某种材料定额费用＝该产品实际产量×单位产品该种材料费用定额
＝该产品实际产量×单位产品该种材料消耗定额
×该种材料计划单价

$$材料费用分配率=\frac{各种材料实际费用总额}{各种产品各种材料定额费用之和}$$

某种产品应分配的材料费用＝该种产品各种材料定额费用之和×材料费用分配率

对于间接计入产品成本的辅助材料的分配方法，如果是耗用在主要材料上，可以按主要材料的耗用量比例分配；如果耗用的辅助材料与产品的产量有关，也可以按产品产量比例分配；如果辅助材料的消耗定额比较准确，还可以按辅助材料的定额消耗量或定额费用比例分配。

【例 2－2】　佳丽公司 20××年 6 月发料情况如表 2－3 所示。

表 2－3　发出材料明细表

材料类别	发料数量（千克）	单位成本（元）	用途
原材料——A 材料	200	600	甲产品生产用
原材料——B 材料	1 200	80	甲、乙两种产品共用
原材料——C 材料	600	50	甲、乙两种产品共用
燃料	120	60	锅炉车间用 100 千克，机修车间用 20 千克
燃料	20	60	基本生产车间用
燃料	10	60	管理部门用
辅助材料	200	40	基本生产车间用
修理用备件	50（只）	6	基本生产车间修理用

该公司投产甲产品 140 件、乙产品 140 件，单耗 B 材料定额分别为 3.0 千克、2.5 千克，单耗 C 材料定额分别为 1.5 千克、1.7 千克。

学习任务 2　请编制原材料费用分配（见表 2－4），并编制相关会计分录。

表 2－4　原材料费用分配表

20××年 6 月　　　　金额单位：元

应借账户		成本或费用明细项目	间接计入			直接计入	合计
			耗用材料（千克）	分配率	分配额		
基本生产成本	甲产品	直接材料					
	乙产品	直接材料				—	
	小计	—					

续表

应借账户		成本或费用明细项目	间接计入			直接计入	合计
			耗用材料（千克）	分配率	分配额		
辅助生产成本	锅炉车间	直接材料	—	—	—		
	机修车间	直接材料	—	—	—		
	小计	—	—	—	—		
制造费用	基本生产车间	修理费	—	—	—		
		机物料消耗	—	—	—		
	小计	—	—	—	—		
管理费用		机物料消耗	—	—	—		
合计		—	—	—			

学习任务2解析

做中学

根据表2-4，编制会计分录如下：

知识园地

如何处理材料费用分配表与发料凭证汇总表的编制关系

（二）外购动力费用的分配

外购动力费用包括企业为生产经营活动从外部购入的电力、蒸汽等费用，这些费用有的直接用于产品生产，有的用于照明、取暖等间接生产。因此，企业一般在月末通过编制“外购动力费用分配表”，采用一定的分配标准将外购动力费用在各受益部门和产品之间进行分配。

对动力费用进行分配的方法，基本等同于多种产品共同消耗原材料费用的分配方法。在有仪表记录的情况下，外购动力费的分配应根据各车间、各部门安装的计量仪表所记录的实际耗用量以及该动力的单价进行分配；在没有计量仪表记录或者同时生产多种产品的情况下，可以按照实际生产工时或定额生产工时、机器工时以及定额耗用量等标准进行分配。具体的计算公式如下：

某产品应分配的动力费用＝外购动力费用分配率×该产品实际或定额工时

点睛 动力费用的分配步骤通常为：确定被分配的动力费用数额；确定各个动力费用受益对象的分配标准；计算动力费用的分配率；计算每一受益对象应负担的动力费用；编制动力费用分配表；根据分配结果进行账务处理。

【例2-3】 某企业生产甲、乙两种产品，20××年6月实际耗用外购电力

18 500 度，每度电的协议价格为 0.4 元，通过银行存款支付电费 7 400 元，月末查明各车间、部门耗电度数分别为：基本生产车间照明耗电 1 000 度，基本生产车间生产（生产甲、乙产品）耗电 15 000 度，行政管理部门耗电 2 000 度，专设销售机构耗电 500 度。本月甲产品实际生产工时为 6 000 小时，乙产品实际生产工时为 4 000 小时。

学习任务 3　请按照产品的实际生产工时分配动力费用，并编制外购动力费用分配表（见表 2－5）和相关会计分录。

做中学	按照产品的实际工时分配动力费用计算如下： 外购动力费用分配率＝ 甲产品分配的动力费用＝ 乙产品分配的动力费用＝ 基本车间分配的动力费用＝ 行政管理部门分配的动力费用＝ 专设销售机构分配的动力费用＝ 根据上述计算结果，填制表 2－5，并编制会计分录如下：

表 2－5　外购动力费用分配表

20××年 6 月　　金额单位：元

借方科目		成本项目	用电量	单价	工时	分配率	费用合计
基本生产成本	甲产品	燃料和动力	—	—		—	
	乙产品	燃料和动力	—	—		—	
	小计	—					
制造费用	基本生产车间	电费			—	—	
管理费用	行政管理部门	电费			—	—	
销售费用	专设销售机构	电费			—	—	
合计		—		—	—	—	

学习任务 3 解析

知识链接

燃料费用的归集与分配

燃料实际上也是材料，如果燃料费用在产品成本中所占比重较大，企业可以与动力费用一起专设“燃料和动力”成本项目，也可以单设“燃料”账户，以便单独核算燃料的增减变动和结存情况，以及燃料费用的分配情况。燃料费用的分配与原材料费用的分配程序和方法相同，可比照材料费用分配进行。

任务二 职工薪酬的归集与分配

案例导入

丽娜公司是一家生产服装的企业，主要生产甲、乙两种产品，生产时间采用定额生产工时进行控制，且生产工人工资采用计时工资与计件工资相结合的方式，基本工资为计时，绩效工资为计件，相关保险等费用按工资总额的27%计提。20××年7月，甲、乙产品生产共同耗用生产工人计时工资26 000元。甲产品的实际产量为600件，单件产品定额生产工时为4小时；乙产品的实际产量为200件，单件产品定额生产工时为5小时。

思考： 丽娜公司甲、乙产品各自应负担的工资费用是多少？

学习目标

通过学习，能说明职工薪酬归集和分配的方法，能够合理分配职工薪酬。

相关知识

职工薪酬是指企业为获得职工提供的服务或解除劳动关系而给予的各种形式的报酬或补偿。职工薪酬包括短期薪酬、离职后福利、辞退福利和其他长期职工福利。企业提供给职工配偶、子女、受赡养人、已故员工遗属及其他受益人等的福利，也属于职工薪酬。

一 计算职工薪酬的主要原始记录

为了正确地计算和归集职工薪酬，企业应做好职工薪酬核算的各项基础工作，建立和健全与职工薪酬核算有关的原始凭证，保证各项原始记录的准确、真实和完整。

（一）考勤记录

考勤记录是反映企业职工出勤和缺勤的记录，是按月份分别登记每位职工实际出勤、缺勤时间和情况的原始记录，是计算和归集薪酬费用的重要依据。考勤记录的形式有考勤簿和考勤卡两种。

（二）产量和工时记录

产量和工时记录是登记每位工人或生产班组在出勤日内完成产品的数量、质量和生产这些产品所耗费工时的原始记录。它为计算计件工资和在各产品间按工时分配费用提供依据，也是考核工时定额、明确生产工人的责任、考核劳动生产率水平的依据。

产量和工时记录一般有工作通知单、工序进程单和工作班组产量记录以及其他凭证等。

学习任务 4　请扫码学习计算职工薪酬的主要原始记录。

计算职工薪酬的主要原始记录

二　职工薪酬的计算方法

工业企业可根据具体情况采用不同的工资制度，其中最基本的工资制度是计时工资制度和计件工资制度。

（一）计时工资的计算

计时工资是根据考勤记录登记的每一职工的出勤情况和按规定的计时工资标准计算的工资额。计算计时工资有月薪制和日薪制两种方法。

1. 月薪制

月薪制是指根据每位职工的月标准工资和出勤情况计算其工资的方法。采用月薪制时，只要职工出满勤，不论该月份是多少天数，都可以得到全月的标准工资。如果缺勤，就应该从月标准工资中将缺勤日的工资予以扣除。其计算公式如下：

应发计时工资＝月标准工资－事假天数×日标准工资－病假天数
×日标准工资×病假扣款率

上式中的日标准工资，也称日工资率，其计算公式如下：

日标准工资＝月标准工资÷平均每月工作日数

上式中平均每月工作日数一般按以下两种方法之一计算：（1）按全年平均日历数 30（360÷12）天计算；（2）按每月法定工作日数 20.83 天计算，即按年日历数 365 天减去 104 个双休日和 11 个法定节假日之差，再除以 12 个月算出。这两种方法的不同点在于，按 30 天计算日标准工资，由于日标准工资的计算没有扣除法定节假日和双休日（以下统称节假日），节假日照付工资，因此缺勤期的节假日工资也应扣发工资；按 20.83 天计算日标准工资，由于日标准工资的计算已扣除了节假日，节假日就不需要支付工资，因此缺勤期内的节假日也就不存在扣发工资的问题。

2. 日薪制

日薪制是指按每位职工的日标准工资和出勤情况计算其工资的方法。其计算公式如下：

应发计时工资＝出勤日数×日标准工资＋病假日数×日标准工资
×（1－病假扣款率）

采用日薪制计算应发计时工资，由于每个月份实际工作天数不同，职工出勤的天数不同，因此每个月份都需要进行计算，工作量较大。日薪制通常适用于计算临时工的工资。

【例 2-4】 某企业基本生产车间职工王明的月工资标准为 4 200 元，20××年 6 月份该职工的出勤情况如下：病假 2 天，事假 1 天，节假日（含双休日）9 天，实际出勤 18 天。按照该职工的工龄，其病假工资为标准工资的 90%，且该职工缺勤期间没有节假日。

学习任务 5 请计算王明 20××年 6 月份应发工资金额。

学习任务 5 解析

做中学	(1) 按 30 天计算： 日标准工资＝ 应发计时工资＝ (2) 按 20.83 天计算： 日标准工资＝ 应发计时工资＝

（二）计件工资的计算

计件工资是根据当月产量记录中的产品数量和规定的计价单位计算的工资。计件单价由产品的工时定额和某一级别职工的小时工资率计算确定。计件工资按照支付对象的不同，可分为个人计件工资和集体计件工资两种。

1. 个人计件工资的计算

个人计件工资应根据产量和工时记录中登记的每个工人完成的工作量乘以规定的计件单价计算。其计算公式如下：

$$\text{应发计件工资} = \sum(\text{某工人本月生产各种产品产量} \times \text{该种产品计件单价})$$

公式中的产量包括合格品的数量和由于材料缺陷等客观原因产生的废品（简称“料废品”）数量。对于因工人本身过失造成的废品（简称“工废品”），不但不能计算工资，有的还应由职工赔偿损失。

公式中的产品计件单价通常是根据加工单位所需耗用的工时定额和该级工人每小时的工资率计算求得的。其计算公式如下：

$$\text{计件单价} = \text{产品定额工时} \times \text{等级小时工资率}$$

当职工在月份内生产了多种计件单价不同的产品，为了简化核算手续，可将各种产品的产量折合为定额工时，再乘以等级小时工资率计算应发计件工资。其计算公式如下：

$$\text{应发计件工资} = \text{各种产品定额工时总额} \times \text{等级小时工资率}$$

【例 2-5】 某企业工人李广 20××年 6 月生产甲、乙两种产品，生产甲产品 600 件，均为合格品；生产乙产品 512 件，其中合格品为 500 件，料废品 10 件，工废品 2 件。两种产品的工时定额分别为 0.56 小时和 0.6 小时，该职工的小时工资率为 4 元/小时。

学习任务 6　请计算该企业本月应付李广的计件工资金额。

做中学	方法一： 甲产品的计件单价＝ 乙产品的计件单价＝ 该企业 6 月应付李广的计件工资＝ 方法二： 各种产品定额工时总额＝ 该企业 6 月应付李广的计件工资＝

学习任务 6
解析

2. 集体计件工资的计算

企业中有的产品生产是由集体（班、组）共同组织生产的，此时计件工资就需要以班组为对象进行计算。具体计算过程分两步：

第一步，计算出集体计件工资总额，计算方法与上述个人计件工资的计算方法相同。

第二步，将集体计件工资总额在集体各成员之间进行分配。由于工人的级别或工资标准会体现工人的劳动质量和技术水平，工作时间会体现劳动数量，因此，集体计件工资总额的分配大多按每人的工资标准和该月实际工作时间的比例进行分配。

【例 2－6】　某生产小组由 3 人组成，共同完成产品加工任务，本月全组共得计件工资 8 686.50 元，以计时工资为标准分配，其他相关资料如表 2－6 所示。

表 2－6　小组计件工资费用分配表　　金额单位：元

集体成员姓名	月标准工资（1）	小时工资率（2）	实际工作小时（3）	计时工资（4）＝(2)×(3)	计件工资分配率（5）	应得计件工资（6）＝（4）×（5）
张明明	2 083		170		—	
王晓海	1 833.04		186		—	
李永和	1 499.76		180		—	
合计	—	—	536			

提示：小时工资率和计件工资分配率的计算公式如下：

①小时工资率＝$\frac{\text{月标准工资}}{20.83\times 8}$；

②计件工资分配率＝$\frac{\text{计件工资总和}}{\text{分配标准（计时工资总和）}}$。

学习任务 7　请计算该生产小组个人应得计件工资的相关数据，并填入表 2－6。

学习任务 7
解析

企业应对工资发放情况按车间、部门编制“职工薪酬结算单”，详细记录应发工资、实发工资的具体内容，然后根据“职工薪酬结算单”计算、汇总和编制“职工薪酬结算汇总表”。“职工薪酬结算汇总表”既是企业与职工进行工资结算的依据，又是工资分配计入成本的依据，如表 2－7 所示。

表 2－7　职工薪酬结算汇总表

年　　月　　　　　　　　　　　　　　　　　　　　单位：元

项目		应付标准工资	奖金	津贴补贴	加班加点工资	特殊情况下支付的工资		应付工资	代扣款项	实发工资
						病假	产假			
基本生产车间	生产工人									
	管理人员									
行政管理部门										
专设销售部门										
合计										

三　职工薪酬的归集与分配

知识园地

“应付职工薪酬”科目核算的内容

归集与分配职工薪酬，应设置“应付职工薪酬”账户。企业应当根据职工提供服务的受益对象，对发生的职工薪酬分别进行处理：

直接记入“生产成本”账户的职工薪酬，凡能直接确定是由哪种产品耗用的，应直接计入该产品成本；如果属于几种产品共同耗用的，则应采用合理的方法分配计入各产品成本。

在计件工资制度下，一般薪酬费用中计件工资部分属于直接人工费用的，应直接计入有关产品成本；不能直接计入的奖金、津贴、补贴等，应以直接计入的计件工资或生产工时为标准计入各有关产品成本。

在计时工资制度下，如果企业生产单一产品，则全部人工费用都属于直接费用，应直接计入该产品成本；如果生产多种产品，则企业应根据生产经营的特点，选择适当的分配标准将其分配计入各有关成本。分配标准主要有生产工时、直接材料成本等。

$$\text{薪酬费用分配率}=\frac{\text{拟分配的薪酬费用总额}}{\text{分配标准之和}}$$

$$\text{某产品应负担的薪酬费用}=\text{该产品的分配标准}\times\text{薪酬费用分配率}$$

【例 2－7】　某企业基本生产车间生产甲、乙两种产品，本月生产工人工资总额为 88 000 元，其中 50 000 元为计件工资，可以直接计入各种产品成本中，计件工资中，甲产品 32 000 元，乙产品 18 000 元；剩余 38 000 元需分配计入甲、乙两种产品成本中，按生产工时比例分配，甲产品的生产工时为 600 小时，乙产品的生产工时为 400 小时。

学习任务 8　请计算甲、乙产品应分配计入的职工薪酬。

学习任务 8 解析

做中学	
	薪酬分配率＝ 甲产品应分配计入的职工薪酬＝ 乙产品应分配计入的职工薪酬＝

在对短期职工薪酬费用进行归集和分配之后，确定了各受益对象应负担的薪酬费用，企业可编制“职工薪酬费用分配表”，进行相应的会计处理。

【例 2-8】　某企业 20××年 6 月份为生产甲、乙两种产品共支付生产工人工资 60 000 元，锅炉车间工人工资 2 200 元，机修车间工人工资 1 800 元；基本生产车间、锅炉车间和机修车间管理人员工资分别为 10 000 元、1 100 元和 900 元；企业行政部门管理人员工资为 14 000 元，销售部门人员工资为 10 000 元。生产工人的工资按生产工时比例分配，甲、乙产品的生产工时分别为 20 000 小时和 10 000 小时。

学习任务 9　请编制“职工薪酬分配表”（见表 2-8），并编制会计分录。

表 2-8　职工薪酬分配表

20××年 6 月 30 日　　　　金额单位：元

应借账户		成本或费用项目	生产工时（小时）	分配率（元/小时）	分配的工资费用
基本生产成本	甲产品	直接人工		—	
	乙产品	直接人工		—	
	小计	—			
辅助生产成本	锅炉车间	直接人工	—	—	
	机修车间	直接人工	—	—	
	小计	—	—	—	
制造费用（基本生产车间）		工资	—	—	
销售费用		工资	—	—	
管理费用		工资	—	—	
合计		—	—	—	

学习任务 9 解析

做中学	编制会计分录如下：

点睛　职工薪酬分配的步骤通常为：确定被分配的职工薪酬数额；确定各个职工薪酬的分配率；计算每一受益对象应负担的职工薪酬；编制“职工薪酬分配表”；根据分配结果进行账务处理。

任务三 折旧费及其他耗费的归集与分配

案例导入

佳美服装厂在日常的生产过程中，除材料费用、人工费用外，还有其他要素费用，如折旧费用、利息费用、税金、邮电费、租赁费、印刷费、图书资料报刊办公用品订购费、试验检验费、排污费、误餐补助费、交通费补贴、保险费等。

思考：在日常核算中，这些费用发生时是否都属于生产费用，是否可以直接或间接计入产品成本？

学习目标

通过学习，描述折旧费及其他耗费的归集与分配方法。

相关知识

工业企业在生产过程中除了耗费劳动对象和劳动力外，一般还要耗费一定的劳动手段，以及发生与产品生产有关的其他支出。这些耗费和支出，在产品成本中都没有专门设立相应的成本项目，因而作为产品成本构成要素的特殊内容单独加以阐述。

一 折旧费用的归集与分配

折旧费用的归集通常是采用“固定资产折旧计算明细表”和“固定资产折旧计算汇总表”形式进行的，一般分车间、部门按固定资产类别编制。折旧费用的分配是通过编制“折旧费用分配表”进行的。

【例2-9】 根据佳美服装厂的固定资产资料，该厂20××年6月份一车间“固定资产折旧计算明细表”如表2-9所示；其他车间和部门固定资产折旧资料，即“固定资产折旧计算汇总表”如表2-10所示；“折旧费用分配表”如表2-11所示。

表2-9 固定资产折旧计算明细表

部门：一车间　　20××年6月　　单位：元

固定资产类别	月折旧率	上月计提		上月增加		上月减少		本月应计提折旧	
		原值	折旧额	原值	折旧费	原值	折旧额	原值	折旧额
房屋	3‰	300 000	900	60 000	180	—	—	360 000	1 080
设备	5‰	500 000	2 500	100 000	500	45 000	225	555 000	2 775
合计	—	800 000	3 400	160 000	680	45 000	225	915 000	3 855

表 2-10　固定资产折旧计算汇总表

20××年 6 月　　　　单位：元

车间部门	上月计提折旧额	上月增加折旧额	上月减少折旧额	本月应计提折旧额
一车间	3 400	680	225	
二车间	2 850	490	260	
行政管理部门	2 560	—	100	
销售部门	800	120	—	
合计	9 610	1 290	585	

表 2-11　折旧费用分配表

20××年 6 月　　　　单位：元

部门		应借账户	本月计提折旧额
基本生产车间	一车间	制造费用	
	二车间	制造费用	
行政管理部门	厂部	管理费用	
销售部门	专设销售机构	销售费用	
合计			

学习任务 10　请计算表 2-10 和表 2-11 中本月计提折旧额，并编制会计分录。

做中学	编制会计分录如下：

学习任务 10 解析

二　其他费用的归集与分配

（一）利息费用的核算

利息费用一般按季结算支付。每月预计利息费用时，借记“财务费用”账户，贷记“应付利息”账户；季末实际支付全季利息费用时，借记“应付利息”等账户，贷记“银行存款”账户。

如果利息费用数额不大，为了简化核算工作，也可以在季末实际支付时全部计入当月的财务费用，即借记“财务费用”账户，贷记“银行存款”账户。

（二）税金的核算

各种要素费用中的税金，不是产品成本的组成部分，而是税金及附加的组成部分，包括印花税、房产税、车船使用税和土地使用税等。

印花税可直接计算并缴纳。缴纳时，应借记“税金及附加”账户，贷记“银行存款”账户，不通过“应交税费”账户核算。

房产税、车船使用税和土地使用税，需要预先计算应缴金额，然后缴纳。这些税金应通过“应交税费”账户核算。算出应缴纳税金时，应借记“税金及附加”账户，贷记“应交税费”账户；缴纳税金时，应借记“应交税费”账户，贷记“银行存款”等账户。

（三）其他费用的核算

要素费用中的其他费用是指除了前面所述各要素以外的费用，包括邮电费、租赁费、印刷费、图书资料报刊办公用品订购费、试验检验费、排污费、误餐补助费、交通费补贴、保险费等。这些费用在发生时，按照发生的车间、部门和用途，分别借记“制造费用”“管理费用”等账户，贷记“银行存款”或“库存现金”等账户。如果其他费用应属于产品成本的组成部分，则期末采用一定的方法，分配计入各种产品的成本，从“制造费用”“生产成本——辅助生产成本”账户的贷方转出，转入“生产成本——基本生产成本”账户的借方。

【例 2-10】 根据佳美服装厂的资料编制 20××年 6 月的“其他费用分配表”，如表 2-12 所示。

表 2-12 其他费用分配表

20××年 6 月

单位：元

部门		保险费	办公费	修理费	邮电费	其他	合计
生产部门	基本生产车间	2 000	—	1 200	—	300	3 500
辅助生产部门	供电车间	500	—	100	—	200	800
	供水车间	300	—	300	—	150	750
行政部门	行政管理部门	1 500	1 000	500	600	350	3 950
销售部门	专设销售机构	1 000	500	300	—	180	1 980
合计		5 300	1 500	2 400	600	1 180	10 980

学习任务 11 请根据“其他费用分配表”编制会计分录。

学习任务 11 解析

做中学	编制会计分录如下：

任务四　辅助生产费用的归集与分配

案例导入

重庆现代农药厂属于季节性生产企业，夏季7、8两月因高温不生产农药，进行设备维修。辅助生产费用采用年度数进行控制。设有两个辅助车间，机修车间和配电车间，机修车间辅助全厂机器设备维修，配电车间负责全厂配电供给。重庆现代农药厂辅助生产费用分配方法为计划成本分配法。

思考：该厂辅助生产费用分配为什么选择计划成本分配法？运用辅助生产费用分配的理论回答。

学习目标

通过学习，能说明辅助生产费用的归集与分配方法。

相关知识

辅助生产费用是辅助生产车间为生产产品或提供劳务而发生的原材料费用、动力费用、人工费用以及制造费用。辅助生产车间的类型有两种：只生产一种产品或只提供一种劳务，如供电、供水、供气、运输等的辅助生产车间；生产多种产品或提供多种劳务，如从事工具、模具、修理用备件的制造及机器设备修理等活动的辅助生产车间。

一　辅助生产费用的归集

辅助生产费用通过“生产成本——辅助生产成本”账户归集和分配，为了反映各个辅助生产车间的费用发生情况，在“生产成本——辅助生产成本”账户下，按不同的辅助生产车间进行辅助生产的明细分类核算。

要说明的是，在辅助生产车间的辅助生产为基本生产提供劳务的情况下，一般不设置“制造费用”账户，辅助生产车间发生的各项费用直接记入“生产成本——辅助生产成本”账户；如果辅助生产车间的辅助生产为基本生产不仅提供劳务，还提供辅助产品的情况下，可以设置“制造费用——辅助生产车间”账户，期末将制造费用分配记入“辅助生产成本”账户，其原理与基本生产车间相同。

【例2-11】　某机械制造厂设有配电和机修两个辅助生产车间，机修车间负责对全厂机器设备进行维修，配电车间接受外来电源，负责供给和记录全厂各部门的用电及电器的维修。该厂生产1＃、2＃机械产品。通过对本月经济活动发生过程进行归集，辅助生产提供用电、机修劳务数量如表2－13所示，登记辅助生产成本明细账，归集结果如表2－14、表2－15所示。

表2－13 辅助生产提供用电、机修劳务数量

20××年6月30日

机修车间单位：小时；配电车间单位：度

辅助生产车间	铸造车间		机械加工车间		装配车间		机修车间	配电车间	厂部	合计
	生产	车间	生产	车间	生产	车间	生产	生产		
机修	—	12 400	—	30 100	—	26 026	—	300	5 000	73 826
配电	15 000	1 144	6 000	1 644	3 000	1 214	3 180	—	21 810	52 992

表2－14 辅助生产成本明细账

车间：机修车间

20××年		凭证号数	摘要	（借）方金额					
月	日			原材料	低值易耗品	人工费	水电费	折旧费	合计
6	2	转1	领用原材料	8 500	—	—	—	—	8 500
—	3	转4	领用工具	—	608	—	—	—	608
—	3	转6	计算人工费	—	—	20 520	—	—	20 520
—	5	转12	分配水电费	—	—	—	368	—	368
—	28	转80	计提折旧费	—	—	—	—	2 680	2 680
—	30	—	合计	8 500	608	20 520	368	2 680	32 676

表2－15 辅助生产成本明细账

车间：配电车间

20××年		凭证号数	摘要	（借）方金额					
月	日			原材料	低值易耗品	人工费	水电费	折旧费	合计
6	2	转1	领用原材料	1 500	—	—	—	—	1 500
—	3	转4	领用工具	—	202	—	—	—	202
—	3	转6	计算人工费	—	—	8 550	—	—	8 550
—	5	转12	分配水电费	—	—	—	60 800	—	60 800
—	28	转80	计提折旧费	—	—	—	—	6 680	6 680
—	30	—	合计	1 500	202	8 550	60 800	6 680	77 732

二　辅助生产费用的分配

辅助生产费用分配通过编制“辅助生产费用分配表”进行。分配方法通常有直接分配法、交互分配法、代数分配法、计划成本分配法。

（一）直接分配法

直接分配法是指将辅助生产部门发生的辅助生产费用，全部直接分配给辅助生产部门以外各受益对象负担的一种方法。它的特点是辅助生产部门之间相互提供产品或劳务的成本互不分配，既不转出，也不转入。它的分配计算公式如下：

$$费用分配率=\frac{某辅助生产部门待分配费用}{该辅助生产部门提供给辅助生产部门以外受益对象的劳务总量}$$

$$某受益对象应负担的费用=该受益对象接受的劳务供应总量\times 费用分配率$$

【例 2-12】　泰美公司是一家集电梯研发、制造、安装、改造、销售、运输及修理于一体的企业，该公司设有运输和修理两个辅助生产车间。运输车间的成本按运输千米比例分配，修理车间的成本按修理工时比例分配。该公司 20××年 6 月有关辅助生产成本资料如下：运输车间本月共发生成本 22 500 元，提供运输劳务 5 000 千米；修理车间本月共发生成本 240 000 元，提供修理劳务 640 工时。基本生产车间耗用运输车间劳务 2 550 千米，耗用修理车间劳务 320 工时；行政管理部门耗用运输车间劳务 1 950 千米，耗用修理车间劳务 280 工时。

学习任务 12　请按照直接分配法编制表 2-16，并编写相关会计分录。

表 2-16　辅助生产费用分配表

（直接分配法）

泰美公司　　20××年 6 月　　数量单位：千米、工时　　金额单位：元

辅助生产车间名称		运输车间	修理车间	合计
待分配成本				
对外分配劳务数量				—
单位成本				—
基本生产车间	耗用数量			—
	分配金额			
行政管理部门	耗用数量			—
	分配金额			
合计				

学习任务 12
解析

做中学	编制会计分录如下：

点睛 采用直接分配法分配辅助生产费用比较简单，但分配结果不够准确。这种方法适用于辅助生产车间相互提供产品和劳务不多、不进行费用的交互分配对辅助生产成本和企业产品成本影响不大的情况。

（二）交互分配法

交互分配法是指将辅助生产部门相互提供的劳务先进行交互分配，然后再将各辅助生产部门交互分配后的实际辅助生产费用全部分配给辅助生产部门以外各受益单位的一种分配方法。

这种方法的特点是进行两次分配。第一次分配时，先根据各辅助生产部门相互提供的劳务数量和交互分配前的分配率进行一次交互分配；第二次分配时，将各辅助生产部门交互分配后的实际费用（交互分配前的费用加上交互分配转入的费用减去交互分配转出的费用），再按向辅助生产部门以外各受益单位提供的劳务量进行分配。

1. 计算交互分配的交互分配率

相关计算公式为：

交互分配率＝辅助生产成本直接归集费用额÷劳务供应总量

某辅助生产部门转入的辅助生产费用＝该辅助生产部门受益的劳务量×对应的交互分配率

某辅助生产部门转出的辅助生产费用＝提供给某辅助生产部门的劳务量×对应的交互分配率

2. 将交互分配后辅助生产费用对外分配

相关计算公式为：

某辅助生产部门对外费用分配率＝该辅助生产部门对外待分配费用÷对外提供的劳务总量

某辅助生产部门对外待分配费用＝该辅助生产部门直接费用＋交互转入的费用－交互转出的费用

某受益单位应承担的辅助生产费用＝该单位受益的劳务量×对外费用分配率

【例 2-13】 佳美服装厂辅助生产车间的制造费用不通过“制造费用”科目核算。该厂 20××年 6 月有关辅助生产费用的资料如表 2-17 所示，计算时，分配率保留两位小数，如有分配的小数尾差，计入管理费用。

表 2-17 辅助生产费用资料表

辅助车间名称		运输车间	锅炉车间
待分配费用		3 300 元	10 400 元
供应劳务数量		1 100 千米	2 080 吨
耗用劳务数量	运输车间	—	80 吨
	锅炉车间	100 千米	—
	基本生产车间	900 千米	1 600 吨
	企业管理部门	100 千米	400 吨

学习任务 13　请采用交互分配法编制表 2－18，并编写相关会计分录。

表 2－18　辅助生产费用分配表

（交互分配法）

佳美服装厂　　20××年 6 月　　数量单位：千米、吨　金额单位：元

分配方向			交互分配			对外分配		
辅助车间名称			运输车间	锅炉车间	合计	运输车间	锅炉车间	合计
待分配费用								
供应劳务数量					—			—
单位成本					—			—
辅助车间	运输车间	耗用数量	—		—	—	—	—
		分配金额	—			—	—	—
	锅炉车间	耗用数量		—	—	—	—	—
		分配金额		—		—	—	—
	金额小计					—	—	—
基本车间		耗用数量	—	—	—			—
		分配金额	—	—	—			
企业管理部门		耗用数量	—	—	—			—
		分配金额	—	—	—			
分配金额合计			—	—	—	—		—

学习任务 13 解析

做中学

(1)　交互分配的会计分录：

(2)　对外分配的会计分录：

点睛　采用交互分配法分配的结果较直接分配法分配的结果更符合实际，也比较准确，但增加了分配的工作量。同时，在进行交互分配时，需要计算交互分配率及辅助生产车间提供劳务的实际单位成本，因而分配的结果也不可能完全准确。交互分配法通常适用于辅助生产车间之间相互耗用劳务较多的企业。

（三）代数分配法

代数分配法是运用代数中解联立方程组的原理求出辅助生产单位劳务或产品的单

位成本以后，再按各个受益对象耗用劳务或产品的数量分配辅助生产费用的一种方法。其基本计算步骤如下：

（1）设辅助生产单位成本为未知数，并根据辅助生产车间之间的交互服务关系建立方程组，解方程组，算出各种产品或劳务的单位成本。

（2）用辅助生产单位成本乘以各受益部门的耗用量，求出各受益部门应承担的辅助生产费用。

【例 2-14】 沿用例 2-12 的资料，采用代数分配法分配辅助生产费用，设修理车间的分配率为 X，运输车间的分配率为 Y，联立方程：

$$\begin{cases} 240\ 000+500Y=640X \\ 22\ 500+40X=5\ 000Y \end{cases}$$

解得：

$$\begin{cases} X=380.90 \\ Y=7.55 \end{cases}$$

学习任务 14 请按照代数分配法编制表 2-19，并编写相关会计分录。

学习任务 14 解析

表 2-19 辅助生产费用分配表

（代数分配法）

泰美公司　　20××年 6 月　　数量单位：千米、工时　金额单位：元

辅助生产车间名称			修理车间	运输车间
分配率				
分配对象	修理车间	耗用数量	—	
		分配金额	—	
	运输车间	耗用数量		—
		分配金额		—
	基本生产车间	耗用数量		
		分配金额		
	行政管理部门	耗用数量		
		分配金额		
合计				

做中学	
	（1）分配修理费用的会计分录：
	（2）分配运输费用的会计分录：

点睛　代数分配法是一种“运用数学方法准确分配费用”的分配方法，其特点是：运用数学方法求得辅助生产费用的分配率，使计算的结果更加准确。但该方法的计算过程比较复杂，适用于已实现会计电算化的企业。

（四）计划成本分配法

计划成本分配法，是根据辅助生产部门提供劳务的计划单位成本和各受益单位的受益量分配辅助生产费用的一种方法。其内容也是进行两次分配，先是按劳务的计划单位成本分配辅助生产部门为受益单位（包括其他辅助生产部门）提供的劳务费用，然后再将辅助生产部门实际发生的费用（包括交互分配转入的费用在内）与按计划成本分配出去的费用的差额，即成本差异，分配给辅助生产部门以外的受益单位。其计算公式及步骤如下。

1. 按计划成本分配辅助生产费用

相关计算公式为：

某受益对象承担的劳务费用（含辅助生产部门）＝该受益对象的受益数量×计划单位成本

2. 分配计划成本差异

相关计算公式为：

成本差异＝各辅助生产部门发生的费用＋按计划成本分配转入的费用－按计划成本分配转出的费用

成本差异分配率＝成本差异÷辅助生产部门以外的受益单位劳务量（或分配的计划成本）

某受益单位应分配成本差异＝该受益单位受益量（或分摊的计划成本）×成本差异分配率

【例 2－15】　沿用例 2－13 的资料，假定运输车间计划成本为每千米 2.5 元，锅炉车间计划成本为每吨 4.5 元。

学习任务 15　请采用计划成本分配法编制表 2－20，并编写相关会计分录。

表 2－20　辅助生产费用分配表

（计划成本分配法）

佳美服装厂　　20××年 6 月　　数量单位：千米、吨　金额单位：元

辅助生产车间名称			运输车间	锅炉车间	合计
待分配辅助生产费用					
供应劳务数量					—
计划单位成本					—
辅助生产车间耗用	运输车间	耗用量	—		—
		分配金额	—		
	锅炉车间	耗用量		—	—
		分配金额		—	
	分配金额小计				

学习任务 15 解析

续表

辅助生产车间名称		运输车间	锅炉车间	合计
基本生产车间耗用	耗用量			—
	分配金额			
行政部门耗用	耗用量			—
	分配金额			
按计划成本分配金额合计				
辅助生产实际成本				
辅助生产成本差异				

做中学

(1) 按计划成本进行分配的会计分录：

(2) 将辅助生产成本差异计入管理费用的会计分录：

知识园地

顺序分配法

点睛 实际工作中，为简化核算手续，可以将上述劳务成本差异全部列为当月的管理费用。计划成本分配法对辅助生产费用进行两次分配：第一次根据辅助生产车间提供的劳务总量，按计划分配率进行分配；第二次对劳务成本差异采用直接分配法，在辅助生产车间以外的受益部门中进行分配或全部列为管理费用。该方法适用于计划分配率比较准确的企业。

任务五 制造费用的归集与分配

案例导入

企业在产品生产过程中，会发生与产品制造有关的其他各种费用，如生产管理的人员工资、生产部门的办公费、生产部门的房屋和设备折旧费等。这些费用是为了产品生产的顺利有效进行而发生的，所以，也是产品成本的重要构成内容。

思考：企业发生的制造费用如何计入产品成本？企业如何选择制造费用的分配方法？请运用制造费用分配的理论回答。

学习目标

通过学习，能准确运用制造费用的归集与分配方法。

相关知识

制造费用是指企业内部各生产单位（分厂、车间）为生产产品或提供劳务而发生的，应该计入产品成本，但没有专设成本项目的各项生产费用。企业计入产品成本的费用中除直接材料、直接人工之外的费用，一般都包括在制造费用之中。

一　制造费用的内容

制造费用包括的内容具体可划分为以下三类。

（一）间接材料费用

间接材料费用，指企业内部各生产单位（分厂、车间）耗用的一般性消耗材料，如机物料消耗、低值易耗品摊销。

（二）间接人工费用

间接人工费用，指企业内部各生产单位（分厂、车间），除生产工人之外的管理人员、工程技术人员、车间辅助人员、清洁工、维修工、搬运工等人员的职工薪酬。

（三）其他制造费用

其他制造费用，指企业内部各生产单位（分厂、车间）发生的不属于材料和人工的各种与产品生产有关的费用，包括房屋、建筑物、机器设备的折旧费、水电费（车间照明费）、办公费、无形资产摊销、劳动保护费、国家规定的有关环保费用、季节性停工和修理期间的停工损失等。

二　制造费用的归集

企业发生制造费用时，应根据有关的原始凭证和各种费用分配表，借记“制造费用”账户，贷记“原材料”“应付职工薪酬”“累计折旧”等账户，并据以登记制造费用明细账。

制造费用明细账的格式如表 2-21 所示。

表 2-21 制造费用明细账

年		凭证号数	摘要	借方科目								贷方科目
月	日			人工费	折旧费	机物料消耗	水电费	办公费	劳动保护费	……	其他	

三 制造费用的分配

为了正确计算产品的生产成本，制造费用在账中归集后，必须采用合理的方法分配到生产成本中去。

（一）制造费用分配标准的选择

一般情况下，制造费用分配标准有直接人工工时、机器工作小时、直接工资等。

当某生产单位只生产一种产品时，月末就可以将所归集的制造费用转入“生产成本”账户，由相应的产品成本承担。若企业生产多种产品，就应采用适当的方法将制造费用在各受益对象之间进行分配。

制造费用分配的关键在于正确选择分配标准，选择时应注意以下问题：

（1）分配标准与制造费用之间必须存在客观的因果关系。

（2）分配标准应是各受益对象共有的因素。

（3）各受益对象所耗用分配标准的数据资料应是现成的会计资料或者统计资料。

（二）制造费用的分配方法

制造费用的分配方法有实际分配率法、计划分配率法和累计分配率法三种。

1. 实际分配率法

实际分配率法，是指在月末根据“制造费用”账户归集的制造费用总额，按一定的分配标准计入产品或劳务成本的方法。

（1）直接人工工时比例分配法。

直接人工工时比例分配法也称生产工时比例分配法，是指以各种产品耗用的生产工时数作为分配标准，分配制造费用的一种方法，其又可分为实际工时比例法和定额工时比例法两种。采用直接人工工时比例分配法的前提条件是企业具有较准确的产品生产工时记录。其计算公式如下：

$$\text{制造费用分配率}=\frac{\text{待分配的制造费用总额}}{\text{该生产单位本期发生的实际直接人工总工时}}$$

$$\text{某产品应分配的制造费用}=\text{该种产品发生的直接人工工时}\times\text{制造费用分配率}$$

点睛 按直接人工工时比例分配，一般以某种产品时间耗用的生产工时为标准分配，如果产品的生产工时定额比较准确，制造费用可按定额工时比例分配。

【例 2 - 16】 某企业 20××年 6 月份基本生产车间第一车间发生的制造费用为 48 000 元，第二车间发生的制造费用为 20 000 元，所生产的甲、乙两种产品共耗用直接人工工时为 10 000 小时，其中甲产品为 6 000 小时，乙产品为 4 000 小时。

学习任务 16 请采用直接人工工时比例分配法分配制造费用，编制表 2 - 22 和表 2 - 23，并编写相关的会计分录。

表 2 - 22 制造费用分配表

第一车间　　20××年 6 月　　金额单位：元

应借账户		生产工时（小时）	分配率（元/小时）	分配金额
基本生产成本	甲产品		—	
	乙产品		—	
合计				

学习任务 16 解析

表 2 - 23 制造费用分配表

第二车间　　20××年 6 月　　金额单位：元

应借账户		生产工时（小时）	分配率（元/小时）	分配金额
基本生产成本	甲产品		—	
	乙产品		—	
合计				

做中学

(1) 计算过程如下：

第一生产车间制造费用分配率＝

甲产品应分配的制造费用＝

乙产品应分配的制造费用＝

第二生产车间制造费用分配率＝

甲产品应分配的制造费用＝

乙产品应分配的制造费用＝

(2) 结转分配制造费用的会计分录如下：

点睛 按直接人工工时比例分配法分配制造费用，工时资料比较容易取得，并且能把工人劳动生产率的高低与产品负担的制造费用紧密联系起来，分配结果比较合理。但是如果生产车间各种产品的机器设备的机械化差异较大，采用生产工人工时作为标准，会使机械化程度低的产品负担过多的制造费用，从而使分配结果与实际情况差异较大。

（2）机器工作小时比例分配法。

机器工作小时比例分配法简称机器工时比例法，是指按照各种产品所用机器设备运转时间的比例分配制造费用的一种方法。采用这种方法的前提条件是企业必须掌握各种产品所耗用的机器运转工时的原始记录。其计算公式如下：

$$\text{制造费用分配率}=\frac{\text{待分配的制造费用总额}}{\text{各种产品耗用机器设备总工时}}$$

某产品应分配的制造费用＝该种产品所耗机器设备工时×制造费用分配率

【例2－17】 某企业20××年6月基本生产车间第一车间生产甲、乙两种型号产品，本期共发生制造费用126 000元，甲产品耗用机器工时数为400小时，乙产品耗用机器工时数为600小时。

学习任务17 请采用机器工时比例法分配制造费用，编制表2－24。

学习任务17解析

表2－24 制造费用分配表

第一车间 20××年6月 金额单位：元

应借账户		机器工时（小时）	分配率（元/小时）	分配金额
基本生产成本	甲产品		—	
	乙产品		—	
合计				

点睛 采用机器工作小时比例分配法分配制造费用，将制造费用的分配与机械设备的使用联系在一起，适用于机械化、自动化程度较高的车间或分厂，因为这些车间或分厂制造费用中的折旧费、修理费、动力费等与机器设备的运转时间有着密切的联系，按机器工时比例分配比较合理。这种方法的缺点是获取各种产品耗用机器工时的原始记录工作量较大。

（3）生产工人工资比例分配法。

生产工人工资比例分配法，是指以各种产品所耗用的生产工人工资作为分配标准，分配制造费用的一种方法。因为在制造费用分配以前，工资等要素费用已经分配完毕，因而各种产品的生产工人工资数据比较容易取得。其计算公式如下：

$$\text{制造费用分配率}=\frac{\text{待分配的制造费用总额}}{\text{各种产品生产工人工资总额}}$$

某产品应分配的制造费用＝该种产品生产工人工资×制造费用分配率

【例2－18】 某企业20××年6月基本生产车间第三车间共发生制造费用86 000元，各种产品生产工人工资总额为68 800元，其中，生产A产品工人的工资为40 500元，生产B产品工人的工资为28 300元。

学习任务18 请采用生产工人工资比例分配法分配制造费用，编制表2－25，并根据表2－25编制会计分录。

表2－25 制造费用分配表

20××年6月

第三车间 金额单位：元

应借账户		工人工资	分配率	分配金额
基本生产成本	A产品		—	
	B产品		—	
合计				

做中学	编制会计分录如下：

学习任务 18 解析

点睛　采用生产工人工资比例分配法分配制造费用，在产品成本计算单中有现成的生产工人工资核算资料，因此这种分配方法核算工作简便。在计时工资形式下，若生产工人工资是按实际工时和平均工资率计算的，分配结果将与直接人工工时比例分配法相同。

2. 计划分配率法

计划分配率法又称预定分配率法，是指根据年度制造费用计划数和年度计划产量的定额标准，计算计划分配率，不管各月发生的制造费用是多少，每月各种产成品中的制造费用，都按照年度开始时确定的计划分配率分配制造费用的一种方法。其计算公式如下：

$$\text{某车间制造费用计划分配率}=\frac{\text{该车间年度制造费用计划数}}{\text{该车间计划年度各产品计划产量的定额标准总和}}$$

$$\text{某产品某月应分配的制造费用}=\text{该产品本月实际产量的定额标准}\times\text{该车间制造费用计划分配率}$$

公式中的“定额标准”可以根据各车间、部门生产的产品或劳务的具体情况不同，采用生产工人定额工时、生产工人定额工资或机器定额工时等。

采用这种分配方法，制造费用明细账及总账账户不仅可能有月末余额，而且既可能有借方余额，也可能有贷方余额。借方余额表示实际发生额超过计划分配额的费用；贷方余额表示实际发生额小于计划分配额的费用。如有年末余额，一般应在年末调整计入 12 月份的产品成本。实际发生额大于计划分配额，借记“生产成本——基本生产成本”账户，贷记“制造费用”账户；实际发生额小于计划分配额，则用红字冲减。

【例 2－19】　某企业只有一个生产车间，全年制造费用计划为 52 800 元，全年各种产品的计划产量为：A 产品 1 000 件，B 产品 900 件；单件产品的工时定额为：A 产品 3 小时，B 产品 4 小时；10 月份的实际产量为：A 产品 100 件，B 产品 80 件。该月制造费用为 4 000 元。

学习任务 19　请采用计划分配率法分配制造费用，并编制相关会计分录。

做中学	(1) 计算年度计划分配率： A 产品年度计划产量的定额工时＝ B 产品年度计划产量的定额工时＝ 年度制造费用计划分配率＝ (2) 分配转出该月的制造费用： A 产品该月实际产量的定额工时＝ B 产品该月实际产量的定额工时＝ 该月 A 产品应分配的制造费用＝ 该月 B 产品应分配的制造费用＝ 该月应分配转出的制造费用＝

学习任务 19 解析

续表

做中学	(3) 根据上述计算分配结果，应做如下账务处理：

知识园地

采用计划分配率法分配制造费用，年末差额的处理

点睛 采用计划分配率法，核算工作比较简便，特别适用于季节性生产企业，可以使企业旺季与淡季的制造费用比较均衡地计入产品生产成本。但是，采用这种分配方法时，制定的计划成本应尽可能接近实际，否则，年度制造费用的计划数脱离实际太大，就会影响成本计算的准确性。如果在年度内发现全年的制造费用实际数和产量实际数与计划数发生较大差异，则应及时调整计划分配率。

3. 累计分配率法

累计分配率法是指将当月完工批次的产品应负担的全部制造费用，在其完工时进行一次分配，而将当月未完工批次的在产品应负担的制造费用保留在“制造费用”账户中，暂不分配，待其完工后，连同继续发生的制造费用一起分配的一种方法。其计算公式如下：

$$\text{某生产单位制造费用累计分配率}=\frac{\text{制造费用期初余额}+\text{本期制造费用发生额}}{\text{期初分配标准累计数}+\text{本期发生的分配标准量}}$$

$$\text{某批已完工产品应负担的制造费用}=\text{该生产单位制造费用累计分配率}\times\text{该批完工产品分配标准的累计数}$$

知识园地

累计分配率法的案例分析

任务六 废品损失的归集与分配

案例导入

在企业的生产过程中，不可避免地会发生各种各样的损失，这种损失称为生产损失。生产损失一般包括废品损失和停工损失两类。产生生产损失的原因很多，如生产工艺水平、材料质量、员工素质、企业管理水平等。如果企业的生产损失数额小，为了简化成本核算工作，可不予单独核算；如果企业的生产损失数额较大，为了减少生产损失的发生，就有必要对生产损失进行单独核算，明确有关经济责任，从而达到提高企业管理水平的目的。

思考：企业发生的废品损失如何计入产品成本中？运用废品损失分配的理论回答。

学习目标

通过学习，会描述废品损失的归集与分配方法。

相关知识

废品是指因生产操作等原因，造成质量不符合规定的技术标准，不能按原定用途使用，或需经加工修理才能使用的在产品、半产品或产成品。包括生产过程中发现的废品和入库后发现的废品。

废品按其产生的原因不同可分为工废品和料废品两种。工废品是指由于工人操作上的原因造成的废品，属于操作工人的责任；料废品是由于被加工的原材料或半成品的质量不符合要求所造成的废品，不属于操作人员的责任。

废品按其能否修复和是否具有修复价值，分为可修复废品和不可修复废品两种。可修复废品是指技术上、工艺上可以修复，而且所支付的修理费用与废品修复后可实现的经济价值比较起来合算的废品；不可修复废品是指在技术上、工艺上不可修复，或者虽可修复，但所支付的修复费用与修复后可实现的价值比较起来不合算的废品。

废品损失包括可修复废品的修复费用和不可修复废品的报废损失。废品的修复费用，是指可修复废品在返修过程中所发生的修复费用；废品的报废损失，是指不可修复废品的生产成本扣除回收的材料和废料价值后的损失。废品损失核算的依据，是经过质量检验部门填制并审核后的废品通知单。

废品损失的归集和分配，应根据废品损失计算表和分配表等有关凭证，通过“废品损失”账户进行。“废品损失”账户的借方登记（归集）可修复废品的修复费用和不可修复废品的生产成本；贷方登记废品残料回收的价值和应收的赔款，以及应由本月生产的同种产品成本负担的废品净损失，即从“废品损失”账户贷方转入“生产成本——基本生产成本”账户的借方（记入本月同种产品成本明细账的“废品损失”成本项目）的金额；月末将废品净损失转入生产成本后，“废品损失”账户应无余额。

一 不可修复废品损失的核算

核算不可修复废品的损失，应首先计算不可修复废品的生成成本，并从“生产成本——基本生产成本”账户的贷方转入“废品损失”账户的借方及废品损失计算表进行归集；对于回收的残料价值，应从废品损失中扣除，由“废品损失”账户的贷方转入“原材料”账户的借方。应由造成废品的单位或过失人负担的赔款，也应从废品损失中扣除，由“废品损失”账户的贷方转入“其他应收款”账户的借方；扣除残料价值和应收赔款后的废品净损失，应全部由本月所产同种产品的合格产品成本负担，转入“生产成本——基本生产成本”账户及其明细账的“废品损失”项目，并全部归由本月完工产品负担。由于废品在报废之前所发生的各项生产费用是与合格品一起归集在“生产成本——基本生产成本”账户中的，因此，在确定不可修复废品的生产成本时，有两种计算方法。

（一）按废品所耗实际费用计算的方法

按一定比例将归集在“基本生产成本”账户的各项生产费用在合格品与废品之间

进行分配，计算出废品的实际生产成本，然后，从“基本生产成本”账户的贷方转入“废品损失”账户的借方。

【例 2-20】 某车间 20××年 6 月生产甲产品 800 件，验收时发现其中有不可修复废品 10 件。合格品生产工时为 9 900 小时，废品生产工时为 100 小时。甲产品成本计算单（即基本生产成本明细账）所列合格品和废品的全部生产费用为：直接材料 48 000 元，燃料及动力 11 000 元，直接人工 12 800 元，制造费用 6 600 元，共计 78 400 元。废品残料回收价值 200 元。原材料于生产开工时一次投入，原材料费用按合格品数量和废品数量的比例分配；其他费用按生产工时比例分配。

学习任务 20 请编制废品损失计算表（见表 2-26），并编制相关会计分录。

表 2-26 废品损失计算表

（按实际成本计算）

20××年 6 月

产品名称：甲产品　　　　废品数量：10 件　　　　单位：元

项目	数量（件）	直接材料	生产工时（小时）	燃料及动力	直接人工	制造费用	成本合计
费用总额							
费用分配率	—		—				—
废品成本							
减：废品残料	—		—	—	—	—	
废品损失	—						

做中学	编制会计分录如下： (1) 结转废品成本（实际成本）： (2) 回收废品残料价值： (3) 费用净损失转入该种合格品产品成本：

学习任务 20 解析

点睛 在完工以后发现的废品，单位废品应负担的各项生产费用与单位合格品负担的各项生产费用完全相同，可将各项生产费用按废品数量与合格品产量之间的比例进行分配，计算废品的实际成本。按废品的实际成本计算和分配废品损失，符合实际，但核算工作量较大。

（二）按废品所耗定额费用计算的方法

按废品所耗定额费用计算的方法是根据废品的数量和各项费用定额计算废品的定额成本，然后从“生产成本——基本生产成本”账户转入“废品损失”账户。

【例 2-21】　某车间 20××年 6 月生产乙产品，在验收入库时发现不可修复废品 8 件，回收废品残值 360 元，按定额成本计算废品成本和废品损失。

学习任务 21　请编制废品损失计算表（见表 2-27），并编制相关会计分录。

表 2-27　废品损失计算表

（按定额成本计算）

20××年 6 月

产品名称：乙产品　　　　废品数量：8 件　　　　单位：元

项目	直接材料	燃料及动力	直接人工	制造费用	成本合计
费用定额	300	60	20	15	395
废品定额成本	2 400	480	160	120	3 160
减：回收残值	360	—	—	—	360
废品损失	2 040	480	160	120	2 800

学习任务 21
解析

做中学	编制会计分录如下： （1）结转废品成本（定额成本）： （2）回收废品残料价值： （3）废品损失转入该种合格品成本：

点睛　采用按废品所耗定额费用计算和分配废品损失，核算工作比较简单，有利于考核和分析废品损失及产品的成本。但采用该种方法前必须掌握比较准确的定额成本资料，否则会影响成本计算的正确性。

思考分析　某公司在生产 A 产品的过程中发现不可修复废品一批，该批废品的成本构成为：直接材料 32 000 元，直接人工 40 000 元，制造费用 20 000 元。废品残料计价 5 000 元已回收入库，应收过失人赔偿款 10 000 元。假定不考虑其他因素，如何编制相关会计分录？

思考分析解析

做中学

相关会计分录：

二 可修复废品损失的核算

可修复废品修复后仍可作为合格品入库待售，因此不必计算原来的生产成本而需计算其修复费用。返修发生的各种费用，应根据各种费用分配表，记入“废品损失”账户的借方。其回收的残料价值和应收的赔款，应从“废品损失”账户的贷方，转入“原材料”和“其他应收款”账户的借方。废品修复费用减去残值和赔款后的废品净损失，也应从“废品损失”账户的贷方，转入“生产成本——基本生产成本”账户的借方，并在所属有关的产品成本明细账中，记入“废品损失”成本项目。

【例 2-22】 某企业第三车间在生产丁产品过程中，发现可修复产品 10 件，已修复并验收入库。根据本月原材料费用分配表、直接人工费用分配表和制造费用分配表提供的资料，修复丁产品的耗费为：原材料费用 400 元、人工费用1 200 元、应分配制造费用 560 元，应由过失人赔偿损失 170 元。

学习任务 22 请根据上述资料编制相关会计分录。

学习任务 22 解析

做中学

(1) 确认损失费用发生时：

(2) 收取过失人赔偿款时：

(3) 结转净损失：

思考分析　某公司不可修复废品成本按定额成本计价，当月 A 产品费用分配表中列示：不可修复废品 5 件，每件直接材料定额为 100 元，每件定额工时为 20 小时，每小时直接人工为 5 元，制造费用为 6 元。

可修复废品的修复费用为：直接材料 2 000 元，直接人工 1 000 元，制造费用 1 500 元。

可修复废品和不可修复废品共回收残料计价 200 元，并作为辅助材料入库；应由过失人赔款 150 元。废品净损失由当月同种产品成本负担。

假定不考虑其他因素，如何编制相关会计分录？

做中学	相关会计分录如下： (1)　结转不可修复废品的成本： (2)　发生可修复废品的成本： (3)　残料入库、过失人赔偿： (4)　结转废品净损失：

思考分析解析

点睛　不单独核算废品损失的企业，不设“废品损失”账户和“废品损失”成本项目，在回收废品残料时，记入“原材料”账户的借方和“生产成本——基本生产成本”账户的贷方，并从所属有关产品成本明细账的“原材料”成本项目中扣除残料价值。以上所述废品损失均是基本生产的废品损失。为了简化核算工作，辅助生产一般不单独核算废品损失。

知识园地

停工损失的核算

模块三

生产费用在产成品和在产品之间的分配

知识目标

- 能说明在产品的范围、含义
- 能描述在产品数量确定的方法
- 会辨别生产费用在产成品和在产品之间分配的方法

技能目标

- 能熟练运用恰当的方法进行生产费用在产成品和在产品之间的分配
- 能根据确定的方法填制产品成本计算单
- 能熟练登记有关成本费用明细账和总账

素养目标

- 培养精益求精的会计工匠精神
- 培养法规意识

任务一 在产品数量的核算

案例导入

华丰公司是一家生产家具的企业，家具生产需要经过多道工序，月末每道工序都有大量的未完工产品。为正确确定产成品成本，需要将生产费用在产成品和月末在产品之间合理分配，而确定月末在产品的数量是费用分配的关键。

思考：华丰公司如何做好在产品的核算工作？月末如何确定在产品的数量？

学习目标

通过学习，会描述在产品的含义和在产品数量的核算方法，会确定企业在产品的数量。

相关知识

工业企业的产品生产是连续进行的，一般来说，企业在月末都会既有完工产品，又有未完工产品。而会计核算要求月末结账，为了计算某种完工产品成本，就需要把归集到该种产品成本明细账中的各项费用加上期初在产品的成本，在完工产品和在产品之间进行分配，以计算出完工产品成本和在产品成本。

一　在产品的含义

在产品有广义和狭义之分。广义的在产品是就整个企业而言的，它是指没有完成全部生产过程、不能作为商品销售的产品。狭义的在产品是就企业某一生产单位或某一生产步骤而言的，它仅指本生产单位或本步骤尚未加工或尚未装配完成的在制品，该生产单位或生产步骤已经完工交出的自制半成品不包括在内。

完工产品也有狭义和广义之分。从广义来说，完工产品既包括完成全部加工过程的产成品，又包括本步骤已经完工、以后步骤尚未开始加工的半成品。从狭义来说，完工产品是指完成了全部生产过程、可以作为商品准备出售的产品。

本模块的在产品是指广义在产品，完工产品是指狭义完工产品。

【例 3－1】　某企业产品需要顺序经过三个步骤的加工，上一步骤生产完工的产品立即投入下一步骤的生产。月末各步骤在产品和完工产品的统计情况如表 3－1 所示。

表 3－1　各步骤在产品和完工产品数量统计表　　单位：件

步骤	本步骤月末在产品数量	本步骤完工产品数量
第一步骤	40	100
第二步骤	30	120
第三步骤	60	140

学习任务 1　请根据表 3－1，分析广义和狭义的在产品和完工产品的数量，填入表 3－2 中。

学习任务 1 解析

表 3－2　不同情况下在产品和完工产品数量统计　　单位：件

产品类别	广义	狭义
在产品		
完工产品		

二 月末在产品和完工产品成本的关系

生产费用与完工产品成本和月末在产品成本的关系为：

月初在产品成本＋本月发生的生产费用＝本月完工产品成本＋月末在产品成本

公式中的前两项之和是生产费用合计数，需在完工产品与月末在产品之间进行分配。

学习任务 2 请扫码学习月末完工产品和在产品生产费用的三种情况及分配的三种模式。

月末完工产品和在产品生产费用的三种情况及分配的三种模式

三 在产品数量的核算

对于在产品的数量核算，企业需要做好以下两方面工作：

(1) 在产品收发结存的日常核算；

(2) 在产品的清查工作。

学习任务 3 请扫码学习在产品日常核算和清查的方法。

在产品日常核算和清查的方法

任务二 生产费用在完工产品与在产品之间的分配

案例导入

某汽车制造企业生产汽车需要顺序经过加工、装配和油漆三道工序，原材料在每道工序开始时一次性投入，月末完工产品和在产品数量统计情况见表 3-3。

表 3-3 月末产品数量统计表

单位：辆

工序	在产品	完工产品
第一道工序	8	—
第二道工序	12	—
第三道工序	15	60
合计	35	60

月初在产品成本和本月发生的各项生产费用见表 3-4。

表 3-4 本月生产费用（月初和本月发生生产费用合计）资料

直接材料（元）	直接人工（元）	制造费用（元）
928 000	37 120	284 800

该企业定额管理基础较好，期末按产品定额分配各项生产费用，具体定额资料见表 3－5。

表 3－5　单位产品定额资料

工序	直接材料定额（元）	工时定额（工时）	加工程度
第一道工序	5 500	80	60%
第二道工序	2 600	30	60%
第三道工序	1 180	18	60%
合计	9 280	128	—

思考： 月末如何将本月的生产费用分配给完工产品和月末在产品？

学习目标

通过学习，能辨别生产费用在完工产品和在产品之间的分配方法，会根据实际情况选择合适的方法进行费用的分配。

相关知识

企业根据生产过程特点和在产品数量的多少、各月在产品数量变化的大小等具体因素，选择适当的方法对生产费用进行分配，常用的分配方法有以下几种：不计算在产品成本法、在产品按固定成本计价法、在产品按所耗原材料费用计算法、在产品按定额成本计价法、定额比例法、在产品按完工产品成本计算法和约当产量法。

一　不计算在产品成本法

不计算在产品成本法适用于月末有在产品，但各月末在产品数量很少，且各月变化不大的企业。因此，在产品成本的计算与否，对完工产品成本影响不大。在这种方法下，生产成本明细账上既没有期初在产品成本（即无期初余额），也无月末在产品成本（即无期末余额）。用计算公式表示为：

本月完工产品成本＝本月发生的生产费用

【例 3－2】　某企业大量生产甲产品，因为甲产品生产周期较短，月末在产品数量很少，计算完工产品成本时采用不计算在产品成本法。20××年 3 月，甲产品共发生生产费用 153 000 元，完工入库甲产品 1 500 件。有关生产成本明细账记录见表 3－6。

表 3－6　生产成本明细账

20××年 3 月

产品名称：甲产品　　　　单位：元

直接材料	直接人工	制造费用	合计
127 500	18 000	7 500	153 000

学习任务 4　请根据表 3－6 编制表 3－7，并编制相关的会计分录。

表 3－7　产品成本计算单

20××年 3 月

产品名称：甲产品　　　　完工数量：　　件　　　　单位：元

项目	直接材料	直接人工	制造费用	合计
月初在产品成本	—	—	—	—
本月发生的生产费用				
本月完工产品总成本				
完工产品单位成本				

学习任务 4 解析

做中学	结转本月完工入库产品成本的会计分录：

二　在产品按固定成本计价法

在产品按固定成本计价法用于月末在产品数量较多，但各月末在产品数量变化不大的产品或各月末在产品数量较小的产品。采用这种方法时，每年 1—11 月，不论在产品的数量是否发生变化，都固定地以年初的在产品成本作为各月在产品成本，只在年末根据实际盘点的在产品数量，具体计算在产品成本，据以计算 12 月末在产品的实际成本，作为次年在产品计价的依据。

完工产品成本的计算公式为：

（1）1—11 月完工产品成本计算公式。

本月完工产品成本＝月初在产品成本（年初固定成本）＋本月发生的生产费用
－月末在产品成本（年初固定成本）
＝本月发生的生产费用

（2）12 月完工产品成本计算公式。

本月完工产品成本＝月初在产品成本（年初固定成本）＋本月发生的生产费用－月末在产品成本（实际成本）

【例 3－3】　某企业生产的乙产品月末在产品数量比较稳定，按年初固定成本计价。本月乙产品完工 1 000 件。乙产品有关生产费用资料见表 3－8。

表 3－8　年初在产品成本及本月费用明细表

20××年 6 月

产品名称：乙产品　　　　单位：元

项目	直接材料	直接人工	制造费用	合计
年初在产品成本	130 000	50 000	35 000	215 000
本月发生的生产费用	420 000	180 000	120 000	720 000

学习任务 5　请根据表 3－8 编制表 3－9，并编制相关的会计分录。

表 3－9　产品成本计算单

20××年 6 月

产品名称：　　　　　　　　　　完工数量：　　件　　　　　　　　　　单位：元

项目	直接材料	直接人工	制造费用	合计
月初在产品成本（年初固定成本）				
本月发生的生产费用				
本月生产费用合计				
本月完工产品成本				
完工产品单位成本				
月末在产品成本（年初固定成本）				

学习任务 5
解析

做中学	结转本月完工入库产品成本的会计分录：

三　在产品按所耗原材料费用计算法

这种方法适用于各月末在产品数量较大，各月末在产品数量变化也较大，直接材料成本在产品成本中所占比重较大且材料在生产开始时一次就全部投入的产品。其计算公式表示为：

本月完工产品成本＝月初在产品成本（材料成本）＋本月发生的生产费用
－月末在产品成本（材料成本）

【例 3－4】　某公司丙产品的原材料在生产开始时一次投入，产品成本中的原材料费用所占比重为 70%，月末在产品按其所耗原材料费用计价。20××年 6 月完工产品 500 件，月末在产品 300 件。有关生产成本明细资料见表 3－10。直接材料费用按照完工产品和月末在产品的数量比例进行分配。

表 3－10　月初在产品成本及本月费用明细表

产品名称：丙产品　　　　　　　　20××年 6 月　　　　　　　　单位：元

项目	直接材料	直接人工	制造费用	合计
月初在产品成本	80 000	—	—	80 000
本月发生的生产费用	160 000	30 000	40 000	230 000

学习任务 6　请根据上述资料，编制表 3－11，并编制相关会计分录。

表 3-11　产品成本计算单

20××年 6 月

产品名称：　　　　　　　　完工产品：　　件　　　　　　　　单位：元

项目	直接材料	直接人工	制造费用	合计
月初在产品成本		—	—	
本月发生的生产费用				
本月生产费用合计				
本月完工产品成本				
月末在产品成本		—	—	

学习任务 6 解析

做中学

(1) 计算过程：

丙产品原材料费用分配率：

丙产品完工产品原材料费用：

丙产品月末在产品原材料费用（即月末在产品成本）：

丙产品完工产品成本：

(2) 结转本月完工入库产品成本的会计分录：

四　在产品按定额成本计价法

这种方法适用于各项消耗定额或费用定额准确、稳定，各月在产品数量变化不大的产品。其计算公式为：

在产品定额材料成本＝在产品数量×在产品材料消耗定额×材料单价

在产品定额工资成本＝在产品数量×在产品工时消耗定额×小时工资率

在产品定额费用成本＝在产品数量×在产品工时消耗定额×小时费用率

在产品定额成本＝在产品定额材料成本＋在产品定额工资成本＋在产品定额费用成本

完工产品总成本＝月初在产品定额成本＋本月生产费用－月末在产品定额成本

点睛　采用这种方法，每月生产成本脱离定额成本的差异全部计入当月完工产品成本。

【例 3-5】　某企业所生产的甲产品由一道工序完成，在产品成本按定额成本计算，原材料在生产开始时一次投入。20××年 6 月末在产品 150 件，完工程度为 50%。该企业 6 月的有关生产费用资料见表 3-12。

表 3-12　月初在产品成本及本月费用明细表　　单位：元

项目	直接材料	直接人工	制造费用	合计
月初在产品成本	10 000	6 000	4 000	20 000
本月发生的生产费用	26 000	6 000	4 000	36 000

该企业定额管理基础较好，期末按产品定额分配各项生产费用，具体定额资料见表 3－13。

表 3－13　单位产品定额资料

名称	直接材料定额（元）	工时定额（工时）	小时工资率（元/小时）	小时费用率（元/小时）
甲产品	30	16	2	1.2

学习任务 7　请根据上述资料，编制表 3－14，并编制相关会计分录。

学习任务 7 解析

表 3－14　产品成本计算单

20××年 6 月

产品名称：甲产品　　单位：元

项目	直接材料	直接人工	制造费用	合计
月初在产品成本				
本月发生的生产费用				
本月生产费用合计				
本月完工产品成本				
月末在产品定额成本				

做中学

(1)　计算过程：

直接材料定额成本：

直接人工定额成本：

制造费用定额成本：

月末在产品成本：

(2)　结转本月完工入库产品成本的会计分录：

五　定额比例法

这种方法适用于定额管理基础较好，各项消耗定额比较准确、稳定，各月末在产品数量变化较大的产品。采用定额比例法，产品的生产费用在完工产品和月末在产品之间按照两者的定额消耗量或定额成本的比例分配。其中直接材料成本一般按直接材料的定额消耗量或定额成本比例分配；直接人工费用、制造费用等加工成本，一般按工时消耗定额或定额成本的比率分配。

采用定额比例法时，完工产品和在产品之间的费用分配可分为以下三个步骤：

(1) 分成本项目计算完工产品和月末在产品的各项费用消耗总定额。

$$\begin{matrix}\text{月末在产品}\\\text{消耗总定额}\end{matrix}=\sum[\text{某工序月末在产品数量}\times\text{该工序单位在产品定额成本}]$$

完工产品消耗总定额＝本月完工产品数量×单位完工产品定额成本

（2）计算费用分配率。

$$费用分配率=\frac{月初在产品费用+本月生产费用}{完工产品消耗总定额+月末在产品消耗总定额}$$

（3）计算本月完工产品和月末在产品成本。

完工产品成本＝完工产品消耗总定额×费用分配率

月末在产品成本＝月末在产品消耗总定额×费用分配率

点睛 在定额比例法下，月初和月末在产品费用脱离定额的差异，要在完工产品与月末在产品之间按比例分配，提高了产品成本计算的正确性，便于将实际费用与定额费用进行比较，考核和分析定额的执行情况。

【例3-6】 某企业生产的丁产品各项定额消耗比较准确、稳定，各月在产品数量变化较大，按定额比例法计算完工产品成本和月末在产品成本。原材料在生产开始时一次性投入。20××年6月完工产品1 000件，月末在产品400件，完工程度50%。该企业6月的有关生产费用资料见表3-15。

表3-15 月初在产品成本及本月费用明细表 单位：元

项目	直接材料	直接人工	制造费用	合计
月初在产品成本	70 400	60 600	25 000	156 000
本月发生的生产费用	120 000	96 000	70 040	286 040

该企业丁产品具体定额资料见表3-16。

表3-16 单位产品定额资料

名称	直接材料定额（千克）	工时定额（工时）
丁产品	200	40

学习任务8 请根据上述资料，编制表3-17，并编制相关会计分录。

表3-17 产品成本计算单

年 月

产品名称： 完工产量： 金额单位：元

项目		直接材料	直接人工	制造费用	合计
月初在产品成本					
本月生产费用					
生产费用合计					
总定额	完工产品	（千克）	（小时）	（小时）	—
	月末在产品	（千克）	（小时）	（小时）	—
	合计	（千克）	（小时）	（小时）	—
费用分配率					—
本月完工产品成本					
完工产品单位成本					
月末在产品成本					

做中学	(1) 计算完工产品和月末在产品各项费用消耗总定额。 月末在产品直接材料费用消耗总定额： 完工产品直接材料费用消耗总定额： 月末在产品定额总工时： 完工产品定额总工时： (2) 计算各项费用分配率。 直接材料项目费用分配率： 直接人工项目费用分配率： 制造费用项目费用分配率： (3) 计算月末在产品成本和本月完工产品成本。 月末在产品负担的直接材料费用： 月末在产品负担的直接人工费用： 月末在产品负担的制造费用： 月末在产品总成本： 本月完工产品负担的直接材料费用： 本月完工产品负担的直接人工费用： 本月完工产品负担的制造费用： 本月完工产品总成本： (4) 结转本月完工入库产品成本的会计分录：

学习任务 8 解析

六 在产品成本按完工产品成本计算法

在产品成本按完工产品成本计算是将在产品视同完工产品，在产品和完工产品等额分配生产费用的一种分配方法。这种方法适用于月末在产品已经接近完工，只是尚未包装或尚未验收入库的情况。

采用此方法时，完工产品和在产品之间的费用分配可分为以下两个步骤：

（1）计算各项费用分配率。

$$\text{费用分配率}=\frac{\text{生产费用总额}}{\text{完工产品数量}+\text{月末在产品数量}}$$

（2）分配费用。

月末在产品负担的费用＝月末在产品数量×费用分配率

完工产品负担的费用＝完工产品数量×费用分配率

【例 3－7】 某企业生产 A 产品，20××年 6 月完工入库 500 件，月末在产品 200 件，已经接近完工，月末在产品成本均按完工产品计算成本。该企业 6 月的有关生产费用资料见表 3－18。

表 3-18　月初在产品成本及本月费用明细表

20××年 6 月　　　　　　　　　　　　　　单位：元

项目	直接材料	直接人工	制造费用	合计
月初在产品成本	5 000	3 000	2 100	10 100
本月发生的生产费用	30 000	11 000	7 000	48 000

学习任务 9　请根据上述资料，编制表 3-19，并编制相关会计分录。

表 3-19　产品成本计算单

年　　月

产品名称：　　　　　　　　完工产量：　　　　　　　　单位：元

项目	直接材料	直接人工	制造费用	合计
月初在产品成本				
本月生产费用				
生产费用合计				
本月完工数量				
月末在产品数量				
生产量合计				
费用分配率				
本月完工产品成本				
完工产品单位成本				
月末在产品成本				

学习任务 9 解析

做中学

(1) 计算费用分配率。

直接材料项目费用分配率：

直接人工项目费用分配率：

制造费用项目费用分配率：

(2) 计算月末在产品成本和本月完工产品成本。

月末在产品负担的直接材料费用：

月末在产品负担的直接人工费用：

月末在产品负担的制造费用：

月末在产品总成本：

本月完工产品负担的直接材料费用：

本月完工产品负担的直接人工费用：

本月完工产品负担的制造费用：

本月完工产品总成本：

(3) 结转本月完工入库产品成本的会计分录：

七　约当产量法

约当产量法是将月末在产品数量按照完工程度折算为相当于完工产品的产量，即约当产量，然后按照完工产品产量与月末在产品约当产量的比例分配计算完工产品成本和月末在产品成本的一种方法。这种方法适用于月末在产品数量较多，各月末在产品数量变化也较大，同时产品成本中原材料费用和直接人工、制造费用等加工费用的比重相差不大的产品。

（一）约当产量法的计算步骤

1. 计算月末在产品的约当产量

月末在产品约当产量＝月末在产品数量×在产品完工程度

2. 计算费用分配率

$$费用分配率=\frac{生产费用合计数}{本月完工产品产量+月末在产品约当产量}$$

3. 计算完工产品成本和月末在产品成本

月末在产品应负担的费用＝月末在产品约当产量×费用分配率

完工产品应负担的费用＝完工产品产量×费用分配率

点睛　采用约当产量法时，计算月末在产品的约当产量是关键，而在产品约当产量的计算，主要取决于在产品完工程度（即完工率）的测定。

（二）在产品完工程度和约当产量的计算

在计算完工程度时，由于在产品在生产加工过程中耗用的原材料和加工费用（直接工资、制造费用等）的情况是不同的，因此我们必须区别成本项目来计算在产品的约当产量。分配直接材料时，在产品完工程度通常按投料程度（或投料率）计算，分配燃料及动力、直接人工和制造费用时，在产品的完工程度通常按在产品的加工程度计算。对于产品结构复杂、生产工序多的企业，可以先分工序计算在产品约当产量，再汇总确定在产品约当总产量。

1. 月末在产品直接材料项目投料程度和约当产量的计算

在产品的投料程度是指在产品已投材料占完工产品应投材料的百分比（或各工序材料的消耗定额占完工产品材料的消耗定额），它决定着月末在产品的约当产量的计算。

在产品生产过程中，材料投入方式通常有四种：一是在生产开始时一次投入全部所需材料；二是在每道工序开始时一次投入该工序所需的全部材料；三是在生产过程中陆续投入且投入量与加工进度一致即均匀投入；四是在生产过程中陆续投入且投入量与加工进度不一致。

（1）原材料在生产开始时一次性投入。

原材料在生产开始时一次性投入即在第一道工序开始就将材料全部投入，加工过程中不论其形状和重量如何变化，不论哪道工序的在产品，其所耗的材料均与完工产品相同，即投料程度为100%，这样，无论在产品完工程度如何，直接材料成本直接按完工产品和月末在产品的数量进行分配。

在产品约当产量＝在产品实际数量×在产品投料程度（100%）

【例3-8】 某企业生产的甲产品原材料在生产开始时一次投入，3月完工入库甲产品400件，月末盘存甲产品在产品为100件。3月有关生产费用的资料见表3-20。

表3-20 月初在产品成本及本月费用明细表 单位：元

项目	直接材料	直接人工	制造费用	合计
月初在产品成本	48 000	20 000	12 000	80 000
本月发生的生产费用	210 000	121 750	68 250	400 000

学习任务10 解析

学习任务10 请根据上述资料，采用约当产量法计算在产品投料程度和分配直接材料费用的在产品约当产量，并在完工产品和月末在产品之间分配直接材料费用。

做中学	在产品的投料程度： 月末在产品约当产量： 直接材料分配率： 月末在产品应负担的直接材料费用： 完工产品应负担的直接材料费用：

（2）原材料在各工序开始时一次性投入。

如果原材料在各工序开始时一次性投入，同一工序内所有产品不论其是否完工，所耗用的原材料数量是相同的，但不同工序的产品所耗用的累计原材料数量是不同的。各工序在产品投料程度和约当产量按下列公式计算：

$$某道工序投料程度=\frac{到本工序为止的累计投料定额}{完工产品投料定额}\times 100\%$$

某道工序月末在产品约当产量＝该工序月末在产品数量×该工序投料程度

【例3-9】 某厂生产的甲产品顺序经过一、二、三道工序，原材料分次在各工序生产开始时投入。月末完工产品和在产品数量统计情况见表3-21。

表3-21 产品数量统计表 单位：件

工序	在产品	完工产品
第一道工序	200	—
第二道工序	200	—
第三道工序	100	300
合计	500	300

有关生产费用的资料见表3-22。

表 3-22　月初在产品成本及本月费用明细表　单位：元

项目	直接材料	直接人工	制造费用	合计
月初在产品成本	112 600	5 400	3 400	121 400
本月发生的生产费用	593 000	19 350	15 850	628 200
合计	705 600	24 750	19 250	749 600

各道工序材料及工时定额资料见表 3-23。

表 3-23　单位产品定额资料

名称	直接材料定额（千克）	工时定额（工时）
第一道工序	700	40
第二道工序	200	40
第三道工序	100	20
合计	1 000	100

学习任务 11　请根据上述资料，采用约当产量法计算各工序在产品投料程度和各工序分配直接材料费用的在产品约当产量，并在完工产品和月末在产品之间分配直接材料费用。

做中学	
	第一道工序期末在产品投料程度： 第二道工序期末在产品投料程度： 第三道工序期末在产品投料程度： 第一道工序月末在产品约当产量： 第二道工序月末在产品约当产量： 第三道工序月末在产品约当产量： 月末在产品约当总产量： 直接材料费用分配率： 月末在产品应负担的直接材料费用： 完工产品应负担的直接材料费用：

学习任务 11 解析

（3）原材料在生产过程中陆续投入且投入量与加工进度一致。

如果原材料随生产进度陆续投入且材料的投料程度与加工进度一致，则分配材料费用的在产品约当产量按在产品的完工程度折算。

在产品约当产量=在产品实际数量×在产品完工程度

【例 3-10】　接例 3-8，如果原材料是随着生产进度陆续投入，且与完工程度一致，月末在产品完工程度 80%。

学习任务 12　请根据上述资料，采用约当产量法计算分配直接材料费用的在产品约当产量，并在完工产品和月末在产品之间分配直接材料费用。

学习任务 12 解析

做中学	在产品约当产量： 直接材料分配率： 月末在产品应负担的直接材料费用： 完工产品应负担的直接材料费用：

（4）原材料在生产过程中陆续投入且投入量与加工进度不一致。

如果原材料是分工序投入，且投入量与加工进度不一致，各道工序在产品投料程度可由“前面各道工序累计材料消耗量”加“本道工序材料消耗量的 50%”确定，则月末在产品的投料程度按下列公式计算：

$$\text{某道工序投料程度}=\frac{\text{前面各道工序投料定额之和}+\text{本道工序材料消耗量}\times 50\%}{\text{完工产品投料定额}}\times 100\%$$

$$\text{某道工序月末在产品约当产量}=\text{该道工序月末在产品数量}\times\text{该道工序投料程度}$$

【例 3-11】 接例 3-9，如果原材料是在每道工序随加工进度陆续投入且投入量与加工进度不一致。

学习任务 13 请根据资料，采用约当产量法计算分配直接材料费用的在产品约当产量，并在完工产品和月末在产品之间分配直接材料费用。

学习任务 13 解析

做中学	第一道工序期末在产品投料程度： 第二道工序期末在产品投料程度： 第三道工序期末在产品投料程度： 第一道工序月末在产品约当产量： 第二道工序月末在产品约当产量： 第三道工序月末在产品约当产量： 月末在产品约当总产量： 直接材料费用分配率： 月末在产品应负担的直接材料费用： 完工产品应负担的直接材料费用：

2. 月末在产品直接人工、制造费用项目加工程度和月末在产品约当产量的计算

在产品加工程度通常是指在产品实耗（或定额）工时占完工产品应耗（或定额）工时的百分比。当企业生产进度比较平衡，月末各道工序在产品的加工数量相差不多的情况下，由于后面各道工序可以弥补前面各道工序少加工的程度，此时，全部在产品的加工程度均可以按 50%平均计算。如果月末各道工序的在产品数量和加工数量差别较大时，后面各道工序多加工的程度不可以弥补前面各工序少加工的程度，则应分工序计算在产品的加工程度。其计算公式如下：

$$\text{某道工序在产品的完工程度}=\frac{\text{前面各道工序工时定额之和}+\text{本道工序工时定额}\times 50\%}{\text{完工产品工时定额}}\times 100\%$$

$$\text{某道工序月末在产品约当产量}=\text{该道工序月末在产品数量}\times\text{该道工序在产品完工程度}$$

【例 3-12】 接例 3-9，计算月末在产品的完工程度和约当产量，以及完工产品和月末在产品应负担的直接人工和制造费用。

学习任务 14 请将计算结果填在下框中。

做中学	第一道工序期末在产品完工程度： 第二道工序期末在产品完工程度： 第三道工序期末在产品完工程度： 第一道工序月末在产品约当产量： 第二道工序月末在产品约当产量： 第三道工序月末在产品约当产量： 月末在产品约当总产量： 直接人工费用分配率： 月末在产品应负担的人工费用： 完工产品应负担的人工费用： 制造费用分配率： 月末在产品应负担的制造费用： 完工产品应负担的制造费用：

学习任务 14 解析

点睛 如果企业成本项目中设有燃料及动力项目，则也按在产品的加工程度确定在产品约当产量并计算应负担的燃料及动力费用。

（三）完工产品和在产品成本的计算

通过确定材料的投料程度和各道工序在产品的完工程度，计算出在产品的约当产量，进而计算各成本项目在完工产品和月末在产品之间的费用分配率，求得生产费用各项目在完工产品和在产品之间的分配金额，最终确定完工产品应结转的成本。

学习任务 15 请根据例 3-9 和例 3-12 的相关资料，计算完工产品和月末在产品的成本，并编制完工入库产品的会计分录。

做中学	月末在产品成本： 完工产品成本： 完工产品入库的会计分录：

学习任务 15 解析

模块四
品种法

知识目标

- 能说明企业生产特点对产品成本计算的影响
- 会描述品种法的特点和适用范围

技能目标

- 能够概括品种法的成本计算程序
- 能够正确运用品种法核算产品成本

素养目标

- 严格遵守财经法规，培养不做假账的职业道德观
- 培养吃苦耐劳、兢兢业业的职业素养

任务一 品种法认知

案例导入

大量大批重复生产的面粉、大量大批有严格先后生产步骤的机床和单件生产的小型飞机，生产工艺流程不同，组织方式也不同。在工业企业里，这三种不同类型的生产应采用何种方法计算成本呢？

思考：生产类型不同、管理要求不同，对产品成本的计算有何影响？

学习目标

通过学习，能说明企业生产特点对产品成本计算的影响，以及品种法的特点和适

用范围。

相关知识

一　企业生产特点对产品成本计算的影响

根据生产工艺过程的特点，制造企业的生产可分为单步骤生产和多步骤生产两种。

根据生产组织的特点，制造企业可分为大量生产、成批生产和单件生产。

结合两者考虑，制造企业的生产可分为大量大批单步骤生产、大量大批连续式多步骤生产、大量大批平行式加工多步骤生产、单件小批平行式加工多步骤生产。

不同的生产工艺和生产组织，形成不同的生产类型，从而对成本管理的要求也不同。

二　产品成本计算的主要方法

为适应各种类型生产的特点和管理要求，产品成本计算方法主要包括以下三种：

(1) 以产品品种为成本计算对象，简称品种法。

(2) 以产品批次为成本计算对象，简称分批法。

(3) 以产品生产步骤为成本计算对象，简称分步法。

产品成本计算各种方法对比见表 4-1。

表 4-1　产品成本计算的基本方法

方法名称	成本计算对象	生产类型		成本管理
		生产组织特点	生产工艺特点	
品种法	产品品种	大量大批生产	单步骤生产	不要求分步计算成本
			多步骤生产	
分批法	产品批别	单件小批生产	单步骤生产	不要求分步计算成本
			多步骤生产	
分步法	生产步骤	大量大批生产	多步骤生产	要求分步计算成本

三　品种法概述

(一) 品种法的含义

品种法是指以产品品种为成本核算对象，归集和分配生产成本，计算产品成本一种方法。

（二）品种法的适用范围

品种法主要适用于单步骤、大量生产的企业，如发电、供水、采掘等企业；或者管理上不要求按照生产步骤计算产品成本的企业。

（三）品种法的特点

（1）以产品品种作为成本核算对象。
（2）按月定期计算产品成本。
（3）月末如果有在产品，生产费用应在完工产品和在产品之间进行分配。

品种法的特点

学习任务1 请扫码深入学习品种法的特点。

四 品种法的成本计算程序

（1）按产品品种设置基本生产成本明细账。
（2）归集和分配本月生产费用。
（3）分配辅助生产费用。
（4）分配基本生产车间制造费用。
（5）计算完工产品成本和月末在产品成本。
（6）结转完工产品成本。

采用品种法核算产品成本的流程如图4-1所示。

品种法的成本计算程序

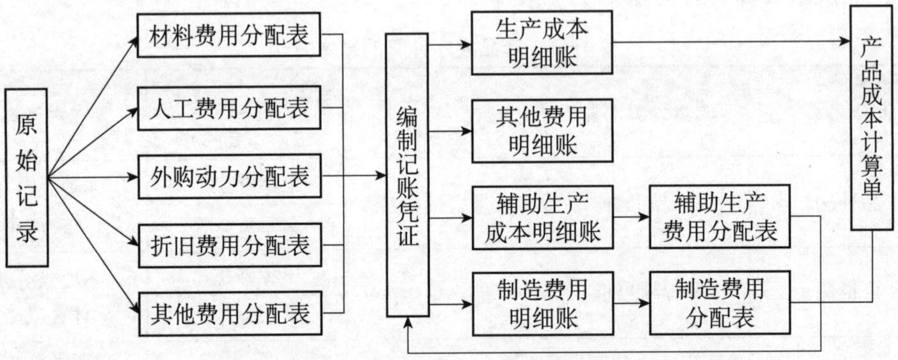

图4-1 品种法核算产品成本的流程

学习任务2 请扫码深入学习品种法的成本计算程序。

任务二 品种法的应用

案例导入

雅威服装厂是国内干法腈纶纤维生产公司，大量大批生产化纤产品。该公司设有一个基本生产车间，主要生产短纤和长纤两种纤维产品；还设有一个辅助生产车间，即运输车间，为基本生产车间和管理部门提供运输服务。从该厂生产工艺过程看，属于单步骤生产类型，成本核算的管理要求是能够提供最终完工产品成本。

思考：该公司的短纤和长纤两种产品用什么方法核算成本？按照什么程序进行核算？相关的账务处理有哪些？

学习目标

通过学习，能够运用品种法进行产品成本的计算和账务处理，并准确结转完工产品成本。

相关知识

一 单一品种生产下的品种法

如果企业生产的产品是单一品种，可直接根据有关原始凭证及费用汇总表登记生产成本明细账，编制产品成本计算单，即可计算该产品的总成本和单位成本。

【例 4－1】 威美制造企业为单步骤简单生产企业，只生产单一产品甲，月初和月末在产品比较稳定，计算甲产品成本时可不予考虑。20××年 6 月，甲产品共发生生产费用 900 万元，完工产品 10 000 件，有关生产成本明细见表 4－2。

表 4－2 生产成本明细表

甲产品　　20××年 6 月　　金额单位：万元

直接材料	直接人工	制造费用	合计
600	200	100	900

根据表 4－2 编制甲产品成本计算单表 4－3。

表 4-3　甲产品成本计算单

甲产品　　20××年 6 月

成本项目	总成本（10 000 件）（万元）	单位成本（万元/件）
直接材料	600	0.06
直接人工	200	0.02
制造费用	100	0.01
合计	900	0.09

二　多品种生产下的品种法

如果企业同时生产两种或者两种以上的产品，应按照品种法成本核算的一般程序设置生产成本明细账，将直接费用直接记入该产品生产成本明细账，将间接费用按照恰当的分配方法编制各种费用分配表分配计入各品种产品成本中。

【例 4-2】　美威制造企业为单步骤简单生产企业，设有一个基本生产车间，大量生产甲、乙两种产品；另外设有供电、机修两个辅助生产车间，为全厂提供辅助产品和劳务。根据生产特点和管理要求，甲、乙两种产品采用品种法计算产品成本。该企业 20××年 6 月份的有关成本资料整理如下：

（1）产品产量资料见表 4-4。

表 4-4　产品产量表

20××年 6 月　　数量单位：件

产品名称	月初在产品	本月投入	本月完工产品	月末在产品
甲产品	100	800	850	50
乙产品	80	700	750	30

甲产品实际生产工时 10 000 小时，乙产品实际生产工时 5 000 小时。甲、乙两种产品的原材料都在生产开始时一次投入，加工费用发生比较均衡，月末在产品完工程度均为 50%。完工产品成本和在产品成本按约当产量比例法分配，辅助生产费用按计划成本法分配。

（2）本月发生的生产费用。

1）本月发出材料汇总见表 4-5。

表 4-5　发出材料汇总表

20××年 6 月　　单位：元

领料部门和用途		原材料	辅助材料	合计
基本生产车间	甲产品耗用	900 000	—	900 000
	乙产品耗用	720 000	—	720 000
	甲、乙产品共同耗用	—	4 500	4 500

续表

领料部门和用途		原材料	辅助材料	合计
小计		1 620 000	4 500	1 624 500
基本生产车间管理部门耗用		—	3 600	3 600
辅助生产车间	供电车间耗用	1 000	600	1 600
	机修车间耗用	2 000	300	2 300
厂部管理部门耗用		—	1 200	1 200
合计		1 623 000	10 200	1 633 200

2）本月职工薪酬结算汇总见表 4－6。

表 4－6 职工薪酬结算汇总表

20××年 6 月　　单位：元

人员类别		应付职工薪酬
基本生产车间	产品生产工人	450 000
	车间管理人员	18 000
辅助生产车间	供电车间	9 000
	机修车间	7 200
管理部门	厂部管理人员	30 000
合计		514 200

3）本月应计提固定资产折旧费 20 300 元，其中基本生产车间 9 000 元，供电车间 1 800 元，机修车间 4 500 元，厂部 5 000 元。

4）本月应分摊财产保险费 3 000 元，其中基本生产车间 1 100 元，供电车间 800 元，机修车间 600 元，厂部管理部门 500 元。

5）本月以银行存款支付的费用为 14 100 元，其中基本生产车间办公费用 3 600 元，水费 2 800 元；供电车间水费 1 200 元；机修车间办公费 1 500 元；厂部管理部门办公费 4 000 元，水费 1 000 元。

学习任务 3 请根据上述资料，完成以下各项任务：

学习任务 3 解析

（1）根据生产费用相关资料编制各项要素费用分配表，分配各项要素费用。

1）分配材料费用，甲、乙产品共同负担材料费用按当月投入产品数量比例分配（见表 4－7）。

表 4－7 材料费用分配表

20××年 6 月　　单位：元

应借科目		成本项目	直接计入	分配金额（分配率 3 元/件*）	合计
基本生产成本	甲产品	直接材料			
	乙产品	直接材料			
	小计	—			

续表

应借科目		成本项目	直接计入	分配金额（分配率 3元/件*）	合计
辅助生产成本	供电车间	直接材料		—	
	机修车间	直接材料		—	
	小计	—		—	
制造费用	基本生产车间	直接材料		—	
管理费用	修理费	直接材料		—	
合计					

*分配率＝4 500÷（800＋700）＝3（元/件）。

做中学	根据表 4－7，编制分配材料费用的会计分录：

2）按甲、乙两种产品的实际生产工时比例分配职工薪酬费用（见表 4－8）。

表 4－8 职工薪酬费用分配表

20××年 6 月

单位：元

应借科目		成本项目	生产工人工资		管理人员费用	合计
			生产工时（小时）	分配金额		
基本生产成本	甲产品	直接人工			—	
	乙产品	直接人工			—	
	小计	—			—	
辅助生产成本	供电车间	直接人工	—		—	
	机修车间	直接人工	—		—	
	小计	—	—		—	
制造费用	基本生产车间	直接人工	—	—		
管理费用	工资费	直接人工	—	—		
合计			—			

做中学	根据表 4－8，编制分配职工薪酬费用的会计分录：

3）分配固定资产折旧费用（见表 4－9）。

表 4－9　固定资产折旧费用分配表

20××年 6 月　　　　单位：元

车间、部门	会计科目	明细科目	分配金额
基本生产车间	制造费用	基本生产车间	
辅助生产车间	辅助生产成本	供电车间	
		机修车间	
厂部管理部门	管理费用	—	
合计		—	

做中学	根据表 4－9，编制分配固定资产折旧费用的会计分录：

4）分配财产保险费（见表 4－10）。

表 4－10　财产保险费分配表

20××年 6 月　　　　单位：元

车间、部门	会计科目	明细科目	分配金额
基本生产车间	制造费用	基本生产车间	
辅助生产车间	辅助生产成本	供电车间	
		机修车间	
厂部管理部门	管理费用	—	
合计		—	

做中学	根据表 4－10，编制分配财产保险费的会计分录：

5）其他费用分配（见表 4-11）。

表 4-11 其他费用分配表

20××年 6 月　　　　单位：元

车间、部门	会计科目	明细科目	分配金额
基本生产车间	制造费用	基本生产车间	
辅助生产车间	辅助生产成本	供电车间	
		机修车间	
厂部管理部门	管理费用	—	
合计		—	

做中学	根据表 4-11，编制分配其他费用的会计分录：

（2）根据各项要素费用分配表登记有关辅助生产成本明细账、基本生产车间制造费用分配表，详见表 4-12 至表 4-15。

表 4-12 辅助生产成本明细账

车间名称：供电车间　　20××年 6 月　　金额单位：元

月	日	摘要	材料费	人工费	折旧费	保险费	维修费	其他	合计	转出
6	30	根据表 4-7		—	—	—	—	—		—
6	30	根据表 4-8	—		—	—	—	—		—
6	30	根据表 4-9	—	—		—	—	—		—
6	30	根据表 4-10	—	—	—		—	—		—
6	30	根据表 4-11	—	—	—	—	—			—
6	30	小计					—			—
6	30	根据表 4-14	—	—	—	—		—		—
6	30	根据表 4-14	—	—	—	—	—	—	—	
6	30	转入管理费用	—	—	—	—	—	—	—	
6	30	合计								

表 4-13 辅助生产成本明细账

车间名称：机修车间　　20××年 6 月　　单位：元

月	日	摘要	材料费	人工费	折旧费	保险费	电费	其他	合计	转出
6	30	根据表 4-7		—	—	—	—	—		—
6	30	根据表 4-8	—		—	—	—	—		—
6	30	根据表 4-9	—	—		—	—	—		—
6	30	根据表 4-10	—	—	—		—	—		—
6	30	根据表 4-11	—	—	—	—	—			—
6	30	小计					—			—
6	30	根据表 4-14	—	—	—	—		—		—
6	30	根据表 4-14	—	—	—	—	—	—	—	
6	30	转入管理费用	—	—	—	—	—	—	—	
6	30	合计								

表 4-14 辅助生产费用分配表

（按计划成本分配法）　　数量单位：度、小时

美威制造企业　　20××年 6 月　　金额单位：元

项目			机修车间	供电车间	合计
待分配辅助生产费用					
供应劳务数量					—
计划单位成本					—
辅助生产车间耗用（记入“辅助生产成本”）	机修车间	耗用量	—		—
		分配金额	—		
	供电车间	耗用量		—	—
		分配金额		—	
	分配金额小计				
基本生产耗用（记入“制造费用”）	耗用量				—
	分配金额				
行政部门耗用（记入“管理费用”）	耗用量				—
	分配金额				
按计划成本分配金额合计					
辅助生产实际成本					
辅助生产成本差异					

做中学	根据表 4－14 按计划成本分配法分配辅助生产费用，编制相应的会计分录： 辅助生产成本差异计入管理费用，编制相应的会计分录：

表 4－15 基本生产车间制造费用分配表

20××年 6 月 金额单位：元

应借科目		实际生产工时（小时）	分配金额（分配率 4.357*）
生产成本——基本生产成本	甲产品		
	乙产品		
合计			

*分配率＝65 355÷（10 000＋5 000）＝4.357（元/小时）。

做中学	根据表 4－15 编制分配制造费用的会计分录：

最后，根据期初在产品成本、本月发生的材料费、人工费和制造费用等资料，填写产品成本计算单，详见表 4－16 和表 4－17。

表 4－16 产品成本计算单

产品名称：甲产品 20××年 6 月 单位：元

月	日	摘要	直接材料	直接人工	制造费用	合计
6	30	期初在产品成本				
6	30	根据表 4－7		—	—	
6	30	根据表 4－8	—		—	
6	30	根据表 4－15	—	—		
6	30	本月生产费用小计				
6	30	生产费用累计				
6	30	月末在产品数量				—
6	30	本月完工产品单位成本				
6	30	本月完工产品总成本				
6	30	月末在产品成本				

表 4－17　产品成本计算单

产品名称：乙产品　　　　20××年 6 月　　　　单位：元

月	日	摘要	直接材料	直接人工	制造费用	合计
6	30	期初在产品成本				
6	30	根据表 4－7		—	—	
6	30	根据表 4－8	—		—	
6	30	根据表 4－15	—	—		
6	30	本月生产费用小计				
6	30	生产费用累计				
6	30	月末在产品约当产量				—
6	30	本月完工产品单位成本				
6	30	本月完工产品总成本				
6	30	月末在产品成本				

根据表 4－16、表 4－17 编制结转完工产品成本的会计分录：

做中学	根据表 4－16、表 4－17 编制结转完工产品成本的会计分录：

小贴士

品种法是最基本的成本计算方法

在工业企业中，根据生产类型的特点和管理要求采用不同的成本计算方法，主要是为了正确提供成本核算资料以加强成本管理。但是，不论哪种类型的企业，无论采用哪种成本计算方法，最终都必须按照产品品种计算出产品成本。因此，按照产品品种计算成本，是产品成本计算最一般、最起码的要求，在成本计算的基本方法中，品种法是最基本的成本计算方法。

模块五

分批法

知识目标

- 能说明分批法的概念、特点和使用范围
- 会描述分批法的成本计算程序

技能目标

- 能熟练运用分批法原理和简化分批法原理分配各项要素费用，计算完工产品成本和在产品的成本，并能编制成本计算单

素养目标

- 努力成为立大志、明大德、成大才、担大任的时代新人
- 继承并弘扬中华民族勤俭节约的优秀传统，树立节约光荣、浪费可耻的思想观念

任务一 分批法认知

案例导入

一家专用设备生产企业，在日常生产活动中是按单件小批组织生产的，所接的订单中由于买家的要求略有差异，企业在生产设备时所用材料、达到的性能各不相同，这家专用设备生产企业能否采用品种法进行成本核算？

思考：如果这家企业采用品种法进行成本核算，对成本核算工作有什么影响？

学习目标

通过学习，能够辨析分批法的特点、使用范围及核算程序。

相关知识

一　分批法概述

（一）分批法的含义

分批法是将产品的批别作为成本核算对象来归集生产费用，计算产品成本的一种方法。

（二）分批法的使用范围

分批法主要适用于小批、单件的单步骤生产和管理上不要求分步计算各步骤半成品的多步骤生产，如重型机械制造，船舶制造，精密仪器、专用工具模具、专用设备的生产及新产品的试制等。

（三）分批法的特点

（1）以产品的批别或订单为成本核算对象。

（2）成本核算期与产品生产周期基本一致，与会计报告期不一致。

（3）一般不需要计算月末在产品成本。

学习任务 1　请扫码深入学习分批法的特点。

分批法的特点

二　一般分批法的核算程序

（1）按产品批别开设基本生产成本明细账。

（2）按产品批别归集和分配各要素费用。

（3）分配辅助生产费用。

（4）分配基本生产车间制造费用。

（5）计算并结转完工产品成本。

学习任务 2　请扫码深入学习一般分批法的核算程序。

一般分批法的核算程序

任务二 一般分批法的应用

案例导入

爱丽服装厂是一家服装加工企业，主要承接服装订单并组织生产。3月份共接收不同类型服装订单三笔，每笔订单全部生产完工后交付订货单位。接收的订单中，由于服装生产的复杂程度不同，有两笔订单要求当月完工交货，一笔订单需要下月完工交货。从生产组织方式看，属于小批量生产；从生产工艺过程看，属于多步骤生产。该厂不要求按步骤核算成本。

思考：该厂应如何在各批次产品间分配生产费用？相关的账务处理有哪些？

学习目标

通过学习，能够运用一般分批法进行产品成本的计算和账务处理，并准确结转完工产品成本。

相关知识

在小批单件生产的企业中，企业的生产活动基本是根据订货单位的订单来组织生产的，按产品批别或订单作为成本计算对象来归集生产费用，计算产品成本，一般把一个生产周期（即从投产到完工的整个时期）作为成本计算期定期计算产品成本。由于在未完工时该批次内没有完工产品，完工后又没有在产品，同批次完工产品和在产品不会同时并存，因此同批次内不需要把生产费用在完工产品和在成品之间进行分配。

【例5-1】 信达工厂第一车间根据客户的订单成批生产甲、乙、丙三种产品。20××年3月的生产情况见表5-1。

表5-1 本月产品生产情况

产品	投产数量（件）	投产时间	完工数量（件）	完工时间
201批次甲产品	40	2月2日	40	3月26日
202批次乙产品	60	2月16日	0	尚未完工
301批次丙产品	120	3月5日	12	3月28日（完工12件）

3月各批次产品月初在产品成本资料见表5-2。

表 5-2　各批次产品月初在产品成本　　单位：元

产品	直接材料	直接人工	制造费用	合计
201 批次甲产品	84 000	12 000	8 000	104 000
202 批次乙产品	120 000	2 000	2 000	124 000

3 月各批次产品发生的生产费用及工时情况见表 5-3。

表 5-3　本月发生生产费用、工时　　金额单位：元

<table>
<tr><th>项目</th><th>直接材料</th><th>直接人工</th><th>制造费用</th><th>生产工时（小时）</th></tr>
<tr><td>201 批次甲产品</td><td>—</td><td rowspan="3">57 400</td><td rowspan="3">44 280</td><td>8 000</td></tr>
<tr><td>202 批次乙产品</td><td>—</td><td>4 000</td></tr>
<tr><td>301 批次丙产品</td><td>396 000</td><td>4 400</td></tr>
</table>

各批次在生产开始时一次投入原材料。月末，按照生产工时在各批次产品间分配直接人工费用和制造费用；301 批次丙产品本月少量完工，按照定额产品成本在完工产品和月末在产品之间分配生产费用，单位产品定额成本 4 825 元，其中，直接材料 3 300 元，直接人工 825 元，制造费用 700 元。

学习任务 3　请根据上述资料，采用一般分批法完成以下各项任务：

（1）根据生产费用相关资料编制要素费用分配表，分配各项要素费用。

1）编制 301 批次丙产品本月耗用原材料的会计分录。

做中学	

学习任务 3 解析

2）采用生产工时分配法在各批产品之间分配本月发生的直接人工费用（见表 5-4）。

表 5-4　直接人工费用分配表

生产单位：　　　　年　　月　　　　金额单位：元

产品	生产工时（小时）	分配率	分配金额
201 批次甲产品			
202 批次乙产品			
301 批次丙产品			
合计		—	

做中学	根据分配结果编制会计分录：

3）采用生产工时分配法在各批产品之间分配本月发生的制造费用（见表5-5）。

表5-5　制造费用分配表

生产单位：　　　　　　　　　　　年　　月　　　　　　　　　　　金额单位：元

产品	生产工时（小时）	分配率	分配金额
201批次甲产品			
202批次乙产品			
301批次丙产品			
合计		—	

做中学	根据分配结果编制会计分录：

（2）根据期初在产品成本及本月发生的材料费、人工费和制造费用等资料，填写各批次产品成本计算单，详见表5-6、表5-7和表5-8。

表5-6　第一车间产品成本计算表

批别：201批次　　　　　　　　　　　　　　　　　　　　开工日期：　　月　　日
产品：甲产品　　　　批量：　　　　完工：　　　　　　　完工日期：　　月　　日

摘要	直接材料	直接人工	制造费用	合计
月初在产品成本				
本月生产费用	—			
生产费用合计				
转出完工产品成本				
单位成本				

表5-7　第一车间产品成本计算表

批别：202批次　　　　　　　　　　　　　　　　　　　　开工日期：　　月　　日
产品：乙产品　　　　批量：　　　　完工：　　　　　　　完工日期：　　月　　日

摘要	直接材料	直接人工	制造费用	合计
月初在产品成本				
本月生产费用	—			
生产费用合计				
月末在产品成本				

表 5-8 第一车间产品成本计算表

批别：301 批次　　　　　　　　　　　　　　　　　　　　开工日期：　　月　　日
产品：丙产品　　　　批量：　　　　　　完工：　　　　　　完工日期：　　月　　日

摘要	直接材料	直接人工	制造费用	合计
本月生产费用				
生产费用合计				
单位产品定额成本				
转出完工产品成本				
月末在产品成本				

做中学	根据成本计算表，编制结转完工产品成本的会计分录：

任务三 简化分批法的应用

案例导入

某生产精密专用设备的企业，主要根据客户需求承接小批单件的精密设备订单，设备生产周期较长，每月末经常有大量未完工的产品批数。企业订单较多，且每月完工的订单并不多，在这种情况下，若采用一般分批法，不论各批产品完工与否，需将当月发生的各项生产费用全部分配给各批产品。如果产品批次众多，每月费用分配的核算工作量将非常繁重。

思考：如果产品生产周期较长，每月完工的产品批次少，企业能否简化费用分配的核算工作？

学习目标

通过学习，会描述简化分批法的概念、特点及核算程序，能运用简化分批法将生产费用在各批次产品之间进行分配，并能正确填写相关成本计算单。

相关知识

一 简化分批法概述

（一）简化分批法的含义

简化分批法也叫不分批计算在产品成本分批法或累计间接费用分配法，是按产品批别设立明细账，但在产品完工之前，账内只需按月登记直接计入费用（如原材料）和加工工时，不必分配加工费用，计算该批在产品成本；只有在产品完工的那个月份，才分配加工费用，计算完工产品。各批全部产品的在产品成本，只分成本项目的总数登记在专设的基本生产成本二级账中。

（二）简化分批法的使用范围

简化分批法适用于订单多、生产周期长、小批单件生产的企业或车间。

采用简化分批法，每月只归集各批产品的直接计入费用，不再按月分配每月发生的人工费用和制造费用等间接计入费用，而是累加起来，直到产品完工的那个月份，再按照完工产品累计生产工时比例，在各批完工产品之间进行分配，对于未完工的各批产品，不分配间接计入费用，不计算各批产品的在产品成本，在基本生产成本二级账中以总额反映，所以，该方法又称间接费用累计分批法。

（三）简化分批法的特点

（1）设立基本生产成本二级账。

（2）每月发生的各项间接计入费用，不是按月在各批产品之间进行分配。

学习任务 4 请扫码深入学习简化分批法的特点。

简化分批法的特点

二 简化分批法的成本核算程序

（1）按产品批别设置基本生产成本账及基本生产成本二级账。

（2）登记各批别产品发生的生产费用和生产工时。

（3）有完工产品的月份，分配累计间接费用。

计算公式如下：

$$\text{全部产品累计间接计入费用分配率}=\frac{\text{全部产品累计间接计入费用}}{\text{全部累计工时}}$$

$$\begin{array}{c}\text{某批完工产品应}\\\text{负担的间接计入费用}\end{array}=\begin{array}{c}\text{该批完工产品}\\\text{累计工时}\end{array}\times\begin{array}{c}\text{全部产品累计}\\\text{间接计入费用分配率}\end{array}$$

（4）计算并结转完工产品成本。

学习任务 5　请扫码深入学习简化分批法成本核算程序。

简化分批法成本核算程序

【例 5-2】　华南公司第二分厂属于小批生产企业，该分厂的产品批别多，生产周期较长，每月末经常有大量未完工的产品批次。为了简化核算工作，采用简化分批法计算成本。

3 月生产情况资料见表 5-9。

表 5-9　本月产品生产情况

产品	投产数量（件）	投产时间	完工数量（件）	完工时间
221 批次甲产品	8	2 月 10 日	8	3 月 25 日
222 批次乙产品	10	2 月 15 日	4	3 月 31 日（完工 4 件）
301 批次丙产品	5	3 月 3 日	0	尚未完工
302 批次丁产品	15	3 月 8 日	0	尚未完工
303 批次戊产品	12	3 月 15 日	0	尚未完工

3 月初在产品成本情况见表 5-10。

表 5-10　各批产品月初在产品成本　　金额单位：元

<table>
<tr><th>产品</th><th>直接材料</th><th>直接人工</th><th>制造费用</th><th>生产工时（小时）</th></tr>
<tr><td>221 批次甲产品</td><td>18 000</td><td rowspan="2">4 060</td><td rowspan="2">4 830</td><td>4 000</td></tr>
<tr><td>222 批次乙产品</td><td>24 000</td><td>1 500</td></tr>
</table>

3 月各批次产品发生的生产费用情况见表 5-11。

表 5-11　各批产品本月发生的生产费用、生产工时　　金额单位：元

<table>
<tr><th>项目</th><th>直接材料</th><th>直接人工</th><th>制造费用</th><th>生产工时（小时）</th></tr>
<tr><td>221 批次甲产品</td><td>—</td><td rowspan="5">11 468</td><td rowspan="5">18 462</td><td>5 020</td></tr>
<tr><td>222 批次乙产品</td><td>—</td><td>20 000</td></tr>
<tr><td>301 批次丙产品</td><td>5 600</td><td>3 200</td></tr>
<tr><td>302 批次丁产品</td><td>5 200</td><td>3 000</td></tr>
<tr><td>303 批次戊产品</td><td>5 000</td><td>2 100</td></tr>
</table>

此外，222 批次乙产品部分完工，采用工时定额计算确定已完工产品的生产工时为 14 000 小时，直接材料费用采用约当产量法分配。

学习任务 6　请根据上述资料，采用简化分批法完成以下各项任务：

学习任务 6 解析

（1）根据生产费用相关资料登记基本生产成本二级账（见表 5-12），基本生产成本明细账略。

表 5-12　基本生产成本二级账

生产单位：第二分厂　　金额单位：元

<table>
<tr><th colspan="2">20××年</th><th rowspan="2">摘要</th><th rowspan="2">直接材料</th><th rowspan="2">生产工时（小时）</th><th rowspan="2">直接人工</th><th rowspan="2">制造费用</th><th rowspan="2">合计</th></tr>
<tr><th>月</th><th>日</th></tr>
<tr><td>3</td><td>1</td><td>月初在产品成本</td><td></td><td></td><td></td><td></td><td></td></tr>
</table>

续表

20××年		摘要	直接材料	生产工时（小时）	直接人工	制造费用	合计
月	日						
	31	本月发生费用和工时					
	31	累计费用和工时					
	31	累计间接费用分配率	—	—			—
	31	完工转出					
	31	月末在产品					

表 5-12 中分配率的计算：

累计间接费用（直接人工）分配率：

累计间接费用（制造费用）分配率：

（2）填写产品成本计算单（见表 5-13 至表 5-17）。

表 5-13　产品成本计算单

产品批号：221 批次　　投产日期：　年　月　日

产品名称：　　完工日期：　年　月　日

产品批量：　　完工数量：　　单位：元

月	日	摘要	直接材料	生产工时（小时）	直接人工	制造费用	合计
3	1	2 月发生费用			—	—	—
3	31	本月发生费用和工时	—		—	—	—
3	31	累计生产费用和工时			—	—	—
3	31	累计间接费用分配率	—	—			—
3	31	完工产品费用和工时					

表 5-14　产品成本计算单

产品批号：222 批次　　投产日期：　年　月　日

产品名称：　　完工日期：　年　月　日

产品批量：　　完工数量：　　单位：元

月	日	摘要	直接材料	生产工时（小时）	直接人工	制造费用	合计
3	1	2 月发生费用			—	—	—
3	31	本月发生费用和工时	—		—	—	—
3	31	累计生产费用和工时			—	—	—
3	31	累计间接费用分配率	—	—			—
3	31	完工产品费用和工时					
3	31	月末在产品			—	—	

完工产品直接材料，采用约当产量法进行分配：

完工产品直接材料费用：

月末在产品直接材料费用：

表 5－15　产品成本计算单

产品批号：301 批次　　　　投产日期：　年　月　日
产品名称：　　　　　　　　完工日期：　年　月　日
产品批量：　　　　完工数量：　　　　单位：元

月	日	摘要	直接材料	生产工时（小时）	直接人工	制造费用	合计
3	31	本月发生费用和工时			—	—	—
	31	月末在产品			—	—	—

表 5－16　产品成本计算单

产品批号：302 批次　　　　投产日期：　年　月　日
产品名称：　　　　　　　　完工日期：　年　月　日
产品批量：　　　　完工数量：　　　　单位：元

月	日	摘要	直接材料	生产工时（小时）	直接人工	制造费用	合计
3	31	本月发生费用和工时			—	—	—
3	31	月末在产品			—	—	—

表 5－17　产品成本计算单

产品批号：303 批次　　　　投产日期：　年　月　日
产品名称：　　　　　　　　完工日期：　年　月　日
产品批量：　　　　完工数量：　　　　单位：元

月	日	摘要	直接材料	生产工时（小时）	直接人工	制造费用	合计
3	31	本月发生费用和工时			—	—	—
3	31	月末在产品			—	—	—

（3）根据完工产品成本计算单，结转完工入库产品成本，编制会计分录。

做中学	

模块六
分步法

知识目标

- 能归纳分步法的主要特点、使用范围
- 能说明分步法的核算程序

技能目标

- 能够灵活运用分步法进行成本核算
- 能够运用产品成本还原的方法

素养目标

- 增强会计职业判断能力
- 养成爱岗敬业的工作态度

任务一 分步法认知

案例导入

纺织、冶金、大量大批的机械制造企业是大量大批的多步骤生产类型的企业。在这类企业中，产品生产可以分为若干个生产步骤进行成本管理，往往不仅要求按照产品品种计算成本，还要求按照生产步骤计算成本。

思考： 大量大批的多步骤生产类型的企业采用哪种成本核算方法比较恰当？

学习目标

通过学习，能够说明分步法的计算程序，会运用分步法解决实际工作问题。

相关知识

一　分步法概述

（一）分步法的含义

分步法是以产品的品种及其所经过的生产步骤作为成本计算对象归集生产费用，计算产品成本的方法。

（二）分步法的种类

分步法分为逐步结转分步法和平行结转分步法。

（1）逐步结转分步法。采用该方法，各个生产步骤逐步计算并结转半成品成本，直到最后生产步骤计算出完工产品成本。其特征是计算各生产步骤的半成品成本。

按照半成品成本在下一步骤成本明细账中的反映方法，逐步结转分步法又分为综合结转分步法和分项结转分步法。

（2）平行结转分步法。该方法是将各生产步骤应计入相同完工产品成本的份额平行汇总，计算完工产品成本的方法。平行结转分步法按生产步骤归集生产费用，月末计算出各生产步骤应计入当期完工产品成本的“份额”，然后进行加总确定完工产品成本。其特征是只计算完工产品成本，并不计算各生产步骤的半成品成本。

（三）分步法的使用范围

分步法主要适用于大量大批、多步骤生产企业的产品成本计算，如冶金、纺织、机械制造等企业。

（1）逐步结转分步法主要适用于有半成品对外销售和需要考核半成品成本的企业，特别是大量大批连续式多步骤生产企业。

（2）平行结转分步法主要适用于成本管理上不要求计算半成品成本的企业，特别是半成品不对外销售的大量大批装配式多步骤生产企业。

（四）分步法的特点

（1）以生产步骤为成本计算对象，上一步骤半成品是下一步骤的加工对象。

（2）以会计报告期为成本计算期。

（3）生产费用需要在完工产品与在产品之间进行分配。

学习任务1　请扫码深入学习逐步结转分步法和平行结转分步法。

逐步结转分步法和平行结转分步法

二　分步法的核算程序

（一）逐步结转分步法的核算程序

逐步结转分步法的核算程序取决于半成品实物的流转程序，半成品实物的流转程序有两种，一种是半成品不通过仓库收发，另一种是半成品通过仓库收发。

1. 半成品不通过仓库收发

先计算第一步骤所产半成品成本，然后随半成品实物转移，将其半成品成本从第一步骤产品成本明细账转入第二步骤相同产品的产品成本明细账中，再加上第二步骤所发生的生产费用，计算出第二步骤所生产半成品成本，并将其转入第三步骤。这样，按照生产步骤逐步计算（累计）并结转半成品成本，直到最后步骤计算出产成品成本。其成本核算程序如图 6-1 所示。

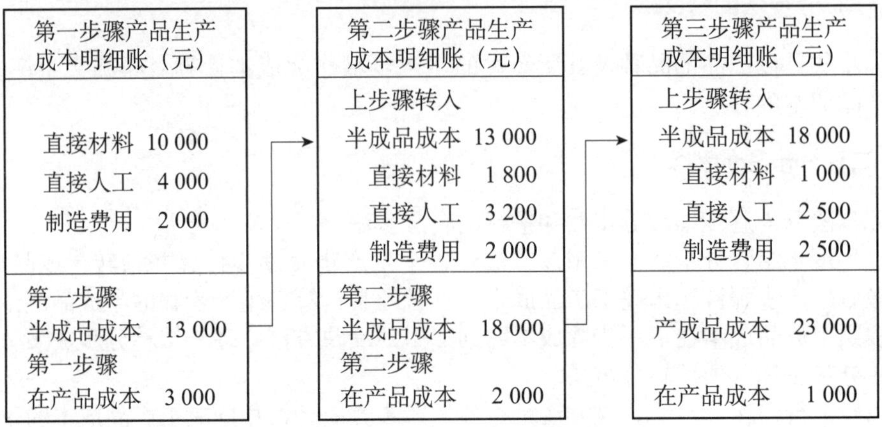

图 6-1　逐步结转分步法成本核算程序（1）

2. 半成品通过仓库收发

应设置自制半成品明细账进行核算，其成本核算程序如图 6-2 所示。

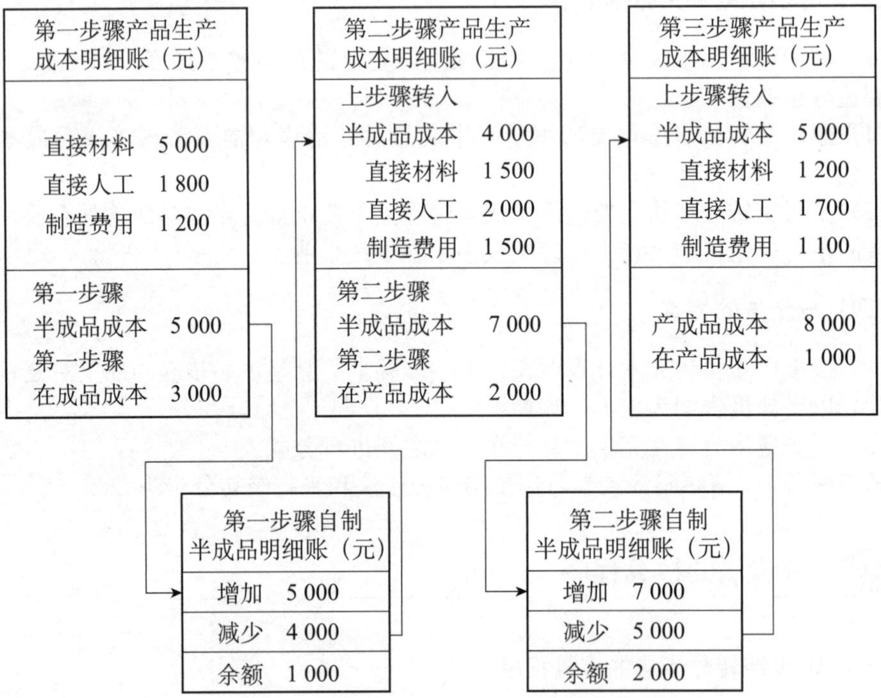

图 6-2　逐步结转分步法成本核算程序（2）

第一步骤完工半成品在验收入库时，应根据完工转出的半成品成本：

借：自制半成品——第一车间　　5 000

　贷：生产成本——基本生产成本（第一车间）　　5 000

第二步骤领用时，再编制相反的会计分录：

借：生产成本——基本生产成本（第二车间）　　4 000

　贷：自制半成品——第一车间　　4 000

第二步骤完工半成品在验收入库时，应根据完工转出的半成品成本：

借：自制半成品——第二车间　　7 000

　贷：生产成本——基本生产成本（第二车间）　　7 000

第三步骤领用时，再编制相反的会计分录：

借：生产成本——基本生产成本（第三车间）　　5 000

　贷：自制半成品——第二车间　　5 000

如果半成品完工后不通过半成品库收发，而直接转入下一步骤，半成品成本应在各步骤的产品成本明细账之间直接结转，不编制上述分录。逐步结转分步法，实际上是品种法的多项连续使用。

产品完工入库会计分录：

借：库存商品——××产品　　8 000

　贷：生产成本——基本生产成本（第三车间××产品）　　8 000

（二）平行结转分步法的核算程序

（1）按所生产的产品的品种及其所经过的生产步骤设置产品生产成本明细账，按各生产步骤归集生产费用，计算出每一步骤所发生的生产费用。

（2）月末，采用一定的方法将各生产步骤所归集的生产费用在产成品和广义在产品之间分配，计算出各生产步骤应计入产成品成本的份额。

（3）将各生产步骤生产费用中应计入产成品成本的份额平行结转、汇总，计算出产成品成本。其成本核算程序如图 6-3 所示。

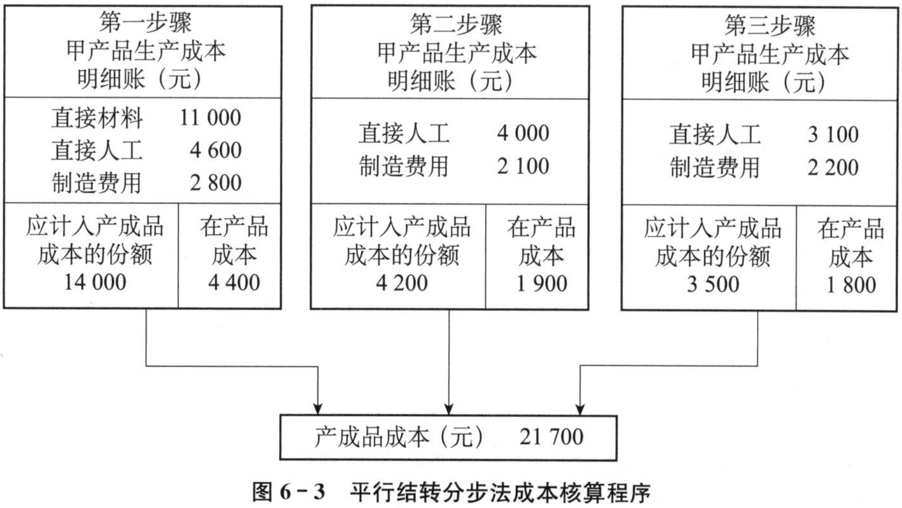

图 6-3　平行结转分步法成本核算程序

产品完工入库会计分录：

借：库存商品——甲产品　21 700

　贷：生产成本——基本生产成本（第一车间）　14 000

　　　　　　——基本生产成本（第二车间）　4 200

　　　　　　——基本生产成本（第三车间）　3 500

小贴士

平行结转分步法下产成品成本份额的计算

在采用平行结转分步法计算产品成本时，各步骤应计入产成品成本的份额应按下列公式计算：

$$\text{某步骤应计入产成品成本的份额}=\text{产成品数量}\times\frac{\text{单位产成品耗用}}{\text{该步骤半成品数量}}\times\text{该步骤半成品单位成本}$$

$$\text{某步骤半成品单位成本}=\frac{\text{该步骤月初在产品成本}+\text{该步骤本月发生的生产费用}}{\text{该步骤完工产品数量（约当产量）}}$$

$$\text{某步骤（各成本项目）约当产量}=\text{产成品耗用该步骤半成品数量}+\text{该步骤月末广义在产品约当产量}$$

$$=\text{产成品耗用该步骤半成品数量}+\text{该步骤月末在产品约当产量}+\text{以后步骤月末在产品数量}$$

式中：

(1)“产成品耗用该步骤半成品数量＝产成品数量×单位产成品耗用该步骤半成品数量”看作是完工产成品换算成半成品的数量。

(2)“该步骤月末在产品约当产量＋以后步骤月末在产品数量”即广义在产品约当产量。

本步骤月末在产品约当产量对于本步骤而言是没有完工的，需要折算为约当产量；以后步骤月末在产品对于本步骤而言是完工的，不需要折算。

三　分步法举例

(一) 综合结转分步法举例

综合结转分步法，是将各生产步骤所耗用的上一步骤半成品成本，不分成本项目，而是以一个综合数计入各该步骤产品成本明细账中的“半成品”成本项目中。综合结转可以按照半成品的实际成本结转，也可以按照半成品的计划成本结转。

1. 半成品按实际成本综合结转

【例 6-1】　假定某企业的甲产品生产分两个步骤在两个车间内进行，第一车间为第二车间提供甲半成品。第一车间生产甲半成品，交半成品库验收，第二车间按需要量从半成品库领用。各步骤完工产品与月末在产品之间费用的分配采用约当产量法。该企业 20××年 3 月份有关成本计算资料如下：

(1) 产量资料如表 6－1 所示。

表 6－1　产量资料　　单位：件

项目	月初在产品	本月投入	本月完工	月末在产品
第一车间	90	350	360	80
第二车间	110	420	370	160

假定材料在第一车间生产开始时一次投入，各加工步骤的在产品完工程度为 50%。

(2) 月初在产品成本资料如表 6－2 所示。

表 6－2　3 月初在产品成本　　单位：元

项目	直接材料	半成品	直接人工	制造费用	合计
第一车间	7 830	—	980	640	9 450
第二车间	—	14 170	1 375	486	16 031

(3) 月初库存甲半成品 500 件，其实际成本为 61 280 元。

(4) 本月发生费用（第二车间不包括第一车间转入的费用）如表 6－3 所示。

表 6－3　3 月生产费用　　单位：元

项目	直接材料	直接人工	制造费用	合计
第一车间	30 450	10 220	3 760	44 430
第二车间	—	9 875	3 789	13 664

(5) 假定半成品成本按加权平均法计算。

学习任务 2　请完成以下各步骤成本计算：

(1) 根据月初在产品成本资料及本月发生的生产费用及产量资料，登记第一车间生产成本明细账，并计算出甲半成品成本，填写表 6－4。

学习任务 2 解析

表 6－4　第一车间生产成本明细账　　完工：360 件　在产品：80 件

甲半成品　　20××年 3 月　　单位：元

项目		直接材料	直接人工	制造费用	合计
月初在产品成本					
本月生产费用					
生产费用合计					
产品产量	完工产品数量				—
	在产品约当产量				—
	合计				—
分配率（单位成本）					
完工半成品成本					
月末在产品成本					

根据第一车间的半成品交库单所列交库数量及成本，编制会计分录如下：

做中学	

（2）根据第一车间所生产的甲半成品交库单及第二车间领用半成品的领用单，登记自制半成品明细账，如表 6-5 所示。

表 6-5 自制半成品明细账

半成品：甲半成品　　20××年 3 月　　数量单位：件

月份	月初结存		本月增加		合计			本月减少	
	数量	实际成本	数量	实际成本	数量	实际成本	单位成本	数量	实际成本
3									
4			—	—	—	—	—	—	—

根据第二车间半成品领用单，编制会计分录如下：

做中学	

（3）根据月初在产品成本资料、本月发生生产费用及产量资料、第二车间半成品领用单，登记第二车间生产成本明细账，计算完工产品成本，如表 6-6 所示。

表 6-6 第二车间生产成本明细账

完工：370 件
在产品：160 件

甲半成品　　20××年 3 月　　单位：元

项目		半成品	直接人工	制造费用	合计
月初在产品成本					
本月生产费用					
生产费用合计					
产品产量	完工产品数量				—
	在产品约当产量				—
	合计				—
分配率（单位成本）					
完工产品成本					
月末在产品成本					

注：在上列生产成本明细账中，增设了“半成品”成本项目栏，其目的就是综合登记所耗用第一车间半成品的成本。其中本月半成品费用，应根据计价后的第二车间半成品领用单登记。

根据第二车间的产成品交库单所列产成品交库数量和第二车间生产成本明细账中完工转出产成品成本，编制会计分录如下：

做中学	

点睛　在半成品按实际成本综合结转的情况下，如果半成品实物不通过仓库收发，上一步骤的半成品成本等额转入下一步骤产品成本明细账中的“半成品”成本项目；半成品实物如果通过仓库收发，由于各月所产半成品的实际单位成本往往不同，因而所耗半成品的单位成本也有一个计价问题，半成品可以同材料核算一样，采用先进先出法或加权平均法等方法计算。

2. 半成品按计划成本综合结转

在半成品按计划成本综合结转情况下，半成品日常收发的明细核算均按计划成本计价；在半成品实际成本计算出来后，再计算半成品成本差异额和差异率，调整领用半成品的计划成本。

（1）半成品按计划成本综合结转所用账表的特点。

1）在产品生产成本明细账中，对于所耗用半成品的成本，可以直接按照调整成本差异后的实际成本登记，也可以按照计划成本和成本差异率分别登记，以便于分析上一步骤半成品成本差异对本步骤成本的影响，如采用后一种做法，产品生产成本明细账中的“半成品”项目，应分设“计划成本”“成本差异”“实际成本”三栏，其格式如表6－7所示。

表6－7　产品生产成本明细账

第二车间　甲产品

摘要	产量（件）	半成品			直接人工	制造费用	成本合计
		计划成本	成本差异	实际成本			

2）自制半成品明细账不仅要反映半成品收发和结存的数量及实际成本，而且要反映半成品收发和结存的计划成本、成本差异额及成本差异率。其格式如表6－8所示。

学习任务3　请沿用例6－1资料表6－5，采用半成品按计划成本综合结转的方法，登记自制半成品明细账表6－8（每件计划成本为128元）。

学习任务3解析

表6－8　自制半成品明细账

半成品：甲半成品　　　　20××年3月　　　　计划单位成本：128元

月份	月初余额			本月增加			合计					本月减少		
	数量	计划成本	实际成本	数量	计划成本	实际成本	数量	计划成本	实际成本	成本差异	差异率	数量	计划成本	实际成本
	①	②	③	④	⑤	⑥	⑦＝①＋④	⑧＝②＋⑤	⑨＝③＋⑥	⑩＝⑨－⑧	⑪＝⑩÷⑧	⑫	⑬	⑭＝⑬＋⑬×⑪
3														
4				—	—	—	—	—	—	—	—	—	—	—

（2）按计划成本综合结转半成品成本的优点。

1）能简化和加速半成品核算和产品成本计算工作。

2）便于对各步骤成本进行考核和分析。

3. 综合结转分步法的成本还原

（1）成本还原的含义。

采用综合结转分步法结转半成品成本时，上一生产步骤转入的自制半成品成本，综合记入“半成品”成本项目，简化了成本计算手续。但是，在最后生产步骤计算出的产品成本中，除了本步骤发生的生产费用是按原始成本项目反映外，前面各个生产步骤发生的各项费用，都集中在“半成品”成本项目中，这样的计算结果不能提供按成本项目反映的成本资料。因此，当成本管理要求按照规定成本项目考核和分析企业产品成本计划的完成情况时，就需要进行成本还原。

（2）成本还原的方法。

通常从最后一个生产步骤开始，将产成品所耗上一生产步骤自制半成品的综合成本，按照上一生产步骤本月所产该种半成品的成本结构进行还原，依次从后往前逐步分解，直至第一加工步骤为止，还原为直接材料、直接人工、制造费用等，然后，再汇总各加工步骤相同成本项目的金额，从而计算出按原始成本项目反映的产成品成本。

【例 6-2】 沿用例 6-1 的资料表 6-6，说明产成品的还原方法。表 6-6 中产成品成本为 59 015 元，其中所耗用的自制半成品成本为 46 250 元（含直接材料 31 320元、直接人工 10 080 元），按其占第一步骤（车间）生产成本明细账中本月所产该种自制半成品总成本 45 360 元的比例，分解还原成按原始成本项目反映的产成品成本，其计算公式为：

$$成本还原分配率=\frac{本月产成品所耗上一步骤自制半成品成本}{本月所产该种自制半成品总成本}$$

$$=\frac{46\ 250}{45\ 360}\approx 1.019\ 6$$

$$\frac{所耗用的自制半成品成本}{还原为各成本项目金额}=\frac{本月所产该自制半成品}{成本中的各该成本项目金额}\times 成本还原分配率$$

所耗自制半成品成本还原为直接材料＝ 31 320×1.019 6＝31 933.87（元）

所耗自制半成品成本还原为直接人工＝10 080×1.019 6＝10 277.57（元）

所耗自制半成品成本还原为制造费用＝46 250－31 933.87－10 277.57
＝4 038.56（元）

产成品所耗自制半成品成本＝31 933.87＋10 277.57＋4 038.56
＝46 250（元）

还原后各成本项目之和为 46 250 元，与产成品所耗自制半成品成本抵销。然后，将还原前产成品成本与产成品中自制半成品成本的还原额，按照相同的成本项目汇总，计算出还原后产成品成本。还原后产成品成本为：

直接材料＝31 933.87（元）

直接人工＝9 250＋10 277.57＝19 527.57（元）

制造费用＝3 515＋4 038.56 ＝ 7 553.56（元）

产成品成本＝31 933.87＋19 527.57＋7 553.56＝59 015（元）

在实际工作中，成本还原一般是通过产品成本还原计算表进行的，如表 6－9 所示。

表 6－9　产品成本还原计算表

甲产品　　20××年 3 月　　金额单位：元

行次	项目	还原率	半成品	直接材料	直接人工	制造费用	合计
①	还原前产成品成本	—	46 250	—	9 250	3 515	59 015
②	本月所产半成品成本	—	—	31 320	10 080	3 960	45 360
③	产成品中半成品成本还原	1.019 6*	-46 250	31 933.87	10 277.57	4 038.56	0
④=①+③	还原后产成品成本	—	—	31 933.87	19 527.57	7 553.56	59 015

* 产成品中半成品成本还原率＝46 250÷45 360＝1.019 6

点睛　如果产品的生产步骤不止两步，那么在进行一次还原后，还会有自制半成品成本项目，则应继续还原，直到自制半成品成本项目全部分解成按原始成本项目反映为止。

（二）分项结转分步法举例

分项结转分步法，是将各生产步骤所耗用的上一步骤半成品成本，按照成本项目分项转入各该步骤产品成本明细账的各个成本项目中，如果半成品通过半成品库收发，在自制半成品明细账中登记半成品成本时，也要按照成本项目分别登记。

【例 6－3】　沿用例 6－1 资料。

学习任务 4　请采用分项结转分步法完成以下任务：

（1）根据第一车间生产成本明细账、第一车间半成品交库单及第二车间半成品领用单，登记自制半成品明细账，如表 6－10 所示。

学习任务 4 解析

表 6－10　自制半成品明细账

甲半成品　　20××年 3 月　　单位：元

月份	项目	产量（件）	实际成本			
			直接材料	直接人工	制造费用	成本合计
3	月初余额					
3	本月增加					
3	合计					
3	单位成本	—				
3	本月减少					
4	月末余额					

（2）根据月初在产品成本资料、本月发生生产费用及产量资料、第二车间半成品领用单及自制半成品明细账，即可计算出完工产品成本，如表 6－11 所示。

表 6－11　第二车间生产成本明细账

完工：370 件
在产品：160 件

产品名称：甲产品　　20××年 3 月　　单位：元

摘要		直接材料		直接人工		制造费用		合计
		上步骤转入	本步骤发生	上步骤转入	本步骤发生	上步骤转入	本步骤发生	
月初在产品成本	上步骤转入		—		—		—	
	本步骤发生	—	—	—		—		
本月发生费用	上步骤转入		—		—		—	
	本步骤发生	—	—	—		—		
生产费用合计			—					
产品产量	完工产品数量		—					—
	在产品约当产量		—					—
	合计		—					—
分配率			—					
完工产成品成本			—					
月末在产品成本			—					

（3）根据第二车间甲产品生产成本明细账（见表 6－11），编制完工产品成本汇总表，如表 6－12 所示。

表 6－12　完工产品成本汇总表

完工：370 件

产品名称：甲产品　　20××年 3 月　　单位：元

项目	直接材料	直接人工	制造费用	合计
完工产品总成本				
完工产品单位成本				

点睛　采用分项结转分步法时，可以按照半成品的实际成本结转，也可以按照半成品的计划成本结转，然后再按成本项目分项调整成本差异。但按计划成本结转时，由于分项调整成本差异的工作量较大，因此，在实际工作中大多采用按实际成本分项结转的方法。

（三）平行结转分步法举例

【例 6-4】 佳美服装厂生产的丁产品经过三个车间连续加工制成，第一车间生产 D 半成品，直接转入第二车间加工制成 H 半成品，H 半成品直接转入第三车间加工成丁产成品。其中，1 件丁产成品耗用 1 件 H 半成品，1 件 H 半成品耗用 1 件 D 半成品。原材料于第一车间生产开始时一次投入，第二车间和第三车间不再投入材料。各车间月末在产品完工率均为 50%。各车间生产费用在完工产品和在产品之间的分配采用约当产量法。该厂 20××年 3 月份有关产量和成本资料如表 6-13 和表 6-14 所示。

表 6-13 产量资料

单位：件

项目	第一车间	第二车间	第三车间
月初在产品数量	20	50	40
本月投产数量或上步转入	180	160	180
本月完工产品数量	160	180	200
月末在产品数量	40	30	20

表 6-14 各车间月初在产品成本及本月生产费用

20××年 3 月

单位：元

项目		直接材料	直接人工	制造费用	合计
第一车间	月初在产品成本	1 000	60	100	1 160
	本月的生产费用	18 400	2 200	2 400	23 000
第二车间	月初在产品成本	—	200	120	320
	本月的生产费用	—	3 200	4 800	8 000
第三车间	月初在产品成本	—	180	160	340
	本月的生产费用	—	3 450	2 550	6 000

学习任务 5 请采用平行结转分步法计算丁产品的生产成本，计算过程如下：

（1）编制各生产步骤的约当产量计算表，如表 6-15 所示。

学习任务 5 解析

表 6-15 各生产步骤约当产量计算表

单位：件

项目	直接材料	直接人工	制造费用
第一车间（步骤）的约当产量			
第二车间（步骤）的约当产量			
第三车间（步骤）的约当产量			

（2）编制各生产步骤的成本计算单，计算各车间应计入最终产品（产成品）成本的份额，如表 6-16、表 6-17、表 6-18 所示。

表 6-16　第一车间生产成本明细账

品名：丁产品（D 半成品）　　20××年 3 月　　单位：元

项目	直接材料	直接人工	制造费用	合计
月初在产品成本				
本月发生费用				
合计				
第一步骤约当产量				—
分配率				—
应计入产成品成本份额				
月末在产品成本				

表 6-17　第二车间生产成本明细账

品名：丁产品（H 半成品）　　20××年 3 月　　单位：元

项目	直接人工	制造费用	合计
月初在产品成本			
本月发生费用			
合计			
第二步骤约当产量			—
分配率			—
应计入产成品成本份额			
月末在产品成本			

表 6-18　第三车间生产成本明细账

品名：丁产品　　20××年 3 月　　单位：元

项目	直接人工	制造费用	合计
月初在产品成本			
本月发生费用			
合计			
第三步骤约当产量			—
分配率			—
应计入产成品成本份额			
月末在产品成本			

最后汇总各车间应计入产成品成本的份额，计算产成品成本，如表 6-19 所示。

表 6-19　丁产品成本汇总计算表　　完工数量：200 件

产品名称：丁产品　　20××年 3 月　　单位：元

项目	数量	直接材料	直接人工	制造费用	总成本	单位成本
第一车间	—					
第二车间	—	—				

续表

项目	数量	直接材料	直接人工	制造费用	总成本	单位成本
第三车间	—	—				
合计						

根据产成品入库单，编制会计分录如下：

做中学	

四　分步法的优缺点

（一）逐步结转分步法的优缺点

优点：一是能提供各个生产步骤的半成品成本资料；二是为各生产步骤的在产品实物管理及资金管理提供资料；三是能够全面地反映各生产步骤的生产耗费水平，更好地满足各生产步骤成本管理的要求。

缺点：成本结转工作量较大，各生产步骤的半成品成本核算如果采用逐步综合结转方法，还要进行成本还原，增加了核算的工作量。

（二）平行结转分步法的优缺点

优点：各步骤可以同时计算产品成本，平行汇总计入产成品成本，不必逐步结转半成品成本，能够直接提供按原始成本项目反映的产成品成本资料，不必进行成本还原，因而能够简化和加速成本计算工作。

缺点：不能提供各个步骤的半成品成本资料，在产品的费用在产品最后完成以前，不随实物转出而转出，即不按其所在的地点登记，而按其发生的地点登记，因而不能为各个生产步骤在产品的实物和资金管理提供资料；各生产步骤的产品成本不包括所耗半成品费用，因而不能全面地反映各步骤产品的生产耗费水平（第一步骤除外），不能更好地满足这些步骤成本管理的要求。

知识园地

逐步结转分步法与平行结转分步法比较

任务二　分步法的应用

案例导入

企业的相关资料：

1. 企业的基本情况

某企业生产甲产品，需经三个生产步骤分别由三个基本生产车间连续加工。采用综合结转分步法计算甲产品成本。第一车间完工的产品为A半成品，A半成品全部直接转入第二车间继续加工；第二车间完工的产品为B半成品，B半成品全部直接转入第三车间继续加工成甲产品。原材料在生产开始时一次投入，月末在产品完工程度均为50%。各步骤的生产费用均采用约当产量法在完工产品与月末在产品之间进行分配。

2. 产量和成本资料

20××年3月份有关成本计算资料如表6-20至表6-22所示。

表6-20　产量资料　　单位：件

项目	第一车间	第二车间	第三车间
月初在产品数量	40	60	80
本月投产数量	80	100	120
本月完工数量	100	120	140
月末在产品数量	20	40	60

表6-21　月初在产品成本　　单位：元

项目	直接材料（或半成品）	直接人工	制造费用	合计
第一车间	3 510	860	960	5 330
第二车间	9 600	1 860	1 290	12 750
第三车间	20 800	1 900	1 720	24 420

表6-22　本月生产费用　　单位：元

项目	直接材料	直接人工	制造费用	合计
第一车间	7 290	3 540	2 340	13 170
第二车间	—	6 540	4 310	10 850
第三车间	—	6 600	5 080	11 680

思考：如何运用综合结转分步法进行成本计算？

学习目标

通过学习，能根据“案例导入”中的资料，运用综合结转分步法，计算半成品成本、产成品成本，并能进行成本还原。

学习任务6　请结合“案例导入”相关资料，运用综合结转分步法完成以下任务。计算结果：分配率保留4位小数，分配金额保留2位小数。

学习任务 6 解析

（1）计算第一车间完工 A 半成品成本，并将计算结果填入表 6－23。

表 6－23　第一车间生产成本明细账　　完工产品数量：100 件

产品名称：A 半成品　　20××年 3 月　　在产品数量：20 件

<table>
<tr><th colspan="2">项目</th><th>直接材料</th><th>直接人工</th><th>制造费用</th><th>合计</th></tr>
<tr><td colspan="2">期初在产品成本</td><td></td><td></td><td></td><td></td></tr>
<tr><td colspan="2">本月生产费用</td><td></td><td></td><td></td><td></td></tr>
<tr><td colspan="2">生产费用合计</td><td></td><td></td><td></td><td></td></tr>
<tr><td rowspan="3">产品产量</td><td>完工产品数量</td><td></td><td></td><td></td><td>—</td></tr>
<tr><td>在产品约当产量</td><td></td><td></td><td></td><td>—</td></tr>
<tr><td>合计</td><td></td><td></td><td></td><td>—</td></tr>
<tr><td colspan="2">分配率</td><td></td><td></td><td></td><td>—</td></tr>
<tr><td colspan="2">完工产品成本</td><td></td><td></td><td></td><td></td></tr>
<tr><td colspan="2">在产品成本</td><td></td><td></td><td></td><td></td></tr>
</table>

（2）计算第二车间完工 B 半成品成本，并将计算结果填入表 6－24 中。

表 6－24　第二车间生产成本明细账　　完工产品数量：120 件

产品名称：B 半成品　　20××年 3 月　　在产品数量：40 件

<table>
<tr><th colspan="2">项目</th><th>半成品</th><th>直接人工</th><th>制造费用</th><th>合计</th></tr>
<tr><td colspan="2">期初在产品成本</td><td></td><td></td><td></td><td></td></tr>
<tr><td colspan="2">本月生产费用</td><td></td><td></td><td></td><td></td></tr>
<tr><td colspan="2">生产费用合计</td><td></td><td></td><td></td><td></td></tr>
<tr><td rowspan="3">产品产量</td><td>完工产品数量</td><td></td><td></td><td></td><td>—</td></tr>
<tr><td>在产品约当产量</td><td></td><td></td><td></td><td>—</td></tr>
<tr><td>合计</td><td></td><td></td><td></td><td>—</td></tr>
<tr><td colspan="2">分配率</td><td></td><td></td><td></td><td>—</td></tr>
<tr><td colspan="2">完工产品成本</td><td></td><td></td><td></td><td></td></tr>
<tr><td colspan="2">在产品成本</td><td></td><td></td><td></td><td></td></tr>
</table>

（3）计算第三车间甲产品成本，并将计算结果填入表 6－25 中。

表 6－25　第三车间生产成本明细账　　完工产品数量：140 件

产品名称：甲产品　　20××年 3 月　　在产品数量：60 件

项目	半成品	直接人工	制造费用	合计
期初在产品成本				
本月生产费用				
生产费用合计				

续表

<table>
<tr><th colspan="2">项目</th><th>半成品</th><th>直接人工</th><th>制造费用</th><th>合计</th></tr>
<tr><td rowspan="3">产品产量</td><td>完工产品数量</td><td></td><td></td><td></td><td>—</td></tr>
<tr><td>在产品约当产量</td><td></td><td></td><td></td><td>—</td></tr>
<tr><td>合计</td><td></td><td></td><td></td><td>—</td></tr>
<tr><td colspan="2">分配率</td><td></td><td></td><td></td><td>—</td></tr>
<tr><td colspan="2">完工产品成本</td><td></td><td></td><td></td><td></td></tr>
<tr><td colspan="2">在产品成本</td><td></td><td></td><td></td><td></td></tr>
</table>

（4）对甲产品进行成本还原，并将还原结果填入表 6－26 中。

表 6－26　产品成本还原计算表

产品名称：甲产品　　20××年 3 月　　产量：140 件

<table>
<tr><th colspan="2" rowspan="2">项目</th><th rowspan="2">还原率</th><th colspan="2">半成品</th><th rowspan="2">直接材料</th><th rowspan="2">直接人工</th><th rowspan="2">制造费用</th><th rowspan="2">合计</th></tr>
<tr><th>B</th><th>A</th></tr>
<tr><td colspan="2">还原前产成品成本</td><td>—</td><td></td><td>—</td><td>—</td><td></td><td></td><td></td></tr>
<tr><td rowspan="2">本月所产半产品成本</td><td>第一步骤</td><td>—</td><td>—</td><td>—</td><td></td><td></td><td></td><td></td></tr>
<tr><td>第二步骤</td><td>—</td><td>—</td><td></td><td>—</td><td></td><td></td><td></td></tr>
<tr><td rowspan="2">成本还原</td><td>第一次还原（第三步骤）</td><td></td><td>—</td><td></td><td>—</td><td></td><td></td><td></td></tr>
<tr><td>第二次还原（第二步骤）</td><td></td><td>—</td><td>—</td><td></td><td></td><td></td><td></td></tr>
<tr><td colspan="2">还原后产成品成本</td><td>—</td><td>—</td><td>—</td><td></td><td></td><td></td><td></td></tr>
</table>

模块七

分类法

知识目标

- 能说明分类法的主要特点、使用范围
- 会概括分类法的核算程序

技能目标

- 能够灵活运用分类法进行成本核算
- 能够计算联产品、副产品和等级产品的成本

素养目标

- 养成垃圾分类好习惯，共建文明绿色新家园
- 树立和践行“绿水青山就是金山银山”的理念，提高生态保护意识

任务一 分类法认知

案例导入

佳丽公司是一家生产实木地板的企业，生产车间生产的产成品品种、规格繁多。按照生产经营的特点，公司采用分步法计算产品成本。在具体的工作中按照产品的品种、规格归集生产费用，计算产品成本，成本核算的工作极为繁重。

思考：佳丽公司应该如何改进目前的成本核算方法，以简化当前的成本计算工作？

学习目标

通过学习，能够概括分类法的核算程序，会运用分类法解决实际工作问题。

一　分类法概述

（一）分类法的含义

分类法是指将产品的类别作为成本计算对象，开设生产成本明细账，归集各类产品的生产费用，并将各类产品归集的生产费用在该类完工产品与在产品之间进行分配，计算出该类产成品的总成本，再按照一定的方法或标准在该类内各品种、规格产品之间进行分配，计算出该类内各种产品的总成本和单位成本的一种方法。

分类法并不是一种独立的成本计算方法，它要根据各类产品的生产工艺特点和成本管理要求，与品种法、分步法和分批法结合运用。

（二）分类法的使用范围

分类法的应用范围很广，凡是生产的产品品种、规格繁多，又可以按一定标准划分为若干类别的企业或车间，均可采用分类法计算成本。如钢铁厂生产的各种型号和规格的生铁、钢锭和钢材；食品厂生产的各种味道的饼干、面包；灯泡厂生产的各种类别和瓦数的灯泡等，都可以采用分类法计算成本。

（三）分类法的特点

（1）以产品的类别作为成本计算对象，归集各类产品的生产费用。

（2）成本计算期取决于生产特点及成本管理要求。

（3）月末一般要将各类产品生产费用总额在完工产品和月末在产品之间进行分配。

（四）分类法的核算程序

（1）按产品类别设置产品成本明细账，计算各类产品的实际总成本。

（2）选择合理的分配标准，在类内各种产品之间进行费用分配，计算出类内各种产品的实际总成本和单位成本。

分类法的成本核算程序如图 7－1 所示。

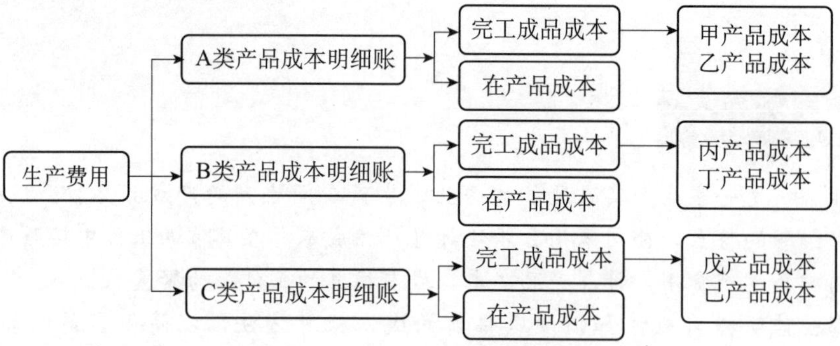

图 7－1　分类法的成本核算程序

二 产品类别的划分与费用分配方法

（一）产品类别的划分

分类法的成本计算对象是产品的类别。采用这种方法时，产品分类一定要准确，否则将直接影响成本计算结果的准确性。企业应将产品的性质、结构、用途、耗用原材料及工艺过程相同或相近的归为一类。

（二）费用分配方法

在类内各种规格的产品之间分配费用时，应遵循相关性原则，考虑分配标准与产品成本的关系是否密切。

在实际工作中，为了简化成本核算工作，类内不同规格产品成本的分配经常采用系数分配法。即在类内选择一种产量较大、生产稳定、规格适中的产品作为标准产品，将其分配标准定为“1”，然后将类内其他各种产品的分配标准与标准产品的分配标准进行比较，分别求出其他产品与标准产品的比例，即系数。在每一种产品的系数确定后，再将类内各种产品的实际产量，分别乘以该种产品的系数，折算为总系数。总系数又称为标准产量，它是系数分配法的分配标准。最后将该类完工产品总成本除以标准产量，得出费用分配率，从而计算出类内各种产品的实际总成本和单位成本。采用系数分配法，有关计算公式如下：

$$某产品系数=\frac{该产品的分配标准}{标准产品的分配标准}$$

$$某产品总系数（标准产量）=该产品实际产量\times该产品系数$$

$$费用分配率=\frac{应分配成本总额}{各种产品总系数之和}$$

$$某产品应分配费用=该产品总系数\times费用分配率$$

【例7-1】 EM股份有限公司生产的产品品种、规格较多，根据产品结构特点和所耗用的原材料、工艺技术过程的不同可以将它们分为甲、乙两大类，甲类产品包括A、B、C三种不同规格的产品。该公司根据产品的生产特点和成本管理要求，先采用品种法计算出甲、乙两大类产品的完工产品实际总成本，然后采用系数分配法将各类完工产品总成本在类内各种产品之间分配，两类产品的生产费用在完工产品和在产品之间都是采用定额比例法进行分配的。

20××年6月，甲类完工产品成本资料、产量资料及定额资料如表7-1至表7-3所示。

表7-1 产品成本计算单

产品类别：甲类产品　　20××年6月　　单位：元

项目	直接材料	直接人工	制造费用	合计
月初在产品成本	6 000	1 000	900	7 900

续表

项目	直接材料	直接人工	制造费用	合计
本月发生费用	23 000	12 000	11 000	46 000
生产费用合计	29 000	13 000	11 900	53 900
完工产品成本	21 400	11 940	9 950	43 290
月末在产品成本	7 600	1 060	1 950	10 610

表 7-2　产量资料

产品类别：甲类产品　　　　　　　　20××年 6 月

项目	计量单位	A 产品	B 产品	C 产品
实际产量	件	700	1 100	800

表 7-3　定额资料

产品类别：甲类产品　　　　　　　　20××年 6 月

产品类别	产品品种	计量单位	原材料消耗定额（千克）	工时定额（小时）
甲类产品	A 产品	件	64	7
	B 产品	件	80	10
	C 产品	件	48	5

学习任务 1　请根据上述资料，采用系数分配法分配费用，其中：直接材料费用按原材料消耗定额系数分配，其他费用按工时定额系数分配，计算甲类产品内 A、B、C 产品成本。

学习任务 1 解析

（1）选定标准产品。

甲类产品中，以生产比较稳定、产量较大、规格适中的 B 产品为标准产品，将其系数定为 1。

（2）确定类内各种产品的系数，编制产品系数计算表（见表 7-4）。

表 7-4　产品系数计算表

产品类别：甲类产品　　　　　　　　20××年 6 月

产品名称	材料消耗定额（千克）	系数	工时消耗定额（小时）	系数
A 产品				
B 产品				
C 产品				

（3）计算类内各种产品本月总系数，编制产品总系数（标准产量）计算表（见表 7-5）。

表 7-5　产品总系数（标准产量）计算表

产品类别：甲类产品　　　　　　　　20××年 6 月

产品名称	产品产量（件）	材料		工时	
		系数	总系数（千克）	系数	总系数（小时）
A 产品					

续表

产品名称	产品产量（件）	材料		工时	
		系数	总系数（千克）	系数	总系数（小时）
B产品					
C产品					
合计	—	—		—	

（4）计算A、B、C三种产品成本，编制产品成本计算单（见表7-6）。

表7-6　产品成本计算单

产品类别：甲类产品　　20××年6月　　金额单位：元

产品名称	产品产量（件）	材料总系数	直接材料		工时总系数	直接人工		制造费用		产成品总成本	产成品单位成本
			分配率	分配金额		分配率	分配金额	分配率	分配金额		
A产品											
B产品											
C产品											
合计	—										—

知识园地

联产品成本的计算

三　分类法的优缺点

采用分类法，按产品类别归集费用、计算成本，不仅可以简化成本核算工作，而且能够在产品品种、规格繁多的情况下，分类考核分析产品成本的水平。由于类内各产品成本是按一定标准分配计算出来的，因此计算结果带有一定的假设性。在分类法下，分配标准的选择成为成本计算正确与否的关键，企业应选择与成本水平高低有直接关系的分配标准来分配费用，并随时根据实际情况的变化修订或变更分配标准，以保证分类法下成本计算结果的准确性。

【例7-2】　甲企业用某种原材料经过同一生产过程同时生产出A、B两种联产品，20××年6月份共生产A产品2 000千克，B产品1 000千克。无期初、期末在产品。该月生产A、B联产品发生的联合成本分别为：直接材料60 000元、直接人工9 000元、制造费用21 000元。A产品每千克售价200元，B产品每千克售价240元，假设全部产品均已售出。

学习任务2　请根据上述资料，分别采用系数分配法、实物量分配法、相对销售收入分配法计算A、B产品的成本，将计算结果填入表7-7至表7-9。

学习任务2解析

表7-7　联产品成本计算单（系数分配法）

20××年6月　　金额单位：元

产品名称	产量（千克）	系数*	标准产量	分配比例（%）	应负担的成本			
					直接材料	直接人工	制造费用	合计
A产品								

续表

产品名称	产量（千克）	系数*	标准产量	分配比例（%）	应负担的成本			
					直接材料	直接人工	制造费用	合计
B产品								
合计		—						

注：* 以售价为标准确定系数，选择A产品为标准产品。

表7-8　联产品成本计算单（实物量分配法）

20××年6月　　　　金额单位：元

产品名称	产量（千克）	联合成本				综合分配率	应负担的成本			
		直接材料	直接人工	制造费用	合计		直接材料	直接人工	制造费用	合计
A产品		—	—	—	—					
B产品		—	—	—	—					
合计										

知识园地

副产品成本的计算

表7-9　联产品成本计算单（相对销售收入分配法）

20××年6月　　　　金额单位：元

产品成本	产量（千克）	销售单价	销售价值	分配比例（%）	应负担的成本			
					直接材料	直接人工	制造费用	合计
A产品								
B产品								
合计		—						

【例7-3】　明发企业在生产甲主产品的同时，还附带生产出了乙副产品，20××年6月份，甲、乙联合成本为100 000元，其中直接材料66 000元，直接人工21 000元，制造费用13 000元。甲、乙产品分离后可直接出售，本月甲产品的产量为2 600千克，乙产品的产量为400千克，乙产品销售单价扣除销售费用、销售税金及相关利润后为每千克3元，乙产品成本按比例从联合成本的各成本项目中扣除。

学习任务3　请根据以上资料，计算甲、乙产品成本，填写表7-10。

学习任务3解析

表7-10　产品成本计算单

20××年6月　　　　单位：元

项目		直接材料	直接人工	制造费用	合计
联合成本					
费用项目比重					
乙产品	总成本				
	单位成本				
甲产品	总成本				
	单位成本				

【例 7－4】　某企业 20××年 6 月份生产丙产品，在生产中出现不同等级质量的产品。该企业本月生产的丙产品的实际产量为 250 件，其中：一等品 150 件，二等品 60 件，三等品 40 件。各等级品的市场售价分别为：一等品售价 100 元，二等品售价 60 元，三等品售价 35 元。本月丙产品的联合成本为 9 600 元，其中：直接材料 6 200 元，直接人工 2 300 元，制造费用 1 100 元。计算丙产品各等级产品的总成本和单位成本。

知识园地

等级品成本的计算

学习任务 4　请根据以上资料，按下面要求计算丙产品的各等级产品成本，并将计算结果填入表 7－11 和表 7－12。

（1）假设不同质量等级的丙产品，是由于企业经营管理不善造成的，采用实际产量分配法计算各等级产品成本。

学习任务 4 解析

表 7－11　等级产品成本计算单（实际产量分配法）

20××年 6 月　　　　金额单位：元

产品等级	实际产量	分配比例（%）	应负担的成本				单位成本
			直接材料	直接人工	制造费用	合计	
一等品							
二等品							
三等品							
合计							—

（2）假设不同质量等级的丙产品，是由于材料质量的原因造成的，采用系数分配法计算各等级产品成本。

表 7－12　等级产品成本计算单（系数分配法）

20××年 6 月　　　　金额单位：元

产品等级	实际产量	售价	系数	总系数	分配比例	应负担的成本				单位成本
						直接材料	直接人工	制造费用	合计	
一等品										
二等品										
三等品										
合计		—	—							—

任务二　分类法的应用

案例导入

企业的相关资料如下：

1. 企业的基本情况

营口鑫悦制衣有限公司是生产羊毛衫的一家纺织企业，共生产圆领羊毛衫、V领羊毛衫和高领羊毛衫3种商品，其所用的原材料和工艺过程基本相同，将其合并为第一大类产品，采用分类法计算产品成本。

2. 相关资料

该公司20××年6月份期初有关资料如表7-13至表7-15所示。

表7-13　月初在产品成本

产品名称：第一大类产品　　20××年6月　　单位：元

产品名称	直接材料	直接人工	制造费用	合计
月初在产品成本	45 000	2 500	4 200	51 700
本月发生费用	793 600	49 500	67 500	910 600

表7-14　第一大类产品的产量、工时资料

20××年6月

产品名称		工时耗用定额（小时）	本月完工产量（件）
第一大类产品	圆领羊毛衫	18	1 000
	V领羊毛衫	20	750
	高领羊毛衫	15	800

表7-15　原材料定额情况

20××年6月

产品名称	单位产品原材料费用			
	原材料名称或编号	消耗定额（千克）	计划单价（元）	费用定额（元）
圆领羊毛衫	1011	200	0.50	100
	2011	100	0.80	80
	3011	170	1	170
	小计	—	—	350
V领羊毛衫	1011	180	0.50	90
	2011	50	0.80	40
	3011	150	1	150
	小计	—	—	280
高领羊毛衫	1011	250	0.50	125
	2011	100	0.80	80
	3011	180	1	180
	小计	—	—	385

3. 相关要求

(1) 以第一大类产品中的圆领羊毛衫为标准产品，类内产品的分配标准：原材料费用按各种产品的原材料费用系数分配，原材料系数按原材料定额确定；其他费用按工时比例分配。

（2）由于第一大类产品的每月在产品变化不大，且比较稳定，因此月末在产品成本按年初固定成本计算。

（3）计算结果：分配率保留 2 位小数，分配金额保留 2 位小数。

思考：如何运用分类法核算产品成本？

学习目标

掌握成本核算的辅助方法——分类法。

学习任务 5　根据“案例导入”中的资料信息，填制表 7－16 和表 7－17，并依据表 7－17 编写会计分录。

学习任务 5 解析

表 7－16　原材料费用系数、工时系数计算表

20××年 6 月

产品名称	产量（件）	原材料费用系数	按原材料费用计算总系数	工时消耗定额（小时）	工时系数	按工时定额计算总系数
圆领羊毛衫						
V 领羊毛衫						
高领羊毛衫						
合计		—			—	

表 7－17　产品成本计算表（按费用系数、工时系数）

产品名称：第一大类产品　　20××年 6 月　　金额单位：元

产品名称	产量（件）	直接材料	直接人工	制造费用	总成本	单位成本
分配率	—				—	—
圆领羊毛衫						
V 领羊毛衫						
高领羊毛衫						
合计	—					—

根据产品成本计算表，编写会计分录：

做中学	

点睛　要想应用好分类法，应处理好以下两个问题：

（1）产品类别的划分。采用分类法计算产品成本，关键是如何恰当地将企业生产的产品分为若干类别。

（2）类内产品分配费用的标准选择。类内各种产品的成本都是按一定的比例分配计算的，计算结果建立在某些假定的基础上。

模块八
定额法

知识目标

- 理解定额法的主要特点、使用范围
- 熟悉定额法的核算程序

技能目标

- 能够灵活运用定额法进行成本核算

素养目标

- 树立高效利用资源、降低成本、提高生产效率的意识
- 培养时间管理的能力，不负韶华不负己

任务一 定额法认知

案例导入

MM服装公司大批量生产甲产品，该产品各项消耗定额比较准确、稳定，公司规定，采用定额法计算产品成本。该产品的定额变动差异和材料成本差异由完工产品成本负担，脱离定额差异按定额成本比例在完工产品与月末在产品之间进行分配。

思考：该服装公司的产品成本该如何计算呢？

学习目标

通过学习，能够描述定额法的核算程序，会运用定额法解决实际工作问题。

相关知识

一 定额法概述

（一）定额法的含义

定额法是指在成本计算基本方法的基础上以产品为对象，用现行定额乘以计划单价计算的定额成本，再加、减脱离定额差异，求得实际成本的一种方法。采用定额法的计算公式如下：

产品实际成本＝按现行定额计算的产品定额成本±脱离现行定额差异±材料成本差异±月初在产品定额变动差异

（二）定额法的特点

（1）事前制定产品的定额成本，作为降低成本的目标，对成本进行事前控制。

（2）生产费用发生时，将符合定额的费用和发生的差异分别核算，及时揭示实际费用脱离定额的差异，加强对产品成本进行有效的分析和控制。

（3）月末在定额成本的基础上加减各种差异，计算产品的实际成本。

（4）与成本计算基本方法结合使用。

（三）定额法的使用范围

具备以下条件，均可以采用定额法计算产品成本：

（1）定额管理制度比较健全，定额管理工作的基础比较好。

（2）产品的生产已经定型，消耗定额比较准确、稳定。

（四）定额法的核算程序

（1）按照企业生产工艺特点和管理要求，确定成本计算对象及成本计算的基本方法。

（2）根据有关定额标准，计算各成本项目的定额费用，编制产品定额成本计算表。

（3）生产费用发生时，将实际费用分为定额成本和定额成本差异两部分，分别编制凭证，予以汇总。

（4）按确定的成本计算基本方法汇集、结转各项费用的定额成本差异，并按一定的标准在完工产品之间进行分配。

（5）将产品定额成本加减所分得的差异，求得产品实际成本。

二 定额成本及其差异的计算

（一）产品定额成本的计算

定额成本一般是以产品现行的消耗定额和计划单价或费用的计划分配率为依据，并划分成本项目计算的。相关计算公式如下：

直接材料定额成本＝产品原材料消耗定额×原材料计划单位成本

直接人工定额成本＝产品生产工时定额×计划小时工资率

制造费用定额成本＝产品生产工时定额×计划小时制造费用率

定额成本一般是通过编制产品定额成本计算表的方式进行计算，也可根据有关零件材料消耗定额、工序计划、工时消耗定额的零件定额卡，以及材料计划单价、计划工资率和费用率，计算部件定额成本，然后汇总计算产品定额成本；或者根据零、部件的定额直接计算产品定额成本。

零件定额卡、部件定额成本卡的格式分别如表 8－1 和表 8－2 所示。

表 8－1 零件定额卡

零件编号：×× 零件名称：×× 20××年 3 月

<table>
<tr><th colspan="3">材料编号</th><th colspan="3">材料名称</th><th colspan="3">计量单位</th><th colspan="3">材料消耗定额</th></tr>
<tr><td colspan="3">56225</td><td colspan="3">××</td><td colspan="3">千克</td><td colspan="3">6.7</td></tr>
<tr><td colspan="4">工序</td><td colspan="4">工时定额</td><td colspan="4">累计工时定额</td></tr>
<tr><td colspan="4">1</td><td colspan="4"></td><td colspan="4"></td></tr>
<tr><td colspan="4">2</td><td colspan="4"></td><td colspan="4"></td></tr>
<tr><td colspan="4">3</td><td colspan="4"></td><td colspan="4"></td></tr>
</table>

表 8－2 部件定额成本卡

部件编号：×× 部件名称：×× 20××年 3 月 金额单位：元

<table>
<tr><th rowspan="3">所用部件编号名称</th><th rowspan="3">所用部件数量</th><th colspan="6">部件材料费用定额</th><th rowspan="3">金额合计</th><th rowspan="3">部件工时定额</th></tr>
<tr><th colspan="3">56225</th><th colspan="3">56306</th></tr>
<tr><th>消耗定额</th><th>计划单价</th><th>金额</th><th>消耗定额</th><th>计划单价</th><th>金额</th></tr>
<tr><td>101</td><td></td><td></td><td></td><td></td><td></td><td></td><td></td><td></td><td></td></tr>
<tr><td>102</td><td></td><td></td><td></td><td></td><td></td><td></td><td></td><td></td><td></td></tr>
<tr><td>装配</td><td></td><td></td><td></td><td></td><td></td><td></td><td></td><td></td><td></td></tr>
<tr><td>合计</td><td></td><td></td><td></td><td></td><td></td><td></td><td></td><td></td><td></td></tr>
<tr><td colspan="8">定额成本项目</td><td colspan="2" rowspan="3">定额成本合计</td></tr>
<tr><td colspan="2" rowspan="2">原材料</td><td colspan="3">工资及福利费</td><td colspan="3">制造费用</td></tr>
<tr><td colspan="2">每小时定额</td><td>金额</td><td colspan="2">每小时定额</td><td>金额</td></tr>
<tr><td colspan="2"></td><td colspan="2"></td><td></td><td colspan="2"></td><td></td><td colspan="2"></td></tr>
</table>

产品定额成本计算表的格式与部件定额成本计算卡的格式类似，不再列示。

点睛　为了进行成本分析、控制与考核，在编制产品的定额成本时，定额成本与计划成本所包括的成本项目应该一致。

小贴士

产品的定额成本与企业制定的计划成本比较

相同之处：都是以产品消耗定额和计划单价为依据确定目标成本的。

不同之处：(1) 成本制定的依据不同。定额成本是根据企业现行消耗定额制定的，随着生产技术的进步和劳动生产率的提高，消耗定额必须不断修订，定额成本在年度内有可能因企业消耗定额的修订而变动。计划成本是根据企业计划期间内的平均消耗定额制定的，在计划期内，计划成本通常是不变的。(2) 成本的作用不同。计划成本是企业计划年度内成本控制的目标，是考核和分析企业成本计划完成与否的根据。定额成本是计算产品实际成本的基础，是生产费用日常（事中）控制的依据。

（二）脱离定额差异的计算

计算和分析脱离定额成本的差异是定额法的核心内容。

1. 材料费用脱离定额差异的计算

(1) 限额法。

这种方法运用限额领料单和限额领料卡来反映材料领用数量和实际耗用量。符合定额的材料应根据限额领料单等定额凭证领发，如果增加产品产量或需要增加用料，必须办理追加限额手续，然后根据定额凭证领发。由于其他原因需要超额领料或者领用代用材料，根据专设的超额材料领用单、代用材料领用单等差异凭证，经过一定的审批手续领发。超额领用的材料全部是定额差异；代用材料并不都是定额差异，要先计算出所领代用材料相当于原规定材料的数量，然后再计算出差异。

$$\begin{array}{c}\text{某产品原材料}\\\text{脱离定额差异}\end{array}=\sum\left(\begin{array}{c}\text{各种原材料的}\\\text{实际耗用量}\end{array}-\begin{array}{c}\text{各种原材料的}\\\text{定额耗用量}\end{array}\right)\times\begin{array}{c}\text{各种原材料的}\\\text{计划单价}\end{array}$$

学习任务 1
解析

【例 8-1】　佳美电视厂限额领料单规定电机的数量为 2 000 件，每件电机的原材料消耗定额为 3 千克，则领料限额为 6 000 千克；本月实际领料 5 800 千克，领料差异为 200 千克。

学习任务 1　请按以下三种假设情况，分别计算原材料脱离定额差异。

第一，本期投产产品数量符合限额领料单规定的产品数量，即 2 000 件，且期初、期末均无余料。

做中学	

第二，本期投产产品数量仍为 2 000 件，但车间期初余料为 100 千克，期末余料为 120 千克。

做中学	原材料定额消耗量＝ 原材料实际消耗量＝ 原材料脱离定额差异＝

第三，本期投产产品数量为 1 900 件，车间期初余料为 100 千克，期末余料为 120 千克。

做中学	原材料定额消耗量＝ 原材料实际消耗量＝ 原材料脱离定额差异＝

点睛 只有投产产品数量等于规定的产品数量，且车间期初、期末均无余额或期初、期末余额数量相等时，领用（或发料）差异才是用料脱离定额的差异。

（2）切割法。

这种方法要求对于需要切割才能使用的材料（如板材、棒材等），通过材料切割核算单核算用料差异，以控制用料。这种核算单一般应按切割材料的批别开立，单中填明切割材料的种类、数量、消耗定额和应切割成的毛坯数量。切割完成后，再填写实际切割成的毛坯数量和材料的实际消耗量。根据实际切割成的毛坯数量和消耗定额，计算出材料定额消耗量，与材料实际消耗量相比较，可得出用料脱离定额的差异。

【例 8-2】 某企业发出钢材 1 000 千克，切割成长 1.2 米的钢板（毛坯）200 个，每个消耗定额为 4 千克，每千克材料计划单价为 10 元。则定额差异为：

定额耗用量：200×4＝800（千克）

材料定额差异（数量）：1 000－800＝200（千克）

材料定额差异（金额）：10×200＝2 000（元）

点睛 采用材料切割核算单进行材料切割的核算，可以及时反映材料的耗用情况和发生差异的具体原因，加强对材料耗用的控制。

（3）盘存法。

对于不能采用切割核算的材料，为了更好地控制用料，可通过盘存的方法核算材料差异。其做法是：根据完工产品的数量和产品盘存数量计算产品投产数量，即：

投产产品数量＝完工产品数量＋期末在产品盘存数量－期初在产品盘存数量

将产品投产数量乘以原材料消耗定额，计算出原材料定额消耗量，即：

原材料定额消耗量＝投产产品数量×原材料消耗定额

根据限额领料单、超额领料单和退料单等凭证以及车间余料的盘存资料，算出材料实际消耗；将材料的定额消耗量与实际消耗量对比，确定脱离定额差异。

点睛 按照上列公式计算本期投产产品数量，必须具备以下条件：即原材料在生产开始时一次投入，期初和期末在产品都不再耗用材料。如果原材料随着生产进度陆续投料，那么上列公式中的期初和期末在产品数量应改为按原材料消耗定额计算的约当产量。

【例 8-3】 某企业生产甲产品耗用钢材。甲产品原材料系在生产开始时一次投入，甲产品原材料消耗定额为每件 2 千克，原材料的计划单价为每千克 10 元。限额领料单中载明的本期已实际领料数量为 2 100 千克。车间期初余料为 50 千克，期末余料为 20 千克。本月完成产品 1 000 件，月末在产品 150 件，期初在产品 50 件。

学习任务 2 请计算以下有关数据。

做中学	投产产品数量＝ 原材料定额消耗量＝ 原材料实际消耗量＝ 原材料脱离定额差异（数量）＝ 原材料脱离定额差异（金额）＝

学习任务 2 解析

点睛 不论采用哪种方法核算原材料定额消耗量和脱离定额差异，都应分批或定期地将这些核算资料按照成本计算对象汇总，编制原材料定额费用和脱离定额差异汇总表，其格式见表 8-3。

表 8-3 原材料定额费用和脱离定额差异汇总表

产品名称：甲产品　　　　20××年 3 月 1 日—31 日　　　　金额单位：元

原材料类别	材料编号	单位	计划单位成本	定额费用		计划价格费用		脱离定额差异		差异原因
				数量	金额	数量	金额	数量	金额	
原料	1201	千克								
主要材料	2304	千克								
辅助材料	3202	千克								
合计	—	—	—	—		—		—		—

2. 直接人工费用脱离定额差异的计算

在计件工资形式下，凡符合定额范围内的生产工人工资，要登记在正常的产量记录中，对于脱离定额的差异，应设置“工资补付单”等差异凭证，并要经过一定的审批手续。工资补付单中应注明产生差异的原因，以便根据工资差异凭证进行分析。

在计件工资形式下，生产工人工资脱离定额差异不能按产品直接计算，平时只以工时进行考核，在月末实际生产工人工资总额确定以后，才能按下式计算：

$$\text{计划小时工资率}=\frac{\text{计划产量的定额生产工人工资总额}}{\text{计划产量的定额生产工时总数}}$$

$$\text{实际小时工资率}=\frac{\text{实际生产工人工资总额}}{\text{实际生产工时总数}}$$

某产品定额工资＝该产品实际产量的定额生产工时×计划小时工资率

某产品实际工资＝该产品实际产量的实际生产工时×实际小时工资率

某产品实际工资脱离定额差异＝该产品实际工资－该产品定额工资

【例 8-4】 某企业内胎车间 3 月份计划产量的定额生产工资为 18 360 元，计划产量的定额生产工时为 3 060 小时；本月实际生产工资为 20 460 元，实际生产工时为 3 300 小时；本月车间内胎定额工时为 2 006 小时，实际生产工时为 1 998 小时。计算如下：

学习任务 3
解析

学习任务 3 请计算内胎定额生产工资和生产工资脱离定额差异。

做中学	计划单位小时工资率＝ 实际单位小时工资率＝ 内胎定额生产工资＝ 内胎实际生产工资＝ 内胎生产工资脱离定额差异＝

点睛 无论采用哪种工资形式，都应根据核算资料，按照成本计划对象汇总编制“定额工资及脱离定额差异汇总表”，表中汇总反映各种产品的定额工资、实际工资、工资差异以及产生差异的原因，并据此登记有关产品成本计算单。

3. 制造费用脱离定额差异的计算

制造费用属于间接费用，即发生时先按生产地点进行归集，月末才能直接或分配计入产品成本。所以，在日常核算中，不能按照产品直接核算费用脱离定额差异，只能根据费用计划、费用项目核算费用脱离计划差异，据以控制费用。各种产品应负担的定额制造费用和费用脱离定额差异，在月末时可比照上述计时工资的计算方法确定。

小贴士

合理处理定额差异

计算完工产品的实际成本时，企业需要根据不同的情况，对定额差异予以处理：如果各月份在产品波动较大，脱离定额差异应按完工产品和在产品定额成本分配的比例进行分配；当差异金额不大，或者差异金额虽大但各月月末在产品数量变动不大时，各成本项目的脱离定额差异可以全部计入完工产品成本，即在产品按定额成本计算，不负担定额差异。这样，不仅简化了计算手续，而且产成品成本水平能够正确地反映当期工作成果。

（三）材料成本差异的分配

在定额法下，材料日常核算都是按计划成本进行的，即材料定额成本和材料脱离定额差异都按材料的计划成本计算。因此，在月末计算产品实际成本时，还必须按照下列公式计算产品应负担的材料成本差异：

$$\text{某产品应分配材料成本差异}=\left(\begin{array}{c}\text{该产品原材料}\\\text{定额成本}\end{array}\pm\begin{array}{c}\text{原材料脱离}\\\text{定额差异}\end{array}\right)\times\begin{array}{c}\text{材料成本}\\\text{差异率}\end{array}$$

【例 8-5】 某企业生产汽车内胎，3 月份所耗原材料定额费用为 96 000 元，脱离定额的差异为节约 1 900 元，原材料的成本差异率为节约 1%。则：

该产品应分配的材料成本差异＝（96 000－1 900）×（－1%）＝－941（元）

（四）定额变动差异的核算

定额变动差异，是指由于修订定额或生产耗费的计划价格而产生的新旧定额之间的差额。在消耗定额计划价格修订之后，定额成本也应随之及时修订。

1. 直接计算法

定额变动差异主要是指月初在产品由于定额差异变动产生的差异。其计算方法为：

$$\text{月初在产品定额变动差异}=\text{月初在产品按修订前定额计算的定额成本}-\text{月初在产品按修订后定额计算的定额成本}$$

$$=\text{在产品的数量}\times\text{计划单价}\times\left(\text{修订前消耗定额}-\text{修订后消耗定额}\right)$$

点睛 在消耗定额降低的情况下产生的差异，一方面应从月初在产品定额成本中扣除，另一方面还应将属于月初在产品生产费用实际支出的该项差异列入本月产品成本中；相反，在消耗定额提高的情况下，月初在产品增值的差异应列入月初在产品定额成本之中，同时从本月产品成本中予以扣除。

【例 8-6】 因为技术改进，某产品从 3 月 1 日起修订产品材料消耗定额，其旧定额为每件产品 180 元，修改后的定额为 178 元，该产品月初在产品产量为 500 件。则月初在产品定额变动差异计算如下：

月初在产品旧定额成本＝500×180＝90 000（元）

月初在产品新定额成本＝500×178＝89 000（元）

月初在产品定额变动差异＝90 000－89 000＝1 000（元）

2. 系数折算法

如果构成产品的零部件种类较多，计算定额变动差异的工作量就会很大。因此，为了减少成本核算的工作量，定额变动差异的计算也可以按照单位产品费用的折算系数进行，即将按新旧定额所计算出的单位产品费用进行对比，求出系数，然后根据系数进行计算。其计算公式为：

$$\text{定额变动系数}=\frac{\text{按新定额计算的单位产品费用}}{\text{按旧定额计算的单位产品费用}}$$

$$\text{月初在产品定额变动差异}=\text{按旧定额计算的月初在产品费用}\times(1-\text{定额变动系数})$$

【例 8-7】 某企业产品的部分零部件从 1 日起实行新的材料消耗定额，单位产品旧的材料费用定额为 400 元，新的材料费用定额为 360 元。该产品月初在产品按照原定额计算的材料定额成本为 12 000 元。则月初在产品定额变动差异计算如下：

定额变动系数＝360÷400＝0.9

月初在产品定额变动差异＝12 000×（1－0.9）＝1 200（元）

点睛 月末，对计算出的定额成本、脱离定额差异、定额变动差异以及材料成本差异，应在完工产品和月末在产品之间按照定额成本比例进行分配。如果各种差异数额不大或者差异虽然较大但各月月末在产品数量比较均衡，月末在产品可按定额成本计价，即不负担差异，差异全部由产成品负担。

【例 8-8】 MM 公司产品定额资料比较齐全，其主要产品为甲产品。甲产品有关定额和成本资料如下：

(1) 甲产品定额成本及脱离定额差异资料如表 8-4 所示。

表 8-4 定额成本及脱离定额差异资料

单位：元

成本项目		直接材料	直接人工	制造费用	合计
月初在产品成本	定额成本	20 000	4 000	12 000	36 000
	定额差异	−1 570	+280	−1 800	−3 090
本月生产费用	定额成本	100 000	17 000	62 000	179 000
	定额差异	−2 000	+1 400	+3 280	+2 680

(2) 甲产品 3 月份所耗原材料的成本差异率为−2%。

(3) 甲产品从本月 1 日起实行新的材料消耗定额，单位产品旧的材料费用定额为 80 元，新的材料费用定额为 78 元，该产品月初在产品按旧定额计算的材料定额费用为 20 000 元。

(4) 甲产品本月完工产品 200 件，在产品 100 件，其定额成本资料如表 8-5 所示。

表 8-5 产成品定额成本资料

单位：元

成本项目	直接材料	直接人工	制造费用	合计
单位产品定额成本	550	94.5	342	986.5

本月甲产品总成本和月末在产品成本的计算结果如表 8-6 所示。

表 8-6 甲产品生产成本明细账

20××年 3 月

产品名称：甲产品 在产品数量：100 完工数量：200 单位：元

成本项目	月初在产品		月初在产品定额变动		本月生产费用			生产费用合计			
	定额成本	定额差异	定额成本调整	定额变动差异	定额成本	定额差异	材料成本差异	定额成本	定额差异	材料成本差异	定额变动差异
①	②	③	④	⑤	⑥	⑦	⑧	⑨=②+④+⑥	⑩=③+⑦	⑪=⑧	⑫=⑤
直接材料	20 000	−1 570	−500	500	100 000	−2 000	−1 960	119 500	−3 570	−1 960	500
直接人工	4 000	280	—	—	17 000	1 400	—	21 000	1 680	—	—
制造费用	12 000	−1 800	—	—	62 000	3 280	—	74 000	1 480	—	—
合计	36 000	−3 090	−500	500	179 000	2 680	−1 960	214 500	−410	−1 960	500

续表

成本项目	差异分配率	产成品					月末在产品	
	定额差异	定额成本	定额差异	材料成本差异	定额变动差异	实际成本	定额成本	定额差异
①	⑬=⑩÷⑨	⑭	⑮=⑭×⑬	⑯=⑧	⑰=⑫	⑱=⑭+⑮+⑯+⑰	⑲=⑨−⑭	⑳=⑩−⑮
直接材料	−0.03	110 000	−3 300	−1 960	500	105 240	9 500	−270
直接人工	0.08	18 900	1 512	—	—	20 412	2 100	168
制造费用	0.02	68 400	1 368	—	—	69 768	5 600	112
合计	—	197 300	−420	−1 960	500	195 420	17 200	10

三　定额法的优缺点

（一）定额法的优点

（1）通过生产耗费及其脱离定额和计划的日常核算，能够在生产耗费发生时反映和监督脱离定额（或计划）的差异，从而有利于加强成本控制，可以及时、有效地促进生产耗费的节约，降低产品成本。

（2）由于产品实际成本是按照定额成本和各种差异分别核算的，因此便于对各项生产耗费和产品成本进行定期分析，有利于进一步挖掘降低成本的潜力。

（3）通过脱离定额差异和定额变动差异的核算，有利于提高成本的定额管理和计划管理工作的水平。

（4）由于有现成的定额成本资料，因此能够较为合理、简便地解决完工产品和月末在产品之间费用分配的问题。

（二）定额法的缺点

采用定额法必须制定定额成本，单独核算脱离定额差异，在定额变动时还必须修订定额成本，计算定额变动差异，因此与采用其他方法相比，该方法的核算工作量大。

任务二　定额法的应用

案例导入

企业的相关资料如下：

1. 企业的基本情况

某公司生产甲产品，消耗定额比较准确、稳定，采用定额法计算产品成本。

2. 相关资料

该公司20××年3月份生产甲产品，本月份有关甲产品原材料费用的资料如下：

(1) 月初在产品定额费用为1 400元，月初在产品脱离定额的差异为节约20元，月初在产品定额费用调整为降低20元。定额变动差异全部由完工产品负担。

(2) 本月定额费用为5 600元，本月脱离定额的差异为节约400元。

(3) 本月原材料成本差异为节约2%，材料成本差异全部由完工产品负担。

(4) 本月完工产品的定额费用为6 000元。

学习目标

(1) 计算月末在产品原材料定额费用。

(2) 分配原材料脱离定额差异。

(3) 计算本月原材料费用应分配的材料成本差异。

(4) 计算本月完工产品和月末在产品成本应负担的原材料实际费用。

学习任务4 请根据“案例导入”资料，按照下列提示完成相关计算。

学习任务4
解析

做中学

(1) 月末在产品原材料定额费用＝月初在产品定额费用±月初在产品定额费用调整＋本月定额费用－本月完工产品定额费用

＝

(2) 原材料脱离定额差异合计＝月初在产品脱离定额的差异＋本月脱离定额的差异

＝

$$\text{原材料脱离定额差异率}=\frac{\text{月初在产品原材料脱离定额的差异}+\text{本月脱离定额的差异}}{\text{完工产品原材料定额费用}+\text{月末在产品原材料定额费用}}$$

完工产品应负担原材料脱离定额差异＝

月末在产品应负担原材料脱离定额差异＝

(3) 本月所耗原材料应分配的材料成本差异＝（本月所耗原材料定额费用 ± 原材料脱离定额差异）×材料成本差异率

＝

(4) 完工产品应负担的原材料实际费用＝完工产品原材料定额费用±完工产品应负担原材料脱离定额差异±本月所耗原材料应分配的材料成本差异±月初在产品定额变动差异

＝

月末在产品原材料实际费用＝月末在产品原材料定额费用＋月末在产品应负担原材料脱离定额差异

＝

模块九

编制成本报表

知识目标

- 能说明成本报表的特点与编写要求
- 能辨别成本报表的种类

技能目标

- 掌握成本报表的填列方法
- 能够熟练编制成本报表

素养目标

- 培养质量意识和服务意识
- 培养团队协作、敢于创新和参与管理的意识

任务一 认识成本报表

案例导入

20××年1月31日，光荣公司领导为了考核李伟会计（实习学生）在学校的学习情况，把公司生产的甲、乙、丙三种产品的成本资料交给他，要求根据这些成本资料编制相关的成本报表，李伟有些疑惑，一时不知如何操作。

思考：成本报表有哪些种类，具体编制要求有哪些？

学习目标

通过学习，能够描述成本报表的特点、种类及编制要求。

相关知识

加强成本管理，有利于提高企业的经济效益。为了加强成本管理，会计部门就要准确、及时地反映成本费用的支出情况，向相关部门有针对性地报送成本报表，提供管理者所需的会计资料。因此，成本报表的编制是成本会计工作的一项重要内容。

一 成本报表的含义

成本报表是根据产品成本和期间费用的核算资料以及其他有关资料编制的，用来反映企业一定时期产品成本和期间费用水平及其构成情况的报告文件。

成本报表属于企业的内部报表，用以反映企业资金耗费和产品成本的构成及变动情况，旨在为企业内部提供必要的信息，以考核成本计划执行情况和结果。

二 成本报表的特点

（1）成本报表不受外界因素的影响，是为满足企业内部经营管理需要编制的。

（2）不同企业成本报表的种类、格式、内容、编制方法和编制周期各不相同。

（3）成本报表综合反映了企业方方面面的工作质量。

（4）成本报表具有灵活性、多样性和实用性。

三 成本报表的种类

（一）按报表反映的经济内容分类

（1）反映成本计划执行情况的报表，一般包括商品产品生产成本表、主要产品单位成本表、制造费用明细表。

（2）反映费用支出情况的报表，主要有销售费用明细表、管理费用明细表和财务费用明细表等。

（3）反映经营情况的报表，主要有生产情况表、材料耗用表、材料差异分析表等。

（二）按报表编制的时间分类

成本报表按编制的时间可分为年报、季报、月报、旬报、周报、日报和班报等。

四 成本报表的设置和编制要求

（一）设置成本报表的基本要求

企业可以自行决定成本报表的种类、格式、项目、编制方法等。通常情况下，企业在设置成本报表时应当符合内部管理会计报表的一些基本的要求，具体如下：

（1）内容的专题性。

（2）指标的实用性。

（3）格式的针对性。

（二）编制成本报表的要求

为了提高成本信息的质量，充分发挥成本报表的作用，成本报表的编制应符合真实性、重要性、正确性、完整性、及时性和可比性等基本要求。

学习任务1　请扫码深入学习成本报表的设置和编制要求。

成本报表的设置和编制要求

任务二　编制成本报表

案例导入

20××年5月31日，光荣公司领导为了考核李伟会计（实习学生）在公司的实习情况，把公司生产的甲、乙、丙三种产品的成本资料交给李会计，并且明确说明，甲、乙为主要产品，丙为非主要产品。公司领导要求李伟能够根据成本资料编制按照产品品种反映的产品生产成本表，李伟快速地编制完了报表。

思考：按照产品品种反映的产品生产成本表应如何编制？

学习目标

通过学习，能够描述主要成本报表的编制方法。

相关知识

企业的成本报表种类繁多，如产品生产成本及销售成本表、产品生产成本表、主要产品单位成本表、制造费用明细表、管理费用明细表、销售费用明细表、财务费用明细表等，下面介绍几种常用的成本报表结构和编制方法。

一　产品生产成本及销售成本表的结构和编制方法

（一）产品生产成本及销售成本表的结构

产品生产成本及销售成本表是反映企业在报告期内所生产的全部产品的生产成本和销售成本以及期末结存产品成本的报表。该表通常按月编制，其结构如表9-1所示。

表 9-1　产品生产成本及销售成本表

20××年 12 月

编报单位：××工厂　　　　金额单位：元

产品名称	规格	计量单位	生产量（件）			销售量（件）			单位生产成本（元/件）				生产总成本		销售总成本		期末结存	
			本年计划	本月实际	本年累计实际	本年计划	本月实际	本年累计实际	上年实际平均	本年计划	本月实际	本年累计实际平均	本月实际	本年累计实际	本月实际	本年累计实际	结存产品数量（件）	生产成本总额
			①	②	③	④	⑤	⑥	⑦	⑧	⑨=⑪÷②	⑩=②×③	⑪	⑫	⑬	⑭	⑮	⑯
主要产品													略	1 349 400	略	略	略	略
甲产品	略	件	650	70	710	660	65	670	1 400	1 325	1 375	1 339		950 690				
乙产品	略	件	383	40	380	380	35	375	1 100	1 000	1 000	1 010		383 800				
非主要产品														533 950				
丙产品	略	件	340	35	350	340	30	340		1 210	1 200	1 190		416 500				
丁产品	略	件	122	15	135	120	15	120		880	880	870		117 450				
合计														1 883 350				

企业编制产品生产成本及销售成本表，是为了通过该表所提供的数据信息资料，考核全部产品生产成本的变化、主要产品成本的计划执行结果和产品成本降低任务的完成情况，分析成本增减变化的原因，充分挖掘降低产品成本的途径。

（二）产品生产成本及销售成本表的编制方法

（1）产品名称：按企业主要产品和非主要产品分项列示。

（2）生产量："本年（或本月）计划"根据本年（或本月）产品生产计划的有关资料填列；"本月实际"和"本年累计实际"根据产品生产成本明细账（产品成本计算单）等资料所记录的本月和从年初起到本月末止的各种产品的实际产量填列。

（3）销售量："本年（或本月）计划"根据本年（或本月）产品销售计划的有关资料填列；"本月实际"和"本年累计实际"根据主营业务收入明细账中记录的销售数量填列。

（4）单位生产成本："上年实际平均"根据上年12月份本表中"本年累计实际平均单位成本"栏的数字填列；"本年计划"根据企业本年产品成本计划资料填列；"本月实际"根据产品生产成本明细账（产品成本计算单）提供的资料填列；"本年累计实际平均"经过计算填列。计算公式为：

$$某种产品本年累计实际平均单位成本=\frac{该产品本年累计实际总成本}{该产品本年累计实际总产量}$$

（5）生产总成本："本月实际"根据本月产品生产成本明细账（或库存商品明细账）提供的资料填列；"本年累计实际"用本月实际生产总成本加上上月本表中的"本年累计实际生产总成本"后填列，或者根据该产品本年各月产品生产成本明细账提供的资料汇总计算填列。

（6）销售总成本："本月实际"根据主营业务成本明细账中记录的本月合计数填列；"本年累计实际"根据主营业务成本明细账记录的本年累计数填列，或者将本月实际销售总成本加上上月本表中的本年累计实际销售总成本后填列。

（7）期末结存："结存产品数量"应根据库存商品明细账中记录的期末结存产品数量填列；"生产成本总额"应根据库存商品明细账记录的生产成本总额填列。

二　产品生产成本表的结构和编制方法

（一）产品生产成本表的结构

产品生产成本表是反映企业在报告期内生产产品所发生的生产费用总额和全部产品生产总成本的报表。该表一般分为两种，一种按成本项目反映，另一种按产品品种和类别编制。

1. 按成本项目反映的产品生产成本表的结构

按成本项目反映的产品生产成本表，可以反映报告期内全部产品生产费用的支出情况和各种费用的构成情况，其结构如表9-2所示。

表 9-2　产品生产成本表（按成本项目编制）

××工厂　　20××年 12 月　　单位：元

项目	上年实际数	本年计划数	本月实际数	本年累计实际数
生产费用				
1. 直接材料费用	1 258 000	1 261 230	127 650	1 248 600
其中：原材料	1 032 000	998 600	100 500	1 102 400
燃料及动力				
2. 直接人工费用	312 300	200 200	15 880	158 300
3. 制造费用	423 100	375 820	28 230	290 100
4. 其他直接费用				
生产费用合计	1 993 400	1 837 250	171 760	1 697 000
加：在产品、自制半成品期初余额	305 800	187 700	183 200	183 200
减：在产品、自制半成品期末余额	420 000	320 000	183 200	183 200
产品生产成本合计	1 879 200	1 704 950	171 760	1 697 000

2. 按产品品种和类别编制的产品生产成本表的结构

按产品品种和类别编制的产品生产成本表，结构如表 9-3 所示。

(二) 产品生产成本表的编制方法

1. 按成本项目反映的产品成本表的编制方法

(1) 上年实际数：根据上年 12 月份编制的产品生产成本表中“本年累计实际数”栏的数据填列。

(2) 本年计划数：根据成本计划的有关资料填列。

(3) 本月实际数：生产费用及各成本项目对应的“本月实际数”可根据本月生产成本明细账的资料分析计算填列。

(4) 期初、期末在产品和自制半成品的余额，根据各种产品明细账的期初、期末在产品成本和各种自制半成品明细账的期初、期末余额分别汇总填列。

(5) 本年累计实际数：根据“本月实际数”，加上上月本表的“本年累计实际数”计算填列。

2. 按产品品种和类别编制的产品生产成本表的编制方法

由于按产品品种和类别编制的产品生产成本表的项目与产品生产成本及销售成本表的部分项目基本相同，故这里不再详细介绍。

三　主要产品单位成本表的结构和编制方法

主要产品单位成本表是反映企业在月份和年度内生产各种主要产品的单位成本的构成及变动情况的会计报表。此报表应按主要产品分别编制，是对商品产品成本表中主要产品单位成本的补充报表。

(一) 主要产品单位成本表的结构

主要产品单位成本表分为两部分，上半部分按成本项目反映报告期内发生的各项

表 9-3　产品生产成本表（按产品品种和类别编制）

编报单位：××工厂　　20××年 12 月　　金额单位：元

产品名称	计量单位	实际产量（件）		单位成本（元/件）				本月总成本			本年累计总成本		
		本月实际	本年累计	上年实际平均	本年计划	本月实际	本年累计实际平均	按上年实际平均单位成本计算	按本年计划单位成本计算	本月实际	按上年实际平均单位成本计算	按本年计划单位成本计算	本年实际
		①	②	③	④	⑤=⑨÷①	⑥=⑫÷②	⑦=①×③	⑧=①×④	⑨	⑩=②×③	⑪=②×④	⑫
主要产品								129 500	124 025	124 675	1 386 000	1 329 625	1 328 000
甲产品	件	65	715	1 400	1 375	1 385	1 370	91 000	89 375	90 025	1 001 000	983 125	982 825
乙产品	件	35	350	1 100	990	990	1 000	38 500	34 650	34 650	385 000	346 500	345 175
非主要产品									68 750	67 750		705 400	697 850
丙产品	件	35	350		1 325	1 300	1 295		46 375	45 500		463 750	458 750
丁产品	件	25	270		895	890	885		22 375	22 250		241 650	239 100
合计									192 775	192 425		2 035 025	2 025 850

生产费用及其合计数，包括产量和单位成本等；下半部分反映单位产品所耗用的各种主要原材料的数量和生产工时等主要技术经济指标。其结构如表 9-4 所示。

表 9-4　主要产品单位成本表

20××年 12 月

产品名称：甲产品　　　　本月计划产量：380
产品规格：（略）　　　　本月实际产量：390
计量单位：件　　　　本年累计计划产量：1 890
销售单价：620 元　　　　本年累计实际产量：1 900

成本项目		历史先进水平 20××年	上年实际平均	本年计划	本月实际	本年累计实际平均
直接材料		318	325	320	323	321
直接人工		91	93	92	88	92
其他直接费用		55	58	57	59	58
制造费用		130	142	140	138	139
产品单位成本		594	618	609	608	610
主要技术经济指标	**计量单位**	**耗用量**	**耗用量**	**耗用量**	**耗用量**	**耗用量**
A 材料	千克	2.8	3	3	2.9	2.9
B 材料	千克	2.3	2.5	2.4	2.5	2.4
生产工人工时	小时	8	9	9	9.2	9.1
机器工时	小时	13	15	14	14	14.5

补充表

项目	上年实际	本年实际
1. 成本利润率（%） 2. 资金利税率（%） 3. 产品销售率（%） 4. 净产值率（%） 5. 流动资金周转次数（次） 6. 实际利税总额 7. 职工工资总额 8. 年末职工人数 9. 全年平均职工人数		

（二）主要产品单位成本表的编制方法

主要产品单位成本表中各项数字的填列方法如下：

（1）产量："本月计划产量"和"本年累计计划产量"应根据生产计划填列；"本月实际产量"和"本年累计实际产量"应根据产品成本明细账或产成品成本汇总表填列；"销售单价"应根据产品定价表填列。

（2）单位成本："历史先进水平"和"上年实际平均"，应根据历史上该种产品成本最低年度本表的实际平均单位和上年度本表实际平均单位成本填列；"本年计划"，应根据本年度成本计划填列；"本月实际"应根据产品成本明细账或产成品成本汇总表填列；"本年累计实际平均"，应根据该种产品成本明细账所记自本年 1 月至本期为止该种产品的完工入库产品实际总成本除以累计产量后的商数填列。

（3）主要技术经济指标：指该种产品原料、主要材料、燃料和动力的消耗数量，应根据业务技术核算资料填列。

补充表中，有关指标的计算公式如下：

成本利润率＝（产品销售利润÷产品销售成本）×100%

资金利税率＝（实际利税总额÷资金）×100%

产品销售率＝（产品销售成本÷产品销售收入）×100%

净产值率＝（工业净产值÷产品销售收入）×100%

四　制造费用明细表的结构和编制方法

制造费用明细表是反映企业一定会计期间内为组织和管理生产所发生费用总额和各明细项目数额的报表。通过使用制造费用明细表，可以分析和考核制造费用计划的执行结果，可以分析各项制造费用的构成情况及增减变动的原因。

（一）制造费用明细表的结构

制造费用明细表中明细项目的划分，可参照财政部有关制度规定，根据企业的具体情况增减，但不宜经常变更，以保持各报告期之间相关数据的可比性。若本年度内对某些项目的划分做了修改，使得计算结果与上一年不一致，应将上一年有关报表的对应明细项目按照本年度划分标准进行调整，并在表后的附注中以文字说明。制造费用明细表的结构如表 9－5 所示。

表 9－5　制造费用明细表

编制单位：××工厂　　　　20××年 12 月　　　　单位：元

项目	本年计划数	上年同期实际数	本月实际数	本年累计实际数
工资	4 860	4 800	540	4 980
职工福利费	690	666	72	697.2
折旧费	9 540	9 420	900	9 432
修理费	4 200	3 840	372	4 236
差旅费	420	402	48	396
办公费	918	942	66	942
取暖费	1 320	1 260	120	1 476
水电费	1 596	1 560	150	1 722
机物料消耗	3 360	3 318	300	3 348
低值易耗品摊销	780	762	84	789.6

续表

项目	本年计划数	上年同期实际数	本月实际数	本年累计实际数
劳动保护费	948	942	93.6	936
租赁费	0	0	0	0
运输费	576	660	78	648
保险费	4 056	3 948	396	4 920
设计制图费	840	840	84	852
试验检验费	600	588	69.6	616.8
在产品盘亏和毁损（减盘盈）	384	372	42	378
其他	0	0	0	0
合计	35 088	34 320	3 415.2	36 369.6

（二）制造费用明细表的编制方法

制造费用明细表的结构分为“本年计划数”“上年同期实际数”“本月实际数”“本年累计实际数”四栏。其中，“本年计划数”应根据成本计划中的制造费用计划填列；“上年同期实际数”应根据上年同期本表的累计实际数填列；“本月实际数”应根据“制造费用”总账科目所属各基本生产车间制造费用明细账的本月合计数汇总计算填列；“本年累计实际数”应根据这些制造费用明细账的月合计数汇总计算填列。

五 期间费用明细表的结构和编制方法

期间费用明细表是反映企业一定会计期间内各项期间费用的发生额及构成情况的报表，通常按月编制。

（一）期间费用明细表的结构

期间费用明细表一般按照费用项目，分别反映该费用项目的上年实际数（或上年同期实际数）、本年（月）计划数、本月实际数和本年累计实际数。利用期间费用明细表，可以分析该项期间费用的构成及增减变动情况，考核期间费用计划（预算）的执行情况。

1. 销售费用明细表的结构

销售费用明细表是反映企业在报告期内发生的全部销售费用及其构成情况的报表，其结构如表 9-6 所示。

表 9-6 销售费用明细表

编制单位：××工厂　　20××年 12 月　　单位：元

项目	本年计划数	上年同期实际数	本月实际数	本年累计实际数
工资	3 800	3 700	1 710	3 780

续表

项目	本年计划数	上年同期实际数	本月实际数	本年累计实际数
职工福利费	532	518	239.4	529.2
业务费	1 008	1 000	108	1 010
运输费	3 680	3 780	410	3 660
装卸费	2 011	2 005	210	2 000
包装费	3 785	3 830	356	3 800
保险费	980	1 000	89	988
展览费	1 920	1 900	160	1 910
广告费	5 000	5 100	610	5 115
差旅费	1 455	1 498	581	1 500
租赁费	0	0	0	0
低值易耗品摊销	680	700	72	660
销售部门办公费	950	960	98	940
委托代销手续费	0	0	0	0
销售服务费	0	0	0	0
折旧费	850	850	75	850
其他	890	900	78	850
合计	27 541	27 741	4 796.4	27 592.2

2. 管理费用明细表的结构

管理费用明细表是反映企业在报告期内发生的全部管理费用及其构成情况的报表，其结构如表 9－7 所示。

表 9－7 管理费用明细表

编制单位：××工厂　　20××年 12 月　　单位：元

项目	本年计划数	上年同期实际数	本月实际数	本年累计实际数
工资	7 884	7 880	784	7 960
职工福利费	1 120	1 104	100	1 114.4
折旧费	2 784	2 672	100	2 680
办公费	960	920	204	984.8
差旅费	2 560	2 560	280	2 576
运输费	3 920	3 880	412	3 926.4
保险费	1 600	1 600	140	1 664
租赁费	0	0	0	0
修理费	2 312	2 224	252	2 368
咨询费	800	864	80	784
诉讼费	0	0	0	0
排污费	1 440	1 400	152	1 504
绿化费	0	0	0	0

续表

项目	本年计划数	上年同期实际数	本月实际数	本年累计实际数
物料消耗	740	736	54.4	744
低值易耗品摊销	656	648	76	654.4
无形资产摊销	544	524	56	552
递延费用摊销	628	624	64	632
坏账损失	388	384	64	392
研究开发费	0	0	0	0
技术转让费	0	0	0	0
业务招待费	3 120	3 080	312	3 168
工会经费	1 680	1 640	176	1 744
职工教育经费	1 840	1 840	184	1 848
待业保险费	0	0	0	0
劳动保险费	2 240	2 224	200	2 256
税金	5 720	5 680	568	5 744
材料、产成品盘亏和毁损	528	520	44	521.6
其他	2 400	2 400	208	2 480
合计	45 864	45 404	4 510.4	46 297.6

3. 财务费用明细表的结构

财务费用明细表是反映企业在报告期内发生的全部财务费用及其构成情况的报表，其结构如表 9-8 所示。

表 9-8 财务费用明细表

编制单位：××工厂　　20××年 12 月　　单位：元

项目	本年计划数	上年同期实际数	本月实际数	本年累计实际数
利息支出（减利息收入）	5 655	5 460	585	5 525
汇兑损失（减汇兑收益）	2 990	2 990	422.5	3 068
调剂外汇手续费	1 170	1 157	97.5	1 167.4
金融机构手续费	0	0	0	0
其他筹资费用	0	0	0	0
合计	9 815	9 607	1 105	9 760.4

（二）期间费用明细表的编制方法

1. 销售费用明细表的编制方法

销售费用明细表的结构分为“本年计划数”“上年同期实际数”“本月实际数”“本年累计实际数”四栏。其中，“本年计划数”应根据本年产品销售费用计划填列；“上年同期实际数”应根据上年同期本表的累计实际数填列；“本月实际数”应根据销售费用明细账的本月合计数填列；“本年累计实际数”应根据销售费用明细账的本月末累计数填列。

2. 管理费用明细表的编制方法

管理费用明细表的结构分为“本年计划数”“上年同期实际数”“本月实际数”“本年累计实际数”四栏。其中，“本年计划数”应根据企业行政管理部门的管理费用计划填列；“上年同期实际数”应根据上年同期本表的累计实际数填列；“本月实际数”应根据管理费用明细账的本月合计数填列；“本年累计实际数”应根据管理费用明细账的本月末累计数填列。

3. 财务费用明细表的编制方法

财务费用明细表的结构分为“本年计划数”“上年同期实际数”“本月实际数”“本年累计实际数”四栏。其中，“本年计划数”应根据本年财务费用计划填列；“上年同期实际数”应根据上年同期本表的累计实际数填列；“本月实际数”应根据财务费用明细账的本月合计数填列；“本年累计实际数”应根据财务费用明细账的月末累计数填列。

小贴士

期间费用与产品成本的不同点

1. 与生产产品的关系不同。期间费用的发生是为生产产品提供正常的条件，加强对生产经营和销售的管理，而与产品的生产本身并不直接相关。产品成本是指能够明确与生产产品有关的直接生产费用和间接生产费用，它们直接计入或分配计入产品中去。

2. 与会计期间的关系不同。期间费用只与费用发生的当期有关，不影响或分摊到以后的会计期间。产品成本中当期完工部分当期转为产成品，未完工部分则结转到下一期继续加工，与前后会计期间都有联系。

3. 与会计报表的关系不同。期间费用直接列入当期利润表，抵扣当期损益。产品成本完工部分转为产成品，已销售产成品的销售成本再转为主营业务成本，主营业务成本也直接列入当期利润表，但是未销售的产成品和未完工的在产品都列入资产负债表。由于期间费用不能提供明确的未来收益，因此按照谨慎性原则，对期间费用在其发生时采用立即确认的原则。

模块十
成本报表分析

知识目标

- 明确成本分析的程序和内容
- 能描述成本分析的方法

技能目标

- 能正确计算成本计划的执行结果并分析产生差异的原因
- 能对成本计划的执行情况进行正确的评价

素养目标

- 培养发现问题、分析问题、解决问题的能力
- 培养理性思考、注重细节、善于归纳总结的能力

任务一 认识成本分析

案例导入

佳琪服装厂是一家刚刚成立的服装制造企业，该厂负责财务的厂长认为，既然成本报表是一种内部报表，不必对外报送，而且企业现在刚刚成立，没有那么多种类的产品，那么根据管理需要，可以在未来需要的时候再进行报表编制和分析工作。

思考：该服装厂厂长的观点是否正确？请结合成本分析相关知识回答。

学习目标

通过学习，能够说明成本分析的一般程序、内容和分析方法。

相关知识

成本分析是指根据成本核算资料和成本计划资料及其他有关资料，运用一系列专门方法，对成本水平及构成情况进行分析和评价，揭示企业费用预算和成本计划的完成情况，认识和掌握降低成本费用的规律，查明影响成本升降的各因素及其变动的原因，挖掘降低成本的潜力，提高企业成本效益的一种管理活动。

成本分析是成本核算工作的继续，它贯穿于成本管理工作全过程，包括事前分析、事中分析和事后分析。在实际工作中，经常使用的是成本报表的分析。

一　成本分析的一般程序

（1）收集资料，拟定分析提纲。

（2）具体分析，研究比较。

（3）分析原因，提出改进措施。

（4）总结报告。

学习任务 1　请扫码深入学习成本分析的一般程序。

成本分析的一般程序

二　成本分析的内容

成本分析的内容，必须符合企业生产的特点和管理的要求，并灵活运用各种分析形式，将分析工作贯穿于成本管理工作的始终。企业成本分析一般包括以下内容。

（一）成本计划完成情况的分析

（1）全部产品成本计划完成情况的分析。

（2）可比产品成本计划完成情况的分析。

（3）产品单位成本计划完成情况的分析。

（4）制造费用预算执行情况的分析。

（二）技术经济指标变动对产品成本影响的分析

（1）产品产量变动对成本影响的分析。

（2）产品质量变动对成本影响的分析。

（3）工人劳动生产率变动对成本影响的分析。

（4）材料利用情况变化对成本影响的分析。

三 成本分析的方法

成本分析的方法是进行成本分析的重要手段，运用得当，将对成本分析的整个过程产生有利的影响。成本分析常用的方法有比较分析法、比率分析法、因素分析法。

（一）比较分析法

比较分析法也称对比分析法，是通过对不同时间或不同情况下的同质成本指标数据的对比，揭示客观存在的差异，发现和说明问题，为进一步分析指出方向的一种方法。采用这种方法进行成本分析，必须注意指标的可比性，如指标计算口径一致、计价基础一致等。比较分析法的通用计算公式为：

绝对差异（差异额）＝实际数－标准数

$$相对差异（差异率）=\frac{绝对差异}{标准数}\times 100\%$$

成本指标的对比分析根据其目的和评价指标的不同，分为以下几种比较方式：

（1）分析期实际数据与计划期数据相比较。这是基本的比较方法，可以找出分析期实际成本或费用与计划成本或费用的差异，检查分析成本计划的完成情况，可为进一步分析指明方向。

（2）分析期实际数据与前期实际数据比较。这样比较，可以反映成本、费用变动的趋势。在有关成本、费用的计划资料不全或质量不高时，这种比较尤为重要。在成本分析中，分析期实际数据除了与前期实际成本、费用进行比较以外，还应当与本企业历史先进水平的成本、费用指标进行比较。

（3）分析期实际数据与本行业实际平均数据和本行业先进企业实际数据比较。这样进行横向对比，能找出本企业与其他企业的差距，确定企业成本管理水平在同行业同类企业中的位置。

（二）比率分析法

比率分析法是通过计算指标之间的比率，来考察企业经济活动相对效益的一种分析方法。根据分析的不同内容和要求，比率分析法有以下几种表现形式。

1. 相关比率分析

相关比率分析是通过计算两个性质不同而又相关的指标的比率进行数量分析的方法。例如，将成本指标与反映生产、销售等生产经营成果的产值、销售收入、利润指标等对比，求出产值成本率、销售成本率和成本利润率等指标，并据以分析和比较生产耗费的经济效益。

产值成本率、销售成本率和成本利润率的计算公式如下：

$$产值成本率=\frac{成本}{产值}\times 100\%$$

$$销售成本率=\frac{成本}{销售收入}\times 100\%$$

$$成本利润率=\frac{利润}{成本}\times 100\%$$

2. 构成比率分析

构成比率分析又称结构比率分析，是通过计算某项指标的各组成部分占总体的比重进行数量分析的方法。例如，将构成产品成本的各个成本项目同产品成本总额相比，计算其占总成本的比重，确定成本的构成比率，然后将不同时期的成本构成比率相比较，通过观察产品成本构成的变动，掌握经济活动情况及其对产品成本的影响。产品成本构成比率的计算公式如下：

$$直接材料费用比率=\frac{直接材料费用}{产品成本}\times100\%$$

$$直接人工费用比率=\frac{直接人工费用}{产品成本}\times100\%$$

$$制造费用比率=\frac{制造费用}{产品成本}\times100\%$$

3. 动态比率分析

动态比率分析又称趋势比率分析，是将不同时期同类指标的数值对比，求出比率，据以分析该项指标的增减变动和发展趋势的方法。例如，将某产品若干年的单位成本指标与基年成本指标进行对比，求出趋势百分比（以基年数代表 100%），然后将不同年份的趋势百分比进行比较，就可从中发现企业生产经营方面的成绩或不足。

成本动态比率的计算公式如下：

$$成本动态比率=\frac{报告期成本}{基期成本}\times100\%$$

（三）因素分析法

因素分析法是指根据分析指标与其影响因素之间的数量关系，按照一定的程序和方法，从数值上确定各因素对分析指标差异影响程度的一种技术分析方法。

1. 连环替代法

连环替代法是用来计算几个相互联系的因素对综合经济指标的变动影响程度的一种分析方法。采用这种计算方法可以衡量各个因素对综合指标的影响程度，从而更好地分析、管理经济活动。运用连环替代法进行分析时，应当遵循以下计算顺序：

（1）利用比较法将某项综合经济指标的实际数与基数（计划数或前期实际数等）对比，找出差额并将其作为分析对象。

（2）确定该项经济指标由哪几个因素组成，根据因素的依存关系，按一定顺序排列因素。

（3）以基数为计算基础，按照各因素的排列顺序，逐次以各因素的实际数替换基数，每次替换后实际数就被保留下来，有几个因素就替换几次，直到所有的因素都替换为实际数为止，每次替换后都求出新的计算结果。

（4）将每次替换后计算的结果，与前一次计算的结果相比较，两者的差额就是某一因素变动对经济指标的影响程度。

（5）计算各因素变动影响数额的代数和，这个代数和与被分析指标实际数与基数的总差异数相等。

要分析各个影响因素对综合经济指标的影响程度，只有在假定其他因素不变的情况下才可以进行。运用连环替代法时，要正确确定各个因素的替换顺序。通常确定各个因素的替换顺序的做法是：先数量指标，后质量指标；先实物量指标，后价值量指标；先主要指标，后次要指标；先分子指标，后分母指标。在各个因素的替换过程中，要按照统一的替换顺序进行，这样计算的结果才有可比性。如果改变各个因素的顺序，可能会得到不同的计算结果。另外，还要注意替换顺序的连环性，每一个因素的替换都是在上一次替换的基础上进行的。

假设某一经济指标 N 由相互联系的 A、B、C 三个因素组成，计划指标、实际指标和实际脱离计划的差异额的公式如下：

计划指标：$N_0=A_0\times B_0\times C_0$

实际指标：$N_1=A_1\times B_1\times C_1$

差异额：$D=N_1-N_0$

采用连环替代分析法，测定各个因素的变动对指标 N 的影响程度时计算顺序如下：

计划指标 $N_0=A_0\times B_0\times C_0$ (1)

第一次替代 $N_2=A_1\times B_0\times C_0$ (2)

第二次替代 $N_3=A_1\times B_1\times C_0$ (3)

第三次替代 $N_1=A_1\times B_1\times C_1$ (4)

据此测定的结果：

A 因素变动的影响＝(2)－(1)$=N_2-N_0$

B 因素变动的影响＝(3)－(2)$=N_3-N_2$

C 因素变动的影响＝(4)－(3)$=N_1-N_3$

综合各因素变动的影响程度$=D=(N_2-N_0)+(N_3-N_2)+(N_1-N_3)$

$=N_1-N_0$

【例 10－1】 某企业本年度甲产品耗用直接材料费用情况如表 10－1 所示。

表 10－1 甲产品耗用直接材料费用表

项目	产品产量（件）	单位产品消耗量（千克）	材料单价（元）	材料费用（元）
计划	1 000	50	20	1 000 000
实际	1 200	48	22	1 267 200
差异	＋200	－2	＋2	＋267 200

学习任务 2 请采用连环替代法计算产品产量、单位产品材料消耗量和材料单价三个因素的变动，分别对甲产品直接材料费用的影响额。

学习任务 2 解析

做中学	计划指标： 第一次替代： 第二次替代： 第三次替代： 据此测定的结果： 产量增加对总差异的影响额＝ 材料单耗节约对总差异的影响额＝ 材料单价上涨对总差异的影响额＝ 三因素同时变动影响的差异总额＝

2. 差额计算法

差额计算法是连环替代法的一种简化形式，是利用各个因素的实际数与计划数之间的差额，直接计算各个因素变化对经济指标差异的影响程度。应用该方法与应用连环替代法的要求相同，只是计算程序简化一些。因此，在实际工作中差额计算法应用得比较广泛。其计算程序如下：

（1）确定各因素的实际数与计划数的差额。

（2）用各因素的差额，乘以计算公式中该因素前面的各因素的实际数，以及列在该因素后面的其余因素的计划数，就可求得各因素的影响值。

（3）将各个因素的影响值相加，其代数和应同该项经济指标的实际数与计划数的差额相符。

结合连环替代法的资料，三因素影响程度的公式表示为：

A 因素的影响程度＝（A_1-A_0）$\times B_0\times C_0$

B 因素的影响程度＝（B_1-B_0）$\times A_1\times C_0$

C 因素的影响程度＝（C_1-C_0）$\times A_1\times B_1$

学习任务 3　请根据表 10－1 中甲产品耗用直接材料费用的资料，采用差额计算法计算由于产品产量、单位产品材料消耗量和材料单价三个因素变动，对甲产品直接材料费用超支的影响程度。

学习任务 3
解析

做中学	产品产量变动影响的差异额＝ 单位产品材料消耗量变动影响的差异额＝ 材料单价变动影响的差异额＝ 三因素同时变动影响的差异总额＝

以上所述只是常用的几种数量分析方法。此外，还可以根据分析的目的和要求，采用分组法、指数法、图表法等其他数量分析方法。

任务二　成本报表分析

案例导入

光明工厂今年生产的产品包括可比产品和不可比产品，为了了解这些产品成本的变动情况，公司责成财务部门根据成本核算资料进行分析，以明确年初计划的执行情况。

思考：财务部门根据成本核算资料应如何进行分析？请结合成本分析的相关知识回答。

学习目标

通过学习，能够结合案例掌握主要成本报表分析方法。

相关知识

成本报表分析是指以成本报表所提供的反映企业一定时期产品成本水平和构成情况的资料以及其他有关的计划、核算资料为依据，对产品成本水平和构成的变动情况进行分析评价，以揭示影响成本升降的各种因素及其变动原因，寻找降低成本的潜力。

一 成本计划完成情况的分析

成本计划完成情况的分析是指对全部产品成本计划完成情况、可比产品成本计划完成情况、单位产品成本计划完成情况及制造费用预算执行情况进行总的分析和评价。

（一）全部产品成本计划完成情况的分析

全部产品成本计划完成情况的分析，是一种总括性的分析，为进一步分析指明方向。在实际开展成本分析时，可分别从产品类别和成本项目两方面来进行。

1. 按产品类别进行分析

这种分析主要是根据企业产品生产成本表的资料，分别确定全部产品、可比产品和不可比产品成本的降低额和降低率。分析产品成本计划完成情况时，并不是将成本报表中的实际总成本与成本计划中的计划总成本直接对比，因为两者的产量基础不同。为了保证成本指标的可比性，需要将计划总成本换算为实际产量和计划单位成本计算的总成本，然后与实际总成本对比，以确定产品成本计划的完成程度。

计算公式如下：

$$成本降低额=计划总成本-实际总成本$$
$$=\sum[实际产量\times(计划单位成本-实际单位成本)]$$

$$成本降低率=\frac{成本降低额}{\sum(实际产量\times计划单位成本)}\times 100\%$$

【例 10-2】 以佳美公司为例进行商品产品成本的分析，相关资料如表 10-2 所示。

根据表 10-2 的资料，该公司全部产品成本计划完成情况分析如下：

$$成本降低额=92\ 000-91\ 080=920（元）$$

$$成本降低率=\frac{920}{92\ 000}\times 100\%=1\%$$

表 10-2　商品产品成本表

20××年 12 月

金额单位：元

产品名称	计量单位	实际产量		单位成本				本月总成本			本年累计总成本		
		本月	本年累计	上年实际平均	本年计划	本月实际	本年累计实际平均	按上年实际平均单位成本计算	按本年计划单位成本计算	本月实际	按上年实际平均单位成本计算	按本年计划单位成本计算	本年实际
		①	②	③	④	⑤=⑨÷①	⑥=⑫÷②	⑦=①×③	⑧=①×④	⑨	⑩=②×③	⑪=②×④	⑫
可比产品合计								10 000	8 700	8 670	100 000	87 000	86 000
其中： 甲产品 乙产品	 件 件	 5 6	 50 60	 800 1 000	 720 850	 750 820	 760 800	 4 000 6 000	 3 600 5 100	 3 750 4 920	 40 000 60 000	 36 000 51 000	 38 000 48 000
不可比产品合计									500	510		5 000	5 080
其中： 丙产品	件	1	10		500	510	508		500	510		5 000	5 080
全部产品									9 200	9 180		92 000	91 080

从上面的计算来看，全部产品总成本实际比计划降低了 920 元，降低率为 1%，但这还不能说明该公司已全面完成了全部产品成本计划，还需进一步对可比产品、不可比产品及各种产品成本计划完成情况进行分析，编制全部产品成本计划分析表，如表 10-3 所示。

表 10-3　全部产品成本计划分析表

20××年 12 月　　金额单位：元

产品名称	计划总成本	实际总成本	降低额	降低率（%）
可比产品：	87 000	86 000	1 000	1.15
甲产品	36 000	38 000	−2 000	−5.56
乙产品	51 000	48 000	3 000	5.88
不可比产品：	5 000	5 080	−80	−1.6
丙产品	5 000	5 080	−80	−1.6
全部产品合计	92 000	91 080	920	1

从上述分析结果可以看出，可比产品成本降低额为 1 000 元，降低率为 1.15%，从总体上已完成了可比产品成本计划。但其中甲产品实际成本比计划超支 2 000 元，超支率为 5.56%；不可比产品成本也超支 80 元，超支率为 1.6%，这说明公司并没有全面完成成本计划，应进一步查明甲产品和丙产品超支的原因。

2. 按成本项目进行分析

按成本项目进行分析，就是将全部产品的总成本按成本项目分别汇总，将实际总成本与计划总成本进行比较，确定每个成本项目的降低额和降低率。

【例 10-3】　仍以佳美公司为例进行分析，全部产品成本分析表见表 10-4。

表 10-4　全部产品成本分析表

20××年 12 月　　金额单位：元

成本项目	全部产品成本		降低指标	
	计划	实际	降低额	降低率（%）
直接材料	52 750	50 610	2 140	4.06
直接人工	12 390	12 850	−460	−3.71
制造费用	26 860	27 620	−760	−2.83
生产成本	92 000	91 080	920	1

从表 10-4 可以看出，虽然总成本降低了 920 元，降低率为 1%，但从构成总成本的三个项目来看，直接人工和制造费用是超支的，全部产品成本的降低主要靠直接材料的降低。所以，还需要进一步对各项目进行对比分析，才能找出超支和降低的具体原因。

（二）可比产品成本计划完成情况的分析

在全部商品产品成本中，可比产品成本一般都占有相当大的比重，因此，在分析商品产品总成本之后，还必须对可比产品成本进行分析。

1. 可比产品成本降低计划完成情况分析

可比产品成本降低计划是以上年实际平均单位成本为依据确定的，具体包括降低额和降低率两个指标。可比产品成本降低计划完成情况分析，就是将可比产品成本的实际降低额（按实际产量计算）、降低率与计划降低额（按计划产量计算）、降低率进行比较，来检查企业是否完成了成本降低任务。

计划成本和实际成本降低指标可按下列公式计算：

$$\text{计划成本降低额}=\sum[\text{计划产量}\times(\text{上年实际单位成本}-\text{本年计划单位成本})]$$

$$\text{计划成本降低率}=\frac{\text{计划成本降低额}}{\sum(\text{计划产量}\times\text{上年实际单位成本})}\times 100\%$$

$$\text{实际成本降低额}=\sum[\text{实际产量}\times(\text{上年实际单位成本}-\text{本年实际单位成本})]$$

$$\text{实际成本降低率}=\frac{\text{实际成本降低额}}{\sum(\text{实际产量}\times\text{上年实际单位成本})}\times 100\%$$

$$\text{超计划成本降低额}=\text{实际成本降低额}-\text{计划成本降低额}$$

$$\text{超计划成本降低率}=\text{实际成本降低率}-\text{计划成本降低率}$$

【例 10-4】　某企业 20××年度可比产品成本降低计划和实际降低指标资料如表 10-5 和表 10-6 所示。

表 10-5　可比产品成本降低计划表

20××年 12 月

单位：元

可比产品	计划产量（件）	单位成本		总成本		计划降低任务	
		上年实际平均	本年计划	按上年实际平均单位成本计算	按本年计划单位成本计算	降低额	降低率（%）
甲	100	500	420	50 000	42 000	8 000	16
乙	50	1 000	960	50 000	48 000	2 000	4
合计	—	—	—	100 000	90 000	10 000	10

表 10-6　可比产品成本实际成本资料

20××年 12 月

单位：元

可比产品	实际产量（件）	单位成本			总成本			实际降低情况	
		上年实际平均	本年计划	本年实际	按上年实际平均单位成本计算	按本年计划单位成本计算	按本年实际单位成本计算	降低额	降低率（%）
甲	160	500	420	375	80 000	67 200	60 000	20 000	25
乙	40	1 000	960	900	40 000	38 400	36 000	4 000	10
合计	—	—	—	—	120 000	105 600	96 000	24 000	20

由资料可知，可比产品成本降低计划完成情况的分析对象为：

超计划成本降低额＝24 000－10 000＝14 000（元）

超计划成本降低率＝20％－10％＝10％

由此可见，企业可比产品实际成本降低额比计划成本降低额多降低 14 000 元，实际成本降低率比计划成本降低率多降低 10％，说明企业超额完成了可比产品成本降低任务，应在此基础上分析影响可比产品成本降低任务完成情况的各个因素，进一步挖掘降低成本的潜力。

2. 可比产品成本降低任务完成情况的因素分析

影响可比产品降低任务完成情况的因素有产量、产品品种结构和单位成本。

（1）产量因素。

产量变动必然会直接影响成本降低额。但当产品品种结构和产品单位成本不变时，产量变动不会影响成本降低率，因为当品种结构不变时，说明各种产品的产量计划完成率都相同，在计算成本降低率时，因分子、分母都具有相同的产量增减比例而不变。产品产量变动对成本降低额影响的计算公式如下：

$$\text{产量变动对成本降低额的影响}=\left[\sum(\text{实际产量}\times\text{上年实际单位成本})-\sum(\text{计划产量}\times\text{上年实际单位成本})\right]\times\text{计划成本降低率}$$

【例 10－5】 假定例 10－4 中，甲、乙产品的实际产量均比计划增加 20％，当品种结构和单位成本不变时，其成本降低额和成本降低率如表 10－7 所示。

表 10－7 单纯产量变动影响计算表

20××年 12 月

单位：元

可比产品	实际产量（件）	单位成本		总成本		实际降低情况	
		上年实际平均	本年计划	按上年实际平均单位成本计算	按本年计划单位成本计算	降低额	降低率（％）
甲	100×120％＝120	500	420	60 000	50 400	9 600	16
乙	50×120％＝60	1 000	960	60 000	57 600	2 400	4
合计	—	—	—	120 000	108 000	12 000	10

通过比较表 10－5 与表 10－7，可知可比产品成本降低额比计划增加了 2 000（12 000－10 000）元，降低率仍然保持不变为 10％。产量变动对成本降低额的影响也可代入公式，得：

产量变动对成本降低额的影响＝（120 000－100 000）×10％＝2 000（元）

（2）产品品种结构因素。

由于各种产品成本降低率不同，当产品产量不是同比例增长时，就会使降低额和降低率同时发生变动。如果提高成本降低率大的产品在全部可比产品中的比重，就会使成本降低额绝对值增大，并使成本降低率相对值增大；相反，则会减少成本降低额的绝对额和降低率的相对值。产品品种结构变动对成本降低额和降低率的影响的计算公式如下：

$$\text{产品品种结构变动对成本降低额的影响}=\sum\left(\text{实际产量}\times\text{上年实际单位成本}\right)-\sum\left(\text{实际产量}\times\text{计划单位成本}\right)-$$

$$\frac{产品品种结构变动对}{成本降低率的影响}=\frac{\sum\left(\begin{matrix}实际\\产量\end{matrix}\times\begin{matrix}上年实际\\单位成本\end{matrix}\right)\times\begin{matrix}计划成本\\降低率\end{matrix}}{}$$

$$产品品种结构变动对成本降低率的影响=\frac{品种结构变动对成本降低额的影响数}{\sum(实际产量\times上年实际单位成本)}\times100\%$$

将表 10-5、表 10-6 中有关资料，代入上述公式：

$$产品品种结构变动对成本降低率的影响=120\ 000-105\ 600-120\ 000\times10\%$$

$$=14\ 400-12\ 000=2\ 400\text{（元）}$$

$$产品品种结构变动对成本降低率的影响=2\ 400\div120\ 000\times100\%=2\%$$

(3) 单位成本因素。

可比产品成本降低计划和实际完成情况，都是以上年单位成本为基础计算的。这样，各种产品单位成本实际比计划降低或升高，必然引起成本降低额或降低率实际比计划相应的升高或降低。产品单位成本的变动与成本降低额或降低率的变动呈反方向。计算公式为：

$$产品单位成本变动对成本降低额的影响=\sum[实际产量\times(计划单位成本-实际单位成本)]$$

$$产品单位成本变动对成本降低率的影响=\frac{产品单位成本变动对成本降低额的影响数}{\sum(实际产量\times上年实际单位成本)}\times100\%$$

根据表 10-6 的资料，计算如下：

$$产品单位成本变动对成本降低额的影响=105\ 600-96\ 000=9\ 600\text{（元）}$$

$$产品单位成本变动对成本降低率的影响=9\ 600\div120\ 000\times100\%=8\%$$

现将以上计算结果汇总，如表 10-8 所示。

表 10-8　可比产品成本降低计划完成情况分析结果汇总表

分析影响因素	影响程度	
	降低额（元）	降低率（%）
产品产量的变动	2 000	—
产品品种结构的变动	2 400	2%
产品单位成本的变动	9 600	8%
合计	14 000	10%

分析结果表明，由于产量、品种结构和单位成本三个因素的共同影响，使该企业已超额完成了成本降低任务。

(三) 产品单位成本计划完成情况的分析

产品单位成本分析，通常是选择最主要的或成本水平升降幅度较大的产品，深入研究其单位成本以及各个成本项目的计划完成情况，寻求进一步降低成本的具体途径和方法。

1. 主要产品单位成本计划完成情况分析

产品单位成本计划完成情况分析，应采用比较分析法，计算单位成本实际比计划、比上期、比历史先进水平的升降情况，然后着重对某些产品进一步按成本项目对比研究其成本变动情况，查明影响单位成本升降的原因。

【例 10－6】 根据表 10－9 某公司甲产品单位成本表中的资料编制分析表，如表 10－10 所示。

表 10－9 主要产品单位成本表

20××年度 单位：元

产品名称	甲	本年计划产量		60	
规格	—	本年累计实际产量		50	
计量单位	件	销售单价		870	
成本项目	历史先进水平	上年实际平均	本年计划	本月实际	本年实际平均
直接材料	534	583	535	略	553
直接人工	95	112	99		110
制造费用	85	105	86		97
产品生产成本	714	800	720		760

表 10－10 甲产品单位成本分析表

20××年度 单位：元

成本项目	比历史先进水平		比上年实际平均		比本年计划	
	降低额	降低率（%）	降低额	降低率（%）	降低额	降低率（%）
直接材料	－19	－3.56	30	5.15	－18	－3.36
直接人工	－15	－15.79	2	1.79	－11	－11.11
制造费用	－12	－14.12	8	7.62	－11	－12.79
合计	－46	－6.44	40	5.0	－40	－5.56

从表 10－10 的分析结果可知，甲产品本年实际单位成本与上年相比，降低了 40 元，但却没有完成计划，比计划超支 40 元，和历史先进水平也有一定差距。

2. 主要成本项目的分析

为了进一步分析单位成本升降的原因，还必须按成本项目进行分析。

（1）直接材料项目的分析。

直接材料成本在产品生产中往往占有较大的比重，该项成本的升降对产品单位成本及总成本的高低有着重要的影响，因此对直接材料项目的分析，是产品单位成本各成本项目分析的重点。

影响单位产品成本直接材料的基本因素是单位产品材料耗用量和材料单价。这两个因素变动对单位产品直接材料成本的影响程度，可分别按以下公式计算：

$$\text{材料耗用量变动的影响}=\sum(\text{实际耗用量}-\text{计划耗用量})\times\text{计划单价}$$

$$\text{材料单价变动的影响}=\sum(\text{实际单价}-\text{计划单价})\times\text{实际耗用量}$$

【例 10－7】 假定甲产品所耗用的 A 、B 两种材料的有关资料如表 10－11 所示。

表 10－11　甲产品直接材料成本分析表

20××年 12 月　　金额单位：元

材料名称	计量单位	耗用量		材料单价		材料成本		差异	
		计划	实际	计划	实际	计划	实际	数量	价格
A	千克	17	20	15	12.65	255	253	45	－47
B	千克	10	12	28	25	280	300	56	－36
合计	—	—	—	—	—	535	553	101	－83

分析对象：553－535＝18（元）

材料耗用量变动的影响＝（20－17）×15＋（12－10）×28

＝45＋56＝101（元）

材料价格变动的影响＝（12.65－15）×20＋（25－28）×12

＝－47－36＝－83（元）

由此可知，产品直接材料成本实际比计划超支 18 元，是由材料耗用量变动超支 101 元和材料价格变动节约 83 元两因素共同影响的结果。

（2）直接人工项目的分析。

单位产品直接人工的多少，取决于生产单位产品的生产工时和小时工资率两个因素。单位产品工时消耗量和小时工资率的变化对单位产品直接人工的影响，可按下列公式计算：

单位产品工时变动的影响＝(单位产品实际生产工时－单位产品计划生产工时）×计划小时工资率

小时工资率变动的影响＝(实际小时工资率－计划小时工资率）×单位产品实际生产工时

【例 10－8】　假定甲产品的有关单位产品直接人工成本资料如表 10－12 所示。

表 10－12　单位产品直接人工成本资料

20××年 12 月

项目	计划	实际	差异
单位产品耗用工时（小时）	11	10	－1
小时工资率（元/小时）	9	11	2
单位产品直接人工成本（元）	99	110	11

分析对象：110－99＝11（元）

单位产品工时变动的影响＝（10－11）×9＝－9（元）

小时工资率变动的影响＝（11－9）×10＝20（元）

两因素共同影响＝－9＋20＝11（元）

分析结果表明，甲产品直接人工成本超支 11 元，是单位产品生产工时变动使单位产品直接人工成本减少 9 元和小时工资率增加使直接人工成本超支 20 元共同作用的结果。

（3）制造费用项目的分析。

产品单位产品成本中制造费用的分析，通常先要分析单位产品所耗工时变动和每小时制造费用变动两因素对制造费用变动的影响，然后查明这两个因素变动的具体原因。

单位产品生产工时和费用分配率的变动对单位产品制造费用的影响，可按下列公式计算：

单位产品生产工时变动的影响=（单位产品实际生产工时－单位产品计划生产工时）×计划小时费用分配率

小时费用分配率变动的影响=（实际小时费用分配率－计划小时费用分配率）×单位产品实际生产工时

【例 10－9】 仍以甲产品为例，单位产品制造费用资料如表 10－13 所示。

表 10－13 单位产品制造费用资料

20××年 12 月

单位：元

项目	计划	实际	差异
单位产品生产工时（小时）	15	20	5
小时费用分配率（元/小时）	1.353	1.035	－0.318
单位产品制造费用	20.295	20.70	0.405

分析对象：20.70－20.295＝ 0.405（元）

单位产品生产工时变动的影响＝（20－15）×1.353 ＝6.765（元）

小时费用分配率变动的影响＝（1.035－1.353）×20 ＝－6.36（元）

分析结果表明，单位制造费用比计划升高 0.405 元的原因是工时消耗量的升高造成的，这也体现出劳动生产率低下对产品单位成本的不利影响。

（四）制造费用预算执行情况的分析

制造费用预算执行情况的分析，主要是通过实际与计划对比分析各种费用的计划执行情况。

【例 10－10】 以表 10－14 所列示的资料分析说明制造费用预算执行情况。

表 10－14 制造费用分析表

20××年度

单位：元

项目	本年计划	本年实际	实际比计划升降额
工资	5 450	5 600	150
职工福利费	763	784	21
折旧费	6 780	6 800	20
修理费	1 600	1 100	－500
办公费	730	720	－10
水电费	1 560	1 680	120
物料消耗	2 750	2 740	－10
低值易耗品推销	462	436	－26
劳动保护费	696	658	－38
其他	2 987	3 246	259
合计	23 778	23 764	－14

表 10－14 的资料计算表明，本年度制造费用总额实际比计划降低 14 元，基本符合计划。

由于制造费用所包括的费用项目具有不同的经济性质和经济用途，各项费用的变动又分别受不同因素变动的影响，因而在确定费用实际支出脱离计划差异时，应按各组成本项目分别进行，而不能只检查费用总额计划的执行情况，不能用其中一些费用项目的节约来抵补其他费用项目的超支。

分析时，除以本年实际与本年计划相比，了解计划执行情况外，为了从动态上观察了解各项费用的变动情况和变动趋势，还可将本年实际与上年实际进行对比分析，并将这一分析与检查企业各项管理制度的贯彻执行情况，与各项组织措施的实施效果结合起来，以推动企业改进经营管理。

二　技术经济指标变动对产品成本影响的分析

技术经济指标，是指那些与企业生产技术特点具有内在联系的经济指标，如材料利用率、劳动生产率、设备利用率、产量增长率、产品合格率等。通常企业可从产品产量、产品质量、劳动生产率和原材料利用率四个方面进行分析。

（一）产品产量变动对成本影响的分析

产品产量是企业的重要技术经济指标，企业的设备利用率、劳动生产率和产品质量等指标的变化都会影响产品产量。产品产量变动对成本降低率和降低额的影响，可按下列公式计算：

$$\text{产量变动影响的成本降低率}=\left(1-\frac{1}{1+\text{产量增长率}}\right)\times\text{计划固定成本占单位产品全部成本的比重}$$

产量变动影响的成本降低额＝实际产量按计划单位成本计算的总成本×产量变动影响的成本降低率

【例 10－11】　某企业的甲产品产量变动对单位成本的影响资料如表 10－15 所示。

表 10－15　产品产量变动对单位成本影响分析表

项目	本年计划			本年实际			降低额		
	产量（件）	总成本（元）	单位成本	产量（件）	总成本（元）	单位成本	产量（件）	总成本（元）	单位成本
变动成本	—	100 000	200	—	110 000	200	—	10 000	0
固定成本	—	25 000	50	—	25 000	45.45	—	0	4.55
合计	500	125 000	250	550	135 000	245.45	－50	10 000	4.55

产量增长率＝（550－500）÷500×100%＝10%

计划固定成本占单位产品全部成本的比重＝50÷250×100%＝20%

$$产品产量变动影响的成本降低率=\left(1-\frac{1}{1+10\%}\right)\times 20\%=1.8\%$$

$$产品产量变动影响的成本降低额=550\times 250\times 1.8\%=2\ 475（元）$$

即产量提高 10%，使单位成本下降了 1.8%。

（二）产品质量变动对成本影响的分析

在生产消耗水平不变的前提下，产品质量提高必然会影响产品单位成本的降低。衡量产品质量的指标通常有合格品率、废品率、等级品率等。在其他因素不变的条件下，合格品率越高，那么废品率则越低，单位产品的成本就越低。

【例 10－12】 某企业因产品质量变动原因对产品单位成本变动的分析如表 10－16 所示。

表 10－16 产品质量变动对单位成本影响分析表

产品名称：甲产品　　20××年 12 月　　金额单位：元

项目	计划	实际	降低
产量（件）	500	500	0
废品率（%）	2%	1%	1%
废品件数（件）	10	5	5
单位成本（不含废品损失）	600	600	0
废品残留回收率	10%	10%	0
单位废品残值	60	60	0
废品损失	10×（600－60）＝5 400	5×（600－60）＝2 700	2 700
合格品成本	611.2	605.45	5.57

注：合格品成本（计划）＝(5 400＋600×490)÷490＝611.02；
合格品成本（实际）＝(2 700＋600×495)÷495＝605.45。

由上述分析可见：因产品质量提高了 1%，使产品单位成本下降了 5.57 元，降低率为 0.91%。

（三）劳动生产率变动对成本影响的分析

劳动生产率的提高，意味着单位工作时间的产量增加或单位产品的工时消耗减少，从而它们负担的直接人工成本也会相应减少。但是劳动生产率的提高往往伴随着工资率的提高，从而使单位产品成本增加。因此，分析劳动生产率变动对成本的影响程度时，应当考虑工人平均工资的变动。只有当劳动生产率的提高超过平均工资的增长时，才会形成成本的降低额和降低率。具体计算公式如下：

$$\begin{array}{c}劳动生产率变动\\影响的成本降低率\end{array}=\frac{劳动生产率提高百分比-小时工资率提高百分比}{1+劳动生产率提高百分比}\times 计划直接人工成本占单位产品成本比重\times 100\%$$

【例 10－13】 某企业生产甲产品，计划单位成本 400 元，其中，直接人工成本 100 元，本年劳动生产率比计划增长了 15%，小时工资率增长了 10%。

$$劳动生产率变动影响的成本降低率=\frac{15\%-10\%}{1+15\%}\times\frac{100}{400}\times100\%=1.09\%$$

（四）原材料利用率变动对成本影响的分析

构成产品实体的原材料在投入生产过程后，经过一系列处理和加工形成各种各样的损耗，使得产品耗用的原材料总量低于投入原材料的总量。原材料损耗越少，产品利用的原材料越多，原材料利用率就越高。投入同样的原材料可生产更多的产品，使单位产品原材料成本降低。原材料利用率对产品成本的影响，可用下列公式计算：

$$\begin{array}{c}原材料利用率变动\\影响的成本降低率\end{array}=\left(1-\frac{计划原材料利用率}{实际原材料利用率}\right)\times计划单位成本中原材料成本比重$$

【例 10-14】　某企业报告年度丙产品计划原材料利用率为 95%，计划单位成本中原材料成本占 65%，在其他条件不变的情况下，实际原材料利用率为 97%。

$$原材料利用率变动影响的成本降低率=\left(1-\frac{95\%}{97\%}\right)\times65\%=1.34\%$$

即由于材料利用率提高 2%（97%－95%），使单位成本下降 1.34%。

参考文献

1. 周云凌，王雪岩．成本会计：原理、实务、案例、实训训练手册．4 版．大连：东北财经大学出版社，2019.

2. 杨玉红，原美荣．成本会计．大连：东北财经大学出版社，2014.

3. 江希和，向有才．成本会计教程．7 版．北京：高等教育出版社，2022.

4. 杨继杰，徐联云．成本会计实务．北京：中国财政经济出版社，2014.

5. 高翠．成本会计．4 版．大连：大连出版社，2011.

6. 周列平，兰霞，刘克涛．成本会计实务．2 版．大连：东北财经大学出版社，2017.

7. 张桂春．成本核算实务．2 版．北京：人民邮电出版社，2014.

8. 王超．成本会计实务．3 版．北京：教育科学出版社，2021.

9. 胡中艾，蒋小芸．成本核算．2 版．北京：高等教育出版社，2014.

10. 徐晓敏，赵文静．成本会计：上下册．3 版．北京：人民邮电出版社，2021.

11. 蒋小芸，胡中艾．成本核算与管理．3 版．北京：高等教育出版社，2018.

12. 陈信汛，李倩．成本会计实务．北京：中国商业出版社，2015.

13. 牛永芹．管理会计实训教程．北京：高等教育出版社，2019.

附录
成本管理相关应用指引

管理会计应用指引第 300 号——成本管理

第一章　总　则

第一条　为了促进企业加强成本管理，提高企业成本管理水平，提升竞争能力，根据《管理会计基本指引》，制定本指引。

第二条　成本管理，是指企业在营运过程中实施成本预测、成本决策、成本计划、成本控制、成本核算、成本分析和成本考核等一系列管理活动的总称。

第三条　企业进行成本管理，一般应遵循以下原则：

（一）融合性原则。成本管理应以企业业务模式为基础，将成本管理嵌入业务的各领域、各层次、各环节，实现成本管理责任到人、控制到位、考核严格、目标落实。

（二）适应性原则。成本管理应与企业生产经营特点和目标相适应，尤其要与企业发展战略或竞争战略相适应。

（三）成本效益原则。成本管理应用相关工具方法时，应权衡其为企业带来的收益和付出的成本，避免获得的收益小于其投入的成本。

（四）重要性原则。成本管理应重点关注对成本具有重大影响的项目，对于不具有重要性的项目可以适当简化处理。

第四条　成本管理领域应用的管理会计工具方法，一般包括目标成本法、标准成本法、变动成本法、作业成本法等。

第五条　企业应结合自身的成本管理目标和实际情况，在保证产品的功能和质量的前提下，选择应用适合企业的成本管理工具方法或综合应用不同成本管理工具方法，以更好地实现成本管理的目标。综合应用不同成本管理工具方法时，应以各成本管理工具方法具体目标的兼容性、资源的共享性、适用对象的差异性、方法的协调性和互补性为前提，通过综合运用成本管理的工具方法实现最大效益。

第二章　应用环境

第六条　企业应根据其内外部环境选择适合的成本管理工具方法。

第七条 企业应建立健全成本管理的制度体系，一般包括费用审报制度、定额管理制度、责任成本制度等。

第八条 企业应建立健全成本相关原始记录，加强和完善成本数据的收集、记录、传递、汇总和整理工作，确保成本基础信息记录真实、完整。

第九条 企业应加强存货的计量验收管理，建立存货的计量、验收、领退及清查制度。

第十条 企业应充分利用现代信息技术，规范成本管理流程，提高成本管理的效率。

第三章 应用程序

第十一条 企业应用成本管理工具方法，一般按照事前管理、事中管理、事后管理等程序进行：

（一）事前成本管理阶段，主要是对未来的成本水平及其发展趋势所进行的预测与规划，一般包括成本预测、成本决策和成本计划等步骤；

（二）事中成本管理阶段，主要是对营运过程中发生的成本进行监督和控制，并根据实际情况对成本预算进行必要的修正，即成本控制步骤；

（三）事后成本管理阶段，主要是在成本发生之后进行的核算、分析和考核，一般包括成本核算、成本分析和成本考核等步骤。

第十二条 成本预测是以现有条件为前提，在历史成本资料的基础上，根据未来可能发生的变化，利用科学的方法，对未来的成本水平及其发展趋势进行描述和判断的成本管理活动。

第十三条 成本决策是在成本预测及有关成本资料的基础上，综合经济效益、质量、效率和规模等指标，运用定性和定量的方法对各个成本方案进行分析并选择最优方案的成本管理活动。

第十四条 成本计划是以营运计划和有关成本数据、资料为基础，根据成本决策所确定的目标，通过一定的程序，运用一定的方法，针对计划期企业的生产耗费和成本水平进行的具有约束力的成本筹划管理活动。

第十五条 成本控制是成本管理者根据预定的目标，对成本发生和形成过程以及影响成本的各种因素条件施加主动的影响或干预，把实际成本控制在预期目标内的成本管理活动。

第十六条 成本核算是根据成本核算对象，按照国家统一的会计制度和企业管理要求，对营运过程中实际发生的各种耗费按照规定的成本项目进行归集、分配和结转，取得不同成本核算对象的总成本和单位成本，向有关使用者提供成本信息的成本管理活动。

第十七条 成本分析是利用成本核算提供的成本信息及其他有关资料，分析成本水平与构成的变动情况，查明影响成本变动的各种因素和产生的原因，并采取有效措施控制成本的成本管理活动。

第十八条 成本考核是对成本计划及其有关指标实际完成情况进行定期总结和评价，并根据考核结果和责任制的落实情况，进行相应奖励和惩罚，以监督和促进企业加强成本管理责任制，提高成本管理水平的成本管理活动。

第四章　附　则

第十九条　本指引由财政部负责解释。

管理会计应用指引第 301 号——目标成本法

第一章　总　则

第一条　目标成本法，是指企业以市场为导向，以目标售价和目标利润为基础确定产品的目标成本，从产品设计阶段开始，通过各部门、各环节乃至与供应商的通力合作，共同实现目标成本的成本管理方法。

第二条　目标成本法一般适用于制造业企业成本管理，也可在物流、建筑、服务等行业应用。

第二章　应用环境

第三条　企业应用目标成本法，应遵循《管理会计应用指引第 300 号——成本管理》中对应用环境的一般要求。

第四条　企业应用目标成本法，要求处于比较成熟的买方市场环境，且产品的设计、性能、质量、价值等呈现出较为明显的多样化特征。

第五条　企业应以创造和提升客户价值为前提，以成本降低或成本优化为主要手段，谋求竞争中的成本优势，保证目标利润的实现。

第六条　企业应成立由研究与开发、工程、供应、生产、营销、财务、信息等有关部门组成的跨部门团队，负责目标成本的制定、计划、分解、下达与考核，并建立相应的工作机制，有效协调有关部门之间的分工与合作。

第七条　企业能及时、准确取得目标成本计算所需的产品售价、成本、利润以及性能、质量、工艺、流程、技术等方面各类财务和非财务信息。

第三章　应用程序

第八条　应用目标成本法一般需经过目标成本的设定、分解、达成到再设定、再分解、再达成多重循环，以持续改进产品方案。

企业应用目标成本法，一般按照确定应用对象、成立跨部门团队、收集相关信息、计算市场容许成本、设定目标成本、分解可实现目标成本、落实目标成本责任、考核成本管理业绩以及持续改善等程序进行。

第九条　企业应根据目标成本法的应用目标及其应用环境和条件，综合考虑产品的产销量和盈利能力等因素，确定应用对象。

企业一般应将拟开发的新产品作为目标成本法的应用对象，或选择那些功能与设计存在较大的弹性空间、产销量较大且处于亏损状态或盈利水平较低、对企业经营业绩具有重大影响的老产品作为目标成本法的应用对象。

第十条 企业负责目标成本管理的跨部门团队之下，可以建立成本规划、成本设计、成本确认、成本实施等小组，各小组根据管理层授权协同合作完成相关工作。

成本规划小组由业务及财务人员组成，负责设定目标利润，制定新产品开发或老产品改进方针，考虑目标成本等。该小组的职责主要是收集相关信息、计算市场驱动产品成本等。

成本设计小组由技术及财务人员组成，负责确定产品的技术性能、规格，负责对比各种成本因素，考虑价值工程，进行设计图上成本降低或成本优化的预演等。该小组的职责主要是可实现目标成本的设定和分解等。

成本确认小组由有关部门负责人、技术及财务人员组成，负责分析设计方案或试制品评价的结果，确认目标成本，进行生产准备、设备投资等。该小组的职责主要是可实现目标成本设定与分解的评价和确认等。

成本实施小组由有关部门负责人及财务人员组成，负责确认实现成本策划的各种措施，分析成本控制中出现的差异，并提出对策，对整个生产过程进行分析、评价等。该小组的职责主要是落实目标成本责任、考核成本管理业绩等。

第十一条 目标成本法的应用需要企业研究与开发、工程、供应、生产、营销、财务和信息等部门收集与应用对象相关的信息。这些信息一般包括：

（一）产品成本构成及料、工、费等财务和非财务信息；

（二）产品功能及其设计、生产流程与工艺等技术信息；

（三）材料的主要供应商、供求状况、市场价格及其变动趋势等信息；

（四）产品的主要消费者群体、分销方式和渠道、市场价格及其变动趋势等信息；

（五）本企业及同行业标杆企业产品盈利水平等信息；

（六）其他相关信息。

第十二条 市场容许成本，是指目标售价减去目标利润之后的余额。

目标售价的设定应综合考虑客户感知的产品价值、竞争产品的预期相对功能和售价，以及企业针对该产品的战略目标等因素。

目标利润的设定应综合考虑利润预期、历史数据、竞争地位分析等因素。

第十三条 企业应将容许成本与新产品设计成本或老产品当前成本进行比较，确定差异及成因，设定可实现的目标成本。

企业一般采取价值工程、拆装分析、流程再造、全面质量管理、供应链全程成本管理等措施和手段，寻求消除当前成本或设计成本偏离容许成本差异的措施，使容许成本转化为可实现的目标成本。

第十四条 企业应按主要功能对可实现的目标成本进行分解，确定产品所包含的每一零部件的目标成本。在分解时，首先应确定主要功能的目标成本，然后寻求实现这种功能的方法，并把主要功能和主要功能级的目标成本分配给零部件，形成零部件级目标成本。同时，企业应将零部件级目标成本转化为供应商的目标售价。

第十五条 企业应将设定的可实现目标成本、功能级目标成本、零部件级目标成本和供应商目标售价进一步量化为可控制的财务和非财务指标，落实到各责任中心，形成各责任中心的责任成本和成本控制标准，并辅之以相应的权限，将达成的可实现目标成本落到实处。

第十六条　企业应依据各责任中心的责任成本和成本控制标准，按照业绩考核制度和办法，定期进行成本管理业绩的考核与评价，为各责任中心和人员的激励奠定基础。

第十七条　企业应定期将产品实际成本与设定的可实现目标成本进行对比，确定其差异及其性质，分析差异的成因，提出消除各种重要不利差异的可行途径和措施，进行可实现目标成本的重新设定、再达成，推动成本管理的持续优化。

第四章　工具方法评价

第十八条　目标成本法的主要优点是：一是突出从原材料到产品出货全过程成本管理，有助于提高成本管理的效率和效果；二是强调产品寿命周期成本的全过程和全员管理，有助于提高客户价值和产品市场竞争力；三是谋求成本规划与利润规划活动的有机统一，有助于提升产品的综合竞争力。

第十九条　目标成本法的主要缺点是：其应用不仅要求企业具有各类所需要的人才，更需要各有关部门和人员的通力合作，管理水平要求较高。

第五章　附　则

第二十条　本指引由财政部负责解释。

管理会计应用指引第 302 号——标准成本法

第一章　总　则

第一条　标准成本法，是指企业以预先制定的标准成本为基础，通过比较标准成本与实际成本，计算和分析成本差异、揭示成本差异动因，进而实施成本控制、评价经营业绩的一种成本管理方法。

标准成本，是指在正常的生产技术水平和有效的经营管理条件下，企业经过努力应达到的产品成本水平。

成本差异，是指实际成本与相应标准成本之间的差额。当实际成本高于标准成本时，形成超支差异；当实际成本低于标准成本时，形成节约差异。

第二条　企业应用标准成本法的主要目标，是通过标准成本与实际成本的比较，揭示与分析标准成本与实际成本之间的差异，并按照例外管理的原则，对不利差异予以纠正，以提高工作效率，不断改善产品成本。

第三条　标准成本法一般适用于产品及其生产条件相对稳定，或生产流程与工艺标准化程度较高的企业。

第二章　应用环境

第四条　企业应用标准成本法，应遵循《管理会计应用指引第 300 号——成本管理》中对应用环境的一般要求。

第五条 企业应用标准成本法，要求处于较稳定的外部市场经营环境，且市场对产品的需求相对平稳。

第六条 企业应成立由采购、生产、技术、营销、财务、人力资源、信息等有关部门组成的跨部门团队，负责标准成本的制定、分解、下达、分析等。

第七条 企业能够及时、准确地取得标准成本制定所需要的各种财务和非财务信息。

第三章 应用程序

第八条 企业应用标准成本法，一般按照确定应用对象、制定标准成本、实施过程控制、成本差异计算与动因分析，以及修订与改进标准成本等程序进行。

第九条 为了实现成本的精细化管理，企业应根据标准成本法的应用环境，结合内部管理要求，确定应用对象。标准成本法的成本对象可以是不同种类、不同批次或不同步骤的产品。

第十条 企业制定标准成本，可由跨部门团队采用“上下结合”的模式进行，经企业管理层批准后实施。

第十一条 在制定标准成本时，企业一般应结合经验数据、行业标杆或实地测算的结果，运用统计分析、工程试验等方法，按照以下程序进行：

（一）就不同的成本或费用项目，分别确定消耗量标准和价格标准；

（二）确定每一成本或费用项目的标准成本；

（三）汇总不同成本项目的标准成本，确定产品的标准成本。

第十二条 产品标准成本通常由直接材料标准成本、直接人工标准成本和制造费用标准成本构成。每一成本项目的标准成本应分为用量标准（包括单位产品消耗量、单位产品人工小时等）和价格标准（包括原材料单价、小时工资率、小时制造费用分配率等）。

第十三条 直接材料成本标准，是指直接用于产品生产的材料成本标准，包括标准用量和标准单价两方面。

制定直接材料的标准用量，一般由生产部门负责，会同技术、财务、信息等部门，按照以下程序进行：

（一）根据产品的图纸等技术文件进行产品研究，列出所需的各种材料以及可能的替代材料，并说明这些材料的种类、质量以及库存情况；

（二）在对过去用料经验记录进行分析的基础上，采用过去用料的平均值、最高与最低值的平均数、最节省数量、实际测定数据或技术分析数据等，科学地制定标准用量。

制定直接材料的标准单价，一般由采购部门负责，会同财务、生产、信息等部门，在考虑市场环境及其变化趋势、订货价格以及最佳采购批量等因素的基础上综合确定。

直接材料标准成本的计算公式如下：

直接材料标准成本＝单位产品的标准用量×材料的标准单价

材料按计划成本核算的企业，材料的标准单价可以采用材料计划单价。

第十四条　直接人工成本标准，是指直接用于产品生产的人工成本标准，包括标准工时和标准工资率。

制定直接人工的标准工时，一般由生产部门负责，汇同技术、财务、信息等部门，在对产品生产所需作业、工序、流程工时进行技术测定的基础上，考虑正常的工作间隙，并适当考虑生产条件的变化，生产工序、操作技术的改善，以及相关工作人员主观能动性的充分发挥等因素，合理确定单位产品的工时标准。

制定直接人工的标准工资率，一般由人力资源部门负责，根据企业薪酬制度等制定。

直接人工标准成本的计算公式如下：

直接人工标准成本＝单位产品的标准工时×小时标准工资率

第十五条　制造费用成本标准应区分变动制造费用项目和固定制造费用项目分别确定。

第十六条　变动制造费用，是指通常随产量变化而成正比例变化的制造费用。变动制造费用项目的标准成本根据标准用量和标准价格确定。

变动制造费用的标准用量可以是单位产量的燃料、动力、辅助材料等标准用量，也可以是产品的直接人工标准工时，或者是单位产品的标准机器工时。标准用量的选择需考虑用量与成本的相关性，制定方法与直接材料的标准用量以及直接人工的标准工时类似。

变动制造费用的标准价格可以是燃料、动力、辅助材料等标准价格，也可以是小时标准工资率等。制定方法与直接材料的价格标准以及直接人工的标准工资率类似。

变动制造费用的计算公式如下：

变动制造费用项目标准成本＝变动制造费用项目的标准用量×变动制造费用项目的标准价格

第十七条　固定制造费用，是指在一定产量范围内，其费用总额不会随产量变化而变化，始终保持固定不变的制造费用。固定制造费用一般按照费用的构成项目实行总量控制；也可以根据需要，通过计算标准分配率，将固定制造费用分配至单位产品，形成固定制造费用的标准成本。

制定固定费用标准，一般由财务部门负责，会同采购、生产、技术、营销、财务、人事、信息等有关部门，按照以下程序进行：

（一）依据固定制造费用的不同构成项目的特性，充分考虑产品的现有生产能力、管理部门的决策以及费用预算等，测算确定各固定制造费用构成项目的标准成本；

（二）通过汇总各固定制造费用项目的标准成本，得到固定制造费用的标准总成本；

（三）确定固定制造费用的标准分配率，标准分配率可根据产品的单位工时与预算总工时的比率确定。

其中，预算总工时，是指由预算产量和单位工时标准确定的总工时。单位工时标准可以依据相关性原则在直接人工工时或者机器工时之间做出选择。

固定制造费用标准成本的计算顺序及公式如下：

固定制造费用标准成本由固定制造费用项目预算确定

固定制造费用总成本＝∑固定制造费用项目标准成本

固定制造费用标准分配率＝单位产品的标准工时÷预算总工时

固定制造费用标准成本＝固定制造费用总成本×固定制造费用标准分配率

第十八条 企业应在制定标准成本的基础上，将产品成本及其各成本或费用项目的标准用量和标准价格层层分解，落实到部门及相关责任人，形成成本控制标准。

各归口管理部门（或成本中心）应根据相关成本控制标准，控制费用开支与资源消耗，监督、控制成本的形成过程，及时分析偏离标准的差异并分析其成因，并及时采取措施加以改进。

第十九条 在标准成本法的实施过程中，各相关部门（或成本中心）应对其所管理的项目进行跟踪分析。

生产部门一般应根据标准用量、标准工时等，实时跟踪和分析各项耗用差异，从操作人员、机器设备、原料质量、标准制定等方面寻找差异原因，采取应对措施，控制现场成本，并及时反馈给人力资源、技术、采购、财务等相关部门，共同实施事中控制。

采购部门一般应根据标准价格，按照各项目采购批次，揭示和反馈价格差异形成的原因，控制和降低总采购成本。

第二十条 企业应定期将实际成本与标准成本进行比较和分析，确定差异数额及性质，揭示差异形成的动因，落实责任中心，寻求可行的改进途径和措施。

第二十一条 成本差异的计算与分析一般按成本或费用项目进行。

第二十二条 直接材料成本差异，是指直接材料实际成本与标准成本之间的差额，该项差异可分解为直接材料价格差异和直接材料数量差异。

直接材料价格差异，是指在采购过程中，直接材料实际价格偏离标准价格所形成的差异；直接材料数量差异，是指在产品生产过程中，直接材料实际消耗量偏离标准消耗量所形成的差异。有关计算公式如下：

直接材料成本差异＝实际成本－标准成本

＝实际耗用量×实际单价－标准耗用量×标准单价

直接材料成本差异＝直接材料价格差异＋直接材料数量差异

直接材料价格差异＝实际耗用量×（实际单价－标准单价）

直接材料数量差异＝（实际耗用量－标准耗用量）×标准单价

第二十三条 直接人工成本差异，是指直接人工实际成本与标准成本之间的差额，该差异可分解为工资率差异和人工效率差异。

工资率差异，是指实际工资率偏离标准工资率形成的差异，按实际工时计算确定；人工效率差异，是指实际工时偏离标准工时形成的差异，按标准工资率计算确定。有关计算公式如下：

直接人工成本差异＝实际成本－标准成本

＝实际工时×实际工资率－标准工时×标准工资率

直接人工成本差异＝直接人工工资率差异＋直接人工效率差异

直接人工工资率差异＝实际工时×（实际工资率－标准工资率）

直接人工效率差异＝（实际工时－标准工时）×标准工资率

第二十四条　变动制造费用项目的差异，是指变动制造费用项目的实际发生额与变动制造费用项目的标准成本之间的差额，该差异可分解为变动制造费用项目的价格差异和数量差异。

变动制造费用项目的价格差异，是指燃料、动力、辅助材料等变动制造费用项目的实际价格偏离标准价格的差异；变动制造费用项目的数量差异，是指燃料、动力、辅助材料等变动制造费用项目的实际消耗量偏离标准用量的差异。变动制造费用项目成本差异的计算和分析原理与直接材料和直接人工成本差异的计算和分析相同。

第二十五条　固定制造费用项目成本差异，是指固定制造费用项目实际成本与标准成本之间的差额。其计算公式如下：

固定制造费用项目成本差异＝固定制造费用项目实际成本－固定制造费用项目标准成本

企业应根据固定制造费用项目的性质，分析差异的形成原因，并将之追溯至相关责任中心。

第二十六条　在成本差异的分析过程中，企业应关注各项成本差异的规模、趋势及其可控性。对于反复发生的大额差异，企业应进行重点分析与处理。

企业可将生成的成本差异信息汇总，定期形成标准成本差异分析报告，并针对性地提出成本改进措施。

第二十七条　为保证标准成本的科学性、合理性与可行性，企业应定期或不定期对标准成本进行修订与改进。

第二十八条　一般情况下，标准成本的修订工作由标准成本的制定机构负责。企业应至少每年对标准成本进行测试，通过编制成本差异分析表，确认是否存在因标准成本不准确而形成的成本差异。当该类差异较大时，企业应按照标准成本的制定程序，对标准成本进行调整。

除定期测试外，当外部市场、组织机构、技术水平、生产工艺、产品品种等内外部环境发生较大变化时，企业也应及时对标准成本进行调整。

第四章　工具方法评价

第二十九条　标准成本法的主要优点是：一是能及时反馈各成本项目不同性质的差异，有利于考核相关部门及人员的业绩；二是标准成本的制定及其差异和动因的信息可以使企业预算的编制更为科学和可行，有助于企业的经营决策。

第三十条　标准成本法的主要缺点是：一是要求企业产品的成本标准比较准确、稳定，在使用条件上存在一定的局限性，二是对标准管理水平较高，系统维护成本较高；三是标准成本需要根据市场价格波动频繁更新，导致成本差异可能缺乏可靠性，降低成本控制效果。

第五章 附 则

第三十一条 本指引由财政部负责解释。

管理会计应用指引第 303 号——变动成本法

第一章 总 则

第一条 变动成本法，是指企业以成本性态分析为前提条件，仅将生产过程中消耗的变动生产成本作为产品成本的构成内容，而将固定生产成本和非生产成本作为期间成本，直接由当期收益予以补偿的一种成本管理方法。

成本性态，是指成本与业务量之间的相互依存关系。按照成本性态，成本可划分为固定成本、变动成本和混合成本。

固定成本，是指在一定范围内，其总额不随业务量变动而增减变动，但单位成本随业务量增加而相对减少的成本。

变动成本，是指在一定范围内，其总额随业务量变动发生相应的正比例变动，而单位成本保持不变的成本。

混合成本，是指总额随业务量变动但不成正比例变动的成本。

第二条 变动成本法通常用于分析各种产品的盈利能力，为正确制定经营决策、科学进行成本计划、成本控制和成本评价与考核等工作提供有用信息。

第三条 变动成本法一般适用于同时具备以下特征的企业：

（一）企业固定成本比重较大，当产品更新换代的速度较快时，分摊计入产品成本中的固定成本比重大，采用变动成本法可以正确反映产品盈利状况；

（二）企业规模大，产品或服务的种类多，固定成本分摊存在较大困难；

（三）企业作业保持相对稳定。

第二章 应用环境

第四条 企业应用变动成本法，应遵循《管理会计应用指引第 300 号——成本管理》中对应用环境的一般要求。

第五条 企业应用目标成本法所处的外部环境，一般应具备以下特点：

（一）市场竞争环境激烈，需要频繁进行短期经营决策。

（二）市场相对稳定，产品差异化程度不大，以利于企业进行价格等短期决策。

第六条 企业应保证成本基础信息记录完整，财务会计核算基础工作完善。

第七条 企业应建立较好的成本性态分析基础，具有划分固定成本与变动成本的科学标准，以及划分标准的使用流程与规范。

第八条 企业能够及时、全面、准确地收集与提供有关产量、成本、利润以及成本性态等方面的信息。

第三章　应用程序

第九条　企业应用变动成本法，一般按照成本性态分析、变动成本计算、损益计算等程序进行。

第十条　成本性态分析，是指企业基于成本与业务量之间的关系，运用技术方法，将业务范围内发生的成本分解为固定成本和变动成本的过程。

第十一条　混合成本的分解方法主要包括：高低点法、回归分析法、账户分析法（也称会计分析法）、技术测定法（也称工业工程法）、合同确认法，前两种方法需要借助数学方法进行分解，后三种方法可通过直接分析认定。

（一）高低点法。企业以过去某一会计期间的总成本和业务量资料为依据，从中选取业务量最高点和业务量最低点，将总成本进行分解，得出成本模型。计算公式如下：

$$\text{单位变动成本}=\frac{\text{最高点业务量的成本}-\text{最低点业务量的成本}}{\text{最高点业务量}-\text{最低点业务量}}$$

固定成本总额＝最高点业务量的成本－单位变动成本×最高点业务量

或：　　＝最低点业务量的成本－单位变动成本×最低点业务量

高低点法计算较为简单，但结果代表性较差。

（二）回归分析法。企业根据过去一定期间的业务量和混合成本的历史资料，应用最小二乘法原理，计算最能代表业务量与混合成本关系的回归直线，借以确定混合成本中固定成本和变动成本的方法。计算公式如下：

假设混合成本符合总成本模型，即：$Y=a+bX$ 式中：a 为固定成本分；b 为单位变动成本。

$$b=\frac{n\sum x_i y_i-\sum x_i\sum y_i}{n\sum x_i^2-(\sum x_i)^2}$$

$$a=\frac{\sum y_i-b\sum x_i}{n}$$

回归分析法的结果较为精确，但计算较为复杂。

（三）账户分析法。企业根据有关成本账户及其明细账的内容，结合其与产量的依存关系，判断其比较接近的成本类别，将其视为该类成本。

账户分析法较为简便易行，但比较粗糙且带有主观判断。

（四）技术测定法。企业根据生产过程中各种材料和人工成本消耗量的技术测定来划分固定成本和变动成本。

技术测定法仅适用于投入成本和产出数量之间有规律性联系的成本分解。

（五）合同确认法。企业根据订立的经济合同或协议中关于支付费用的规定，来确认并估算哪些项目属于变动成本，哪些项目属于固定成本。

合同确认法一般要配合账户分析法使用。

第十二条　在变动成本法下，为加强短期经营决策，按照成本性态，企业的生产成本分为变动生产成本和固定生产成本，非生产成本分为变动非生产成本和固定非生产成本。其中，只有变动生产成本才构成产品成本，其随产品实体的流动而流动，随产量变动而变动。

第十三条 在变动成本法下，利润的计算通常采用贡献式损益表。

该表一般应包括营业收入、变动成本、边际贡献、固定成本、利润等项目。其中，变动成本包括变动生产成本和变动非生产成本两部分，固定成本包括固定生产成本和固定非生产成本两部分。贡献式损益表中损益计算包括以下两个步骤：

（一）计算边际贡献总额。

边际贡献总额＝营业收入总额－变动成本总额
＝销售单价×销售量－单位变动成本×销售量
＝（销售单价－单位变动成本）×销售量
＝单位边际贡献×销售量

（二）计算当期利润。

利润＝边际贡献总额－固定成本总额

第四章 工具方法评价

第十四条 变动成本法的主要优点是：一是区分固定成本与变动成本，有利于明确企业产品盈利能力和划分成本责任；二是保持利润与销售量增减相一致，促进以销定产；三是揭示了销售量、成本和利润之间的依存关系，使当期利润真正反映企业经营状况，有利于企业经营预测和决策。

第十五条 变动成本法的主要缺点是：一是计算的单位成本并不是完全成本，不能反映产品生产过程中发生的全部耗费；二是不能适应长期决策的需要。

第五章 附 则

第十六条 本指引由财政部负责解释。

管理会计应用指引第 304 号——作业成本法

第一章 总 则

第一条 作业成本法，是指以“作业消耗资源、产出消耗作业”为原则，按照资源动因将资源费用追溯或分配至各项作业，计算出作业成本，然后再根据作业动因，将作业成本追溯或分配至各成本对象，最终完成成本计算的成本管理方法。

资源费用，是指企业在一定期间内开展经济活动所发生的各项资源耗费。资源费用既包括房屋及建筑物、设备、材料、商品等有形资源的耗费，也包括信息、知识产权、土地使用权等各种无形资源的耗费，还包括人力资源耗费以及其他各种税费支出等。

作业，是指企业基于特定目的重复执行的任务或活动，是连接资源和成本对象的桥梁。一项作业既可以是一项非常具体的任务或活动，也可以泛指一类任务或活动。

按消耗对象不同，作业可分为主要作业和次要作业。主要作业是被产品、服务或客户等最终成本对象消耗的作业。次要作业是被原材料、主要作业等介于中间地位的成本对象消耗的作业。

成本对象，是指企业追溯或分配资源费用、计算成本的对象物。成本对象可以是工艺、流程、零部件、产品、服务、分销渠道、客户、作业、作业链等需要计量和分配成本的项目。

成本动因，是指诱导成本发生的原因，是成本对象与其直接关联的作业和最终关联的资源之间的中介。按其在资源流动中所处的位置和作用，成本动因可分为资源动因和作业动因。

第二条　作业成本法的应用目标包括：

（一）通过追踪所有资源费用到作业，然后再到流程、产品、分销渠道或客户等成本对象，提供全口径、多维度的更加准确的成本信息；

（二）通过作业认定、成本动因分析以及对作业效率、质量和时间的计量，更真实地揭示资源、作业和成本之间的联动关系，为资源的合理配置以及作业、流程和作业链（或价值链）的持续优化提供依据；

（三）通过作业成本法提供的信息及其分析，为企业更有效地开展规划、决策、控制、评价等各种管理活动奠定坚实基础。

第三条　作业成本法一般适用于具备以下特征的企业：作业类型较多且作业链较长；同一生产线生产多种产品；企业规模较大且管理层对产品成本准确性要求较高；产品、客户和生产过程多样化程度较高；间接或辅助资源费用所占比重较大等。

第二章　应用环境

第四条　企业应用作业成本法，应遵循《管理会计应用指引第 300 号——成本管理》中对应用环境的一般要求。

第五条　企业应用作业成本法所处的外部环境，一般应具备以下特点之一：一是客户个性化需求较高，市场竞争激烈；二是产品的需求弹性较大，价格敏感度高。

第六条　企业应用作业成本法应基于作业观，即企业作为一个为最终满足客户需要而设计的一系列作业的集合体，进行业务组织和管理。

第七条　企业应成立由生产、技术、销售、财务、信息等部门的相关人员构成的设计和实施小组，负责作业成本系统的开发设计与组织实施工作。

第八条　企业应能够清晰地识别作业、作业链、资源动因和成本动因，为资源费用以及作业成本的追溯或分配提供合理的依据。

第九条　企业应拥有先进的计算机及网络技术，配备完善的信息系统，能够及时、准确提供各项资源、作业、成本动因等方面的信息。

第三章　应用程序

第十条　企业应用作业成本法，一般按照资源识别及资源费用的确认与计量、成本对象选择、作业认定、作业中心设计、资源动因选择与计量、作业成本汇集、作业动因选择与计量、作业成本分配、作业成本信息报告等程序进行。

第十一条 资源识别及资源费用的确认与计量，是指识别出由企业拥有或控制的所有资源，遵循国家统一的会计制度，合理选择会计政策，确认和计量全部资源费用，编制资源费用清单，为资源费用的追溯或分配奠定基础。

资源费用清单一般应分部门列示当期发生的所有资源费用，其内容要素一般包括发生部门、费用性质、所属类别、受益对象等。

第十二条 资源识别及资源费用的确认与计量应由企业的财务部门负责，在基础设施管理、人力资源管理、研究与开发、采购、生产、技术、营销、服务、信息等部门的配合下完成。

第十三条 在作业成本法下，企业应将当期所有的资源费用，遵循因果关系和受益原则，根据资源动因和作业动因，分项目经由作业追溯或分配至相关的成本对象，确定成本对象的成本。

企业应根据国家统一的会计制度，并考虑预算控制、成本管理、营运管理、业绩评价以及经济决策等方面的要求确定成本对象。

第十四条 作业认定，是指企业识别由间接或辅助资源执行的作业集，确认每一项作业完成的工作以及执行该作业所耗费的资源费用，并据以编制作业清单的过程。

第十五条 作业认定的内容主要包括对企业每项消耗资源的作业进行识别、含义和划分，确定每项作业在生产经营活动中的作用、同其他作业的区别以及每项作业与耗用资源之间的关系。

第十六条 作业认定一般包括以下两种形式：

（一）根据企业生产流程，自上而下进行分解。

（二）通过与企业每一部门负责人和一般员工进行交流，自下而上确定他们所做的工作，并逐一认定各项作业。

企业一般应将两种方式相结合，以保证全面、准确认定作业。

第十七条 作业认定的具体方法一般包括调查表法和座谈法。

调查表法，是指通过向企业全体员工发放调查表，并通过分析调查表来认定作业的方法。

座谈法，是指通过与企业员工的面对面交谈，来认定作业的方法。

企业一般应将两种方法相结合，以保证全面、准确认定全部作业。

第十八条 企业对认定的作业应加以分析和归类，按顺序列出作业清单或编制出作业字典。作业清单或作业字典一般应当包括作业名称、作业内容、作业类别、所属作业中心等内容。

第十九条 作业中心设计，是指企业将认定的所有作业按照一定的标准进行分类，形成不同的作业中心，作为资源费用追溯或分配对象的过程。

作业中心可以是某一项具体的作业，也可以是由若干个相互联系的能够实现某种特定功能的作业的集合。

第二十条 企业可按照受益对象、层次和重要性，将作业分为以下五类，并分别设计相应的作业中心：

（一）产量级作业，是指明确地为个别产品（或服务）实施的、使单个产品（或服务）受益的作业。

该类作业的数量与产品（或服务）的数量成正比例变动。包括产品加工、检验等。

（二）批别级作业，是指为一组（或一批）产品（或服务）实施的、使该组（或批）产品（或服务）受益的作业。

该类作业的发生是由生产的批量数而不是单个产品（或服务）引起的，其数量与产品（或服务）的批量数成正比变动。包括设备调试、生产准备等。

（三）品种级作业，是指为生产和销售某种产品（或服务）实施的、使该种产品（或服务）的每个单位都受益的作业。

该类作业用于产品（或服务）的生产或销售，但独立于实际产量或批量，其数量与品种的多少成正比例变动。包括新产品设计、现有产品质量与功能改进、生产流程监控、工艺变换需要的流程设计、产品广告等。

（四）客户级作业，是指为服务特定客户所实施的作业。

该类作业保证企业将产品（或服务）销售给个别客户，但作业本身与产品（或服务）数量独立。包括向个别客户提供的技术支持活动、咨询活动、独特包装等。

（五）设施级作业，是指为提供生产产品（或服务）的基本能力而实施的作业。

该类作业是开展业务的基本条件，其使所有产品（或服务）都受益，但与产量或销量无关。包括管理作业、针对企业整体的广告活动等。

第二十一条　资源动因是引起资源耗用的成本动因，它反映了资源耗用与作业量之间的因果关系。资源动因选择与计量为将各项资源费用归集到作业中心提供了依据。

第二十二条　企业应识别当期发生的每一项资源消耗，分析资源耗用与作业中心作业量之间的因果关系，选择并计量资源动因。

企业一般应选择那些与资源费用总额呈正比例关系变动的资源动因作为资源费用分配的依据。

第二十三条　作业成本归集，是指企业根据资源耗用与作业之间的因果关系，将所有的资源成本直接追溯或按资源动因分配至各作业中心，计算各作业总成本的过程。

第二十四条　作业成本汇集应遵循以下基本原则：

（一）对于为执行某种作业直接消耗的资源，应直接追溯至该作业中心；

（二）对于为执行两种或两种以上作业共同消耗的资源，应按照各作业中心的资源动因量比例分配至各作业中心。

第二十五条　为便于将资源费用直接追溯或分配至各作业中心，企业还可以按照资源与不同层次作业的关系，将资源分为如下五类：

（一）产量级资源。包括为单个产品（或服务）所取得的原材料、零部件、人工、能源等。

（二）批别级资源。包括用于生产准备、机器调试的人工等。

（三）品种级资源。包括为生产某一种产品（或服务）所需要的专用化设备、软件或人力等。

（四）顾客级资源。包括为服务特定客户所需要的专门化设备、软件和人力等。

（五）设施级资源。包括土地使用权、房屋及建筑物，以及所保持的不受产量、批别、产品、服务和客户变化影响的人力资源等。

对产量级资源费用，应直接追溯至各作业中心的产品等成本对象。对于其他级别的资源费用，应选择合理的资源动因，按照各作业中心的资源动因量比例，分配至各作业中心。

企业为执行每一种作业所消耗的资源费用的总和，构成该种作业的总成本。

第二十六条 作业动因是引起作业耗用的成本动因，反映了作业耗用与最终产出的因果关系，是将作业成本分配到流程、产品、分销渠道、客户等成本对象的依据。

第二十七条 当作业中心仅包含一种作业的情况下，所选择的作业动因应该是引起该作业耗用的成本动因；当作业中心由若干个作业集合而成的情况下，企业可采用回归分析法或分析判断法，分析比较各具体作业动因与该作业中心成本之间的相关关系，选择相关性最大的作业动因，即代表性作业动因，作为作业成本分配的基础。

第二十八条 作业动因需要在交易动因、持续时间动因和强度动因间进行选择。其中，交易动因，是指用执行频率或次数计量的成本动因，包括接受或发出订单数、处理收据数等；持续时间动因，是指用执行时间计量的成本动因，包括产品安装时间、检查小时等；强度动因，是指不易按照频率、次数或执行时间进行分配而需要直接衡量每次执行所需资源的成本动因，包括特别复杂产品的安装、质量检验等。

企业如果每次执行所需要的资源数量相同或接近，应选择交易动因；如果每次执行所需要的时间存在显著的不同，应选择持续时间动因；如果作业的执行比较特殊或复杂，应选择强度动因。

对于选择的作业动因，企业应采用相应的方法和手段进行计量，以取得作业动因量的可靠数据。

第二十九条 作业成本分配，是指企业将各作业中心的作业成本按作业动因分配至产品等成本对象，并结合直接追溯的资源费用，计算出各成本对象的总成本和单位成本的过程。

第三十条 作业成本分配一般按照以下两个程序进行：

（一）分配次要作业成本至主要作业，计算主要作业的总成本和单位成本。企业应按照各主要作业耗用每一次要作业的作业动因量，将次要作业的总成本分配至各主要作业，并结合直接追溯至次要作业的资源费用，计算各主要作业的总成本和单位成本。有关计算公式如下：

$$\text{次要作业成本分配率}=\text{次要作业总成本}\div\text{该作业动因总量}$$

$$\begin{array}{c}\text{某主要作业分配的}\\\text{次要作业成本}\end{array}=\begin{array}{c}\text{该主要作业耗用的}\\\text{次要作业动因量}\end{array}\times\begin{array}{c}\text{该次要作业}\\\text{成本分配率}\end{array}$$

$$\text{主要作业总成本}=\begin{array}{c}\text{直接追溯至该}\\\text{作业的资源费用}\end{array}+\begin{array}{c}\text{分配至该主要作业的}\\\text{次要作业成本之和}\end{array}$$

$$\text{主要作业单位成本}=\text{主要作业总成本}\div\text{该主要作业动因总量}$$

（二）分配主要作业成本至成本对象，计算各成本对象的总成本和单位成本。企业应按照各主要作业耗用每一次要作业的作业动因量，将次要作业成本分配至各主要作业，并结合直接追溯至成本对象的单位水平资源费用，计算各成本对象的总成本和单位成本。有关计算公式如下：

$$\begin{array}{c}\text{某成本对象分配的}\\\text{主要作业成本}\end{array}=\begin{array}{c}\text{该成本对象耗用的}\\\text{主要作业成本动因量}\end{array}\times\begin{array}{c}\text{主要作业}\\\text{单位成本}\end{array}$$

$$\text{某成本对象总成本}=\begin{array}{c}\text{直接追溯至该成本}\\\text{对象的资源费用}\end{array}+\begin{array}{c}\text{分配至该成本对象的}\\\text{主要作业成本之和}\end{array}$$

$$\text{某成本对象单位成本}=\text{该成本对象总成本}\div\text{该成本对象的产出量}$$

第三十一条　作业成本信息报告的目的，是通过设计、编制和报送具有特定内容和格式要求的作业成本报表，向企业内部各有关部门和人员提供其所需要的作业成本及其他相关信息。

第三十二条　作业成本报表的内容和格式应根据企业内部管理需要确定。作业成本报表提供的信息一般应包括以下内容：

（一）企业拥有的资源及其分布以及当期发生的资源费用总额及其具体构成的信息；

（二）每一成本对象总成本、单位成本及其消耗的作业类型、数量及单位作业成本的信息，以及产品盈利性分析的信息；

（三）每一作业或作业中心的资源消耗及其数量、成本以及作业总成本与单位成本的信息；

（四）与资源成本分配所依据的资源动因以及作业成本分配所依据的作业动因相关的信息；

（五）资源费用、作业成本以及成本对象成本预算完成情况及其原因分析的信息；

（六）有助于作业、流程、作业链（或价值链）持续优化的作业效率、时间和质量等方面非财务信息；

（七）有助于促进客户价值创造的有关增值作业与非增值作业的成本信息及其他信息；

（八）有助于业绩评价与考核的作业成本信息及其他相关信息；

（九）上述各类信息的历史或同行业比较信息。

第四章　工具方法评价

第三十三条　作业成本法的主要优点是：一是能够提供更加准确的各维度成本信息，有助于企业提高产品定价、作业与流程改进、客户服务等决策的准确性；二是改善和强化成本控制，促进绩效管理的改进和完善；三是推进作业基础预算，提高作业、流程、作业链（或价值链）管理的能力。

第三十四条　作业成本法的主要缺点是：部分作业的识别、划分、合并与认定，成本动因的选择以及成本动因计量方法的选择等均存在较大的主观性，操作较为复杂，开发和维护费用较高。

第五章　附　则

第三十五条　本指引由财政部负责解释。

新编21世纪高等职业教育精品教材
智慧财经系列

《成本会计：成本核算与管理（第三版）》配套学生习作

主　编◎赵峰松　费琳琪

中国人民大学出版社
· 北京 ·

目　录

模块一

成本会计认知

知识测试

一、单项选择题

1. 成本会计最基本的任务是（　　）。

A. 加强成本预测，优化成本决策

B. 制定目标成本，强化成本控制

C. 建立成本责任制度，严格成本业绩考核

D. 正确核算产品成本，及时提供真实、有用的成本核算数据资料

2. 成本会计最基本、最重要的职能是（　　）。

A. 成本计划　　B. 成本控制　　C. 成本核算　　D. 成本决策

3. 成本分析一般在（　　）进行。

A. 事前　　B. 事中　　C. 事后　　D. 事前、事中、事后

4. 成本会计工作由各生产单位、有关部门和总部相关人员分别进行，这种工作方式是（　　）。

A. 集中工作方式　　B. 分散工作方式　　C. 统一工作方式　　D. 车间工作方式

5. 成本会计的主要内容取决于（　　）。

A. 企业经营管理的要求　　B. 生产经营的特点

C. 成本会计的组织机构　　D. 成本会计的法规和制度

6. 下列支出最终不能形成费用的是（　　）。

A. 购买无形资产支出　　B. 捐赠支出

C. 支付广告费支出　　D. 固定资产修理支出

7. 下列应计入产品成本的费用的是（　　）。

A. 厂部办公楼的修理费　　B. 在建工程人员的工资

C. 基本车间设备的折旧费　　D. 产品的展览费

8. 企业多计成本、费用，会（　　）。

A. 减少企业利润　　B. 减少生产成本

C. 增加国家财政收入　　D. 减少库存商品

9. 正确划分各个月份的费用界限，体现的是（　　）。

A. 重要性原则　　B. 权责发生制原则　　C. 一致性原则　　D. 实际成本计价原则

10. 企业应当根据（　　），确定适合本企业的成本计算方法。

A. 其生产规模的大小　　B. 生产类型的特点和成本管理要求

C. 产品车间的多少　　D. 生产的步骤

二、多项选择题

1. 成本会计的职能包括了成本核算和管理的各个环节，主要包括（　　）。

A. 成本预测　　B. 成本控制　　C. 成本核算　　D. 成本分析

2. 成本会计工作的组织形式主要有（　　）。

A. 集中工作方式　　B. 分散工作方式　　C. 统一工作方式　　D. 车间工作方式

3. 一般来说，企业应根据本单位（　　）等具体情况与条件来组织成本会计工作。

A. 规模大小　　B. 对外报告要求

C. 成本计算方法　　D. 生产经营业务的特点

4. 费用可以按（　　）分类。

A. 经济内容　　B. 经济用途　　C. 成本管理需要　　D. 企业规模

5. 费用按经济用途分类可分为（　　）。

A. 生产费用　　B. 期间费用　　C. 产品成本　　D. 管理费用

6. 生产费用按照计入产品成本的方式，可分为（　　）。

A. 直接计入费用　　B. 固定费用　　C. 成本费用　　D. 间接计入费用

7. 做好成本核算的基础工作，主要包括（　　）。

A. 制定先进合理的消耗定额

B. 建立健全原始记录

C. 做好材料物资的计量、验收和盘点工作

D. 制定内部结算价格

8. 工业企业的生产，按其生产组织方式分类，可分为（　　）。

A. 大量生产　　B. 成批生产　　C. 单步骤生产　　D. 单件生产

9. 生产类型特点和成本管理要求对成本计算方法的影响，主要表现在对（　　）有影响。

A. 成本计算对象

B. 成本计算期

C. 成本计算目的

D. 生产费用在完工产品与在产品之间分配

10. 正确划分各种支出费用的界限，包括（　　）。

A. 正确划分生产费用和期间费用的界限

B. 正确划分本期生产费用和非本期生产费用的界限

C. 正确划分各种产品成本的界限

D. 正确划分完工产品成本和期末在产品成本的界限

三、判断题

1. 成本预测和决策是成本会计的最基本的任务。（　　）

2. 成本核算是成本会计工作的基础，是成本会计的核心内容。（　　）

3. 企业为生产一定种类、一定数量的产品所支出的各种生产费用的总和，就是这些产品的成本。（　）

4. 成本的经济实质，是生产经营过程中所耗费的劳动对象和劳动资料的转移价值。（　）

5. 凡不应计入产品成本的支出，全部作为营业外支出处理。（　）

6. 期间费用不计入成本，但也是成本会计的核算对象。（　）

7. 在一定的会计期间内，一个企业的生产费用总额与其完工产品成本总额一定相等。（　）

8. 企业可以根据自己的生产特点和管理要求，对成本项目做适当的增减。（　）

9. 企业应当依据其生产规模的大小和订单的多少来选择成本计算方法。（　）

10. 成本计算对象是区分成本计算基本方法的主要标志。（　）

四、业务操作题

1. 某企业发生下列支出：

(1) 工厂机器设备采用直线法计提的折旧；

(2) 生产办公桌使用木材的成本；

(3) 工厂使用的水电费；

(4) 厂房的保险费；

(5) 采购部门经理的工资薪酬；

(6) 销货人员的佣金；

(7) 组装线上工人的工资薪酬；

(8) 行政部门领导的工资薪酬；

(9) 办公打印纸的费用；

(10) 机器设备保养使用润滑油的费用。

要求：分析说明以上支出应计入何种成本费用项目及其原因。运用费用的概念及相关分类理论回答。

解

2. 某公司20××年6月份发生如下业务：支付本月生产产品的工人工资100万元，行政管理人员工资10万元，车间管理人员工资5万元，并按规定比例2%、8%分别提取职工工会经费和教育经费；车间办公费5万元；生产耗用原材料400万元，辅助材料50

万元；购买一台车间使用的设备70.2万元，该设备预计使用8年，无残值；支付广告费40万元；支付银行借款利息2万元；支付违约罚款15万元；本月折旧费50万元，其中公司管理部门15万元，车间35万元；本月应交所得税18万元；应分配给投资人的利润15万元。本月产品全部完工，没有在产品。

要求：请指出该公司6月份的支出、费用、生产费用和产品成本各项目的金额。

解

3. 张华根据自己的特长，完成学业后进行自主创业，筹资24万元（贷款20万元，贷款年利率6%，自筹资金4万元），在某大学附近开办一家学习用品零售小店，店面房屋投资21万元，然后到市场监督管理部门申办了个体工商户营业执照，正式开始营业。经营之初，商店雇用1名营业员（月工资1 500元），购买2万元学习用品。一个月经营下来，卖出进价为5 000元的学习用品，获得营业收入8 400元，同时，支付了进货费用100元，缴纳市场监督管理费200元、有关税费320元，支付了商店雇员的工资。张华一算账，认为自己盈利280元，初战有点成绩，又不放心自己的计算，找来做会计的朋友李丽再算一算，结果亏损70元。

要求：分析小店为什么由盈利变成了亏损。运用成本核算要求的理论回答。

解

模块二

产品成本构成要素的归集与分配

知识测试

一、单项选择题

1. 在企业生产产品的成本中，直接人工项目不包括（　　）。

A. 直接参加生产的工人的工资　　B. 按生产工人工资计提的福利费

C. 直接参加生产的工人的计件工资　　D. 企业行政管理人员的工资

2. 某企业本月生产甲产品 520 件，乙产品 480 件，共领用原材料 15 000 千克，单价 0.8 元，合计金额 12 000 元。本月甲、乙产品定额耗用量分别为 19 500 千克和 10 500 千克。材料消耗费用分配率为（　　）元/千克。

A. 0.50　　B. 0.55　　C. 0.40　　D. 0.60

3. 厂部行政管理部门水电费应计入（　　）。

A. 制造费用　　B. 管理费用　　C. 基本生产成本　　D. 财务费用

4. 基本生产车间固定资产折旧费应列入（　　）。

A. 基本生产成本　　B. 辅助生产成本　　C. 制造费用　　D. 管理费用

5. “生产成本——基本生产成本”账户根据（　　）设置明细账户。

A. 产品品种　　B. 车间名称　　C. 车间负责人　　D. 费用项目

6. “生产成本——辅助生产成本”账户根据（　　）设置明细账户。

A. 产品品种　　B. 辅助车间名称　　C. 费用项目　　D. 车间负责人

7. 企业设置（　　）账户，用来核算生产中出现各种废品而产生的损失，包括可修复废品的修复费用和不可修复废品的净损失。

A. “管理费用”　　B. “停工损失”　　C. “制造费用”　　D. “废品损失”

8. 对于基本生产车间本月完工验收入库产品的成本，应从“生产成本——基本生产成本”账户结转至（　　）账户。

A. “固定资产”　　B. “原材料”　　C. “库存商品”　　D. “主营业务成本”

9. 下列属于辅助生产费用分配方法的是（　　）。

A. 生产工时比例分配法　　B. 机器工时比例分配法

C. 定额成本法　　D. 计划成本分配法

10. 直接分配法，是将辅助生产费用（　　）。

A. 直接分配给辅助生产以外的各受益单位的方法

B. 直接计入辅助生产成本的方法
C. 直接计入基本生产成本的方法
D. 直接分配给所有受益单位的方法

二、多项选择题

1. 发生下列各项费用时，可以直接借记“生产成本——基本生产成本”账户的是（　　）。

A. 车间照明用电费　　B. 构成产品实体的原材料费用
C. 车间管理人员工资　　D. 车间生产工人工资

2. 计入产品成本的工资，按其用途分别借记（　　）。

A. “基本生产成本” B. “辅助生产成本” C. “制造费用”　　D. “管理费用”

3. 材料费用的分配标准有（　　）。

A. 产品体积　　B. 产品重量　　C. 材料定额消耗量　D. 材料定额费用

4. 成本核算中，设置的主要账户（或二级账户）有（　　）。

A. “基本生产成本” B. “辅助生产成本” C. “制造费用”　　D. “固定资产”

5. “制造费用”账户核算内容包括（　　）。

A. 车间的管理人员职工薪酬　　B. 车间办公费
C. 固定资产修理费　　D. 车间水电费

6. 企业成本核算的程序主要包括（　　）。

A. 确定成本计算对象
B. 确定成本计算的期间
C. 生产费用的归集和分配
D. 计算完工产品成本与月末在产品成本

7. 下列各项中，属于辅助生产费用的分配方法的有（　　）。

A. 交互分配法　　B. 定额分配法
C. 计划成本分配法　　D. 直接分配法

8. 辅助生产车间不设制造费用账户核算的原因是（　　）。

A. 辅助生产车间数量较少
B. 辅助生产车间不对外提供商品
C. 制造费用较少
D. 辅助生产车间规模较小

9. 下列说法正确的是（　　）。

A. 直接分配法是对各辅助生产车间的成本费用进行交互分配和直接分配两次分配
B. 计划成本法便于考核和分析各受益单位的经济责任
C. 顺序分配法的优点是计算简便，各种辅助生产费用只计算一次
D. 交互分配法，是对各辅助生产车间的成本费用进行交互分配和直接分配两次分配

10. 制造费用的分配方法有（　　）。

A. 直接分配法　　B. 交互分配法
C. 机器工时比例法　　D. 生产工人工资比例分配法

三、判断题

1. 当企业只生产一种产品时，生产工人工资及福利费直接计入该种产品成本。（　）

2. 车间领用的材料费用，不一定都计入产品成本的直接材料成本项目中。（　）

3. 固定资产折旧费是产品成本的组成部分，所以应该全部计入或间接计入产品成本。（　）

4. “生产成本——辅助生产成本”账户期末应无余额。（　）

5. “生产成本——基本生产成本”账户在月末要全部分配转出，因而该账户月末没有余额。（　）

6. “制造费用”账户按车间名称设置明细账，并按费用项目设置专栏反映。（　）

7. “制造费用”账户月末无余额。（　）

8. 直接分配法直接适用于辅助生产车间之间提供劳务较多的企业。（　）

9. 生产人员、车间管理人员的职工薪酬，根据人工费用分配表，应直接计入产品生产成本。（　）

10. 直接分配法适宜在辅助生产车间内部相互提供产品或劳务较少，不进行交互分配对辅助生产成本影响不大的情况下使用。（　）

四、业务操作题

1. 某工厂本月份生产甲、乙两种产品，共同耗用A材料2 200千克，A材料每千克单价3元，共计6 600元。生产甲产品80件，单位消耗定额为50千克；生产乙产品50件，单位消耗定额为40千克。

要求：按定额消耗量比例法分配A材料费用，并编制相应的会计分录。

解

2. 某企业20××年6月共发生工资费用31 000元，其中基本生产车间工人工资21 000元，基本生产车间管理人员工资1 500元，辅助生产车间人员工资3 000元，行政管理人员工资2 500元，销售人员工资3 000元。该企业基本生产车间生产甲、乙两种产品，甲产品实际生产工时为5 000小时，乙产品实际工时为3 400小时。

要求：按照生产工时比例分配甲、乙产品应分配的人工费用，并编制相应的会计分录。

解

3. 某企业20××年6月共发生制造费用合计20 000元。当月甲产品生产工时为15 000小时，乙产品生产工时为10 000小时。

要求：按甲、乙产品生产工时分配制造费用，编制表2-1，并编制相应的会计分录。

表2-1 制造费用分配表

20××年6月

金额单位：元

产品	生产工时（小时）	分配率	分配金额
甲产品		—	
乙产品		—	
合计			

解

4. 假设某工厂设有供水、供电两个辅助生产车间，主要为基本生产车间和厂行政管理部门服务。根据辅助生产成本明细账，供水车间本月发生费用为10 455元，供电车间本月发生费用为23 668.20元。该工厂辅助生产的制造费用不通过“制造费用”科目核算。根据劳务供应和耗用劳务通知单，各车间和部门耗用劳务情况如表2-2所示。

表2-2 各车间和部门耗用劳务情况

20××年××月

受益单位		用水数量（吨）	用电度数（度）
辅助生产车间	供水	—	2 922
	供电	559	—

续表

受益单位		用水数量（吨）	用电度数（度）
基本生产车间	甲产品	—	12 000
	乙产品	—	8 000
	一般耗用	5 100	2 000
厂行政管理部门耗用		1 050	4 298
合计		6 709	29 220

要求：根据上述资料，采用直接分配法分配辅助生产费用，将计算结果直接填入表 2-3 中，并根据计算的结果编制相应的会计分录。

表 2-3　辅助生产费用分配表

20××年××月　　　　金额单位：元

辅助生产车间名称			供水车间	供电车间	金额合计
待分配辅助生产费用					
辅助生产车间以外部门劳务供应量					—
费用分配率					—
基本生产成本	甲产品	耗用数量	—		—
		分配金额	—		
	乙产品	耗用数量	—		—
		分配金额	—		
制造费用		耗用数量			—
		分配金额			
管理费用		耗用数量			—
		分配金额			
分配金额合计					

解

技能训练

辅助生产费用技能训练

（一）技能训练的目的

熟练掌握辅助生产费用分配的常用方法。

（二）技能训练资料

某企业设有机修和供电两个辅助生产车间，20××年6月在分配辅助生产费用以前，机修车间发生费用1 200万元，按修理工时分配费用，提供修理工时500小时，其中：供电车间20小时，其他车间耗用工时见表2-4；供电车间发生费用2 400万元，按耗电度数分配费用，提供供电度数20万度，其中：机修车间耗用4万度，其他车间耗电度数见表2-4。该企业辅助生产车间的制造费用不通过“制造费用”科目核算，假定机修车间每修理工时耗费2.5元，供电车间每万度电耗费118元。

（三）技能训练要求

分别用直接分配法、交互分配法、代数分配法和计划成本分配法分配辅助生产费用，编制完成表2-4至表2-7，并进行相应的账务处理。

表2-4 辅助生产费用分配表

（直接分配法）

20××年6月

数量单位：小时、万度

金额单位：万元

辅助生产车间名称		机修车间		供电车间		合计
		修理工时	修理费用	供电度数	供电费用	
待分配辅助生产费用和劳务数量		480		16		
费用分配率（单位成本）		—		—		—
基本生产车间耗用（记入“制造费用”）	第一车间	300		9		
	第二车间	120		4		
	小计	420		13		
行政管理部门耗用（记入“管理费用”）		40		2		
销售部门耗用（记入“销售费用”）		20		1		
合计		480		16		

根据辅助生产费用分配表（见表2-4）编制会计分录如下：

解

表 2－5　辅助生产费用分配表

（交互分配法）　　　　数量单位：小时、万度

20××年 6 月　　　　金额单位：万元

<table>
<tr><th colspan="3" rowspan="2">辅助生产车间名称</th><th colspan="3">交互分配</th><th colspan="3">对外分配</th></tr>
<tr><th>机修</th><th>供电</th><th>合计</th><th>机修</th><th>供电</th><th>合计</th></tr>
<tr><td colspan="3">待分配辅助生产费用</td><td></td><td></td><td></td><td></td><td></td><td></td></tr>
<tr><td colspan="3">供应劳务数量</td><td></td><td></td><td>—</td><td></td><td></td><td>—</td></tr>
<tr><td colspan="3">费用分配率（单位成本）</td><td></td><td></td><td>—</td><td></td><td></td><td>—</td></tr>
<tr><td rowspan="5">辅助生产车间耗用（记入“辅助生产成本”）</td><td rowspan="2">机修车间</td><td>消耗数量</td><td>—</td><td></td><td>—</td><td>—</td><td>—</td><td>—</td></tr>
<tr><td>分配金额</td><td>—</td><td></td><td></td><td>—</td><td>—</td><td>—</td></tr>
<tr><td rowspan="2">供电车间</td><td>消耗数量</td><td></td><td>—</td><td>—</td><td>—</td><td>—</td><td>—</td></tr>
<tr><td>分配金额</td><td></td><td>—</td><td></td><td>—</td><td>—</td><td>—</td></tr>
<tr><td colspan="2">小计</td><td></td><td></td><td></td><td>—</td><td>—</td><td>—</td></tr>
<tr><td rowspan="5">基本生产车间耗用（记入“制造费用”）</td><td rowspan="2">第一车间</td><td>消耗数量</td><td>—</td><td>—</td><td>—</td><td></td><td></td><td>—</td></tr>
<tr><td>分配金额</td><td>—</td><td>—</td><td>—</td><td></td><td></td><td></td></tr>
<tr><td rowspan="2">第二车间</td><td>消耗数量</td><td>—</td><td>—</td><td>—</td><td></td><td></td><td>—</td></tr>
<tr><td>分配金额</td><td>—</td><td>—</td><td>—</td><td></td><td></td><td></td></tr>
<tr><td colspan="2">小计</td><td>—</td><td>—</td><td>—</td><td></td><td></td><td></td></tr>
<tr><td colspan="2" rowspan="2">行政管理部门耗用（记入“管理费用”）</td><td>消耗数量</td><td>—</td><td>—</td><td>—</td><td></td><td></td><td>—</td></tr>
<tr><td>分配金额</td><td>—</td><td>—</td><td>—</td><td></td><td></td><td></td></tr>
<tr><td colspan="2" rowspan="2">销售部门耗用（记入“销售费用”）</td><td>消耗数量</td><td>—</td><td>—</td><td>—</td><td></td><td></td><td>—</td></tr>
<tr><td>分配金额</td><td>—</td><td>—</td><td>—</td><td></td><td></td><td></td></tr>
<tr><td colspan="3">合计</td><td>—</td><td>—</td><td>—</td><td>—</td><td>—</td><td></td></tr>
</table>

根据辅助生产费用分配表（见表 2－5）编制会计分录如下：

解

表 2-6 辅助生产费用分配表

（代数分配法）

20××年 6 月

数量单位：小时、万度

金额单位：万元

<table>
<tr><th colspan="3">辅助生产车间名称</th><th>机修车间</th><th>供电车间</th><th>合计</th></tr>
<tr><td colspan="3">待分配辅助生产费用</td><td></td><td></td><td></td></tr>
<tr><td colspan="3">供应劳务数量</td><td></td><td></td><td>—</td></tr>
<tr><td colspan="3">用代数算出的实际单位成本</td><td></td><td></td><td>—</td></tr>
<tr><td rowspan="5">辅助生产车间耗用（记入“辅助生产成本”）</td><td rowspan="2">机修车间</td><td>耗用量</td><td>—</td><td></td><td>—</td></tr>
<tr><td>分配金额</td><td>—</td><td></td><td></td></tr>
<tr><td rowspan="2">供电车间</td><td>耗用量</td><td></td><td>—</td><td>—</td></tr>
<tr><td>分配金额</td><td></td><td>—</td><td></td></tr>
<tr><td colspan="2">小计</td><td></td><td></td><td></td></tr>
<tr><td rowspan="5">基本生产车间耗用（记入“制造费用”）</td><td rowspan="2">第一车间</td><td>耗用量</td><td></td><td></td><td>—</td></tr>
<tr><td>分配金额</td><td></td><td></td><td></td></tr>
<tr><td rowspan="2">第二车间</td><td>耗用量</td><td></td><td></td><td>—</td></tr>
<tr><td>分配金额</td><td></td><td></td><td></td></tr>
<tr><td colspan="2">小计</td><td></td><td></td><td></td></tr>
<tr><td rowspan="2">行政管理部门耗用（记入“管理费用”）</td><td colspan="2">耗用量</td><td></td><td></td><td>—</td></tr>
<tr><td colspan="2">分配金额</td><td></td><td></td><td></td></tr>
<tr><td rowspan="2">销售部门耗用（记入“销售费用”）</td><td colspan="2">耗用量</td><td></td><td></td><td>—</td></tr>
<tr><td colspan="2">分配金额</td><td></td><td></td><td></td></tr>
<tr><td colspan="3">合计</td><td></td><td></td><td></td></tr>
</table>

根据辅助生产费用分配表（见表 2－6）编制会计分录如下：

解

表 2－7　辅助生产费用表

（计划成本分配法）　　　　数量单位：小时、万度

20××年 6 月　　　　金额单位：万元

<table>
<tr><th colspan="3">辅助生产车间名称</th><th>机修车间</th><th>供电车间</th><th>合计</th></tr>
<tr><td colspan="3">待分配辅助生产费用</td><td></td><td></td><td></td></tr>
<tr><td colspan="3">供应劳务数量</td><td></td><td></td><td>—</td></tr>
<tr><td colspan="3">计划单位成本</td><td></td><td></td><td>—</td></tr>
<tr><td rowspan="5">辅助生产车间耗用（记入“生产成本——辅助生产成本”）</td><td rowspan="2">机修车间</td><td>耗用量</td><td>—</td><td></td><td>—</td></tr>
<tr><td>分配金额</td><td>—</td><td></td><td></td></tr>
<tr><td rowspan="2">供电车间</td><td>耗用量</td><td></td><td>—</td><td>—</td></tr>
<tr><td>分配金额</td><td></td><td>—</td><td></td></tr>
<tr><td colspan="2">小计</td><td></td><td></td><td></td></tr>
<tr><td rowspan="5">基本生产车间耗用（记入“制造费用”）</td><td rowspan="2">第一车间</td><td>耗用量</td><td></td><td></td><td>—</td></tr>
<tr><td>分配金额</td><td></td><td></td><td></td></tr>
<tr><td rowspan="2">第二车间</td><td>耗用量</td><td></td><td></td><td>—</td></tr>
<tr><td>分配金额</td><td></td><td></td><td></td></tr>
<tr><td colspan="2">小计</td><td></td><td></td><td></td></tr>
<tr><td rowspan="2">行政管理部门耗用（记入“管理费用”）</td><td colspan="2">耗用量</td><td></td><td></td><td>—</td></tr>
<tr><td colspan="2">分配金额</td><td></td><td></td><td></td></tr>
<tr><td rowspan="2">销售部门耗用（记入“销售费用”）</td><td colspan="2">耗用量</td><td></td><td></td><td>—</td></tr>
<tr><td colspan="2">分配金额</td><td></td><td></td><td></td></tr>
</table>

续表

辅助生产车间名称	机修车间	供电车间	合计
按计划成本分配金额合计			
辅助生产实际成本			
辅助生产成本差异			

根据辅助生产费用分配表（见表 2-7）编制会计分录如下：

解

模块三

生产费用在产成品和在产品之间的分配

知识测试

一、单项选择题

1.（　　）的确认是正确计算在产品成本的基础。

A. 在产品价格　　B. 在产品数量　　C. 在产品成本　　D. 完工产品数量

2. 原材料在生产开工时一次投入，月末在产品的投料程度应按（　　）计算。

A. 100%　　B. 50%

C. 定额耗用量比例　　D. 定额工时比例

3. 由于各道工序内部在产品完工程序不同，有的已近完成，有的刚刚开始加工，为简化计算，对各工序内部在产品在本工序的加工过程可按（　　）计算。

A. 100%　　B. 50%　　C. 定额工时比例　　D. 消耗定额比例

4. 某企业定额管理基础比较好，能够制定比较准确、稳定的消耗定额，各月末在产品数量变化不大的产品，应采用（　　）。

A. 在产品按定额成本计价法　　B. 约当产量法

C. 定额比例法　　D. 不计算在产品成本法

5. 某企业定额管理基础比较好，能够制定比较准确、稳定的消耗定额，各月末在产品数量变化较大的产品，应采用（　　）。

A. 在产品按定额成本计价法　　B. 约当产量法

C. 定额比例法　　D. 不计算在产品成本法

6. 采用在产品按年初数固定计算完工产品与在产品成本，适用（　　）的产品。

A. 各月末在产品数量变化较大

B. 月末在产品数量较大，但各月之间变化很小

C. 各月成本水平相差不大

D. 各月在产品数量较大

7. 采用在产品按完工产品成本计算法分配计算完工产品和月末在产品成本，必须具备的条件是（　　）。

A. 在产品已接近完工　　B. 原材料在生产开始时一次投料

C. 在产品原材料费用比重大　　D. 各项消耗定额比较准确

8. 采用在产品按所耗原材料费用计价法计算完工产品与在产品成本，适用于（　　）

的产品。

A. 各月末在产品数量较大　　B. 各月末在产品数量变化较大

C. 原材料费用在产品成本中比重较大　　D. 以上三个条件同时具备

9. 按完工产品和月末在产品数量比例，分配计算完工产品和月末在产品的原材料费用，必须具备的条件是（　　）。

A. 原材料随加工进度陆续投入　　B. 原材料在生产开始时一次投入

C. 在产品成本中原材料费用比重较大　　D. 各项消耗定额比较准确、稳定

10. 在完工产品和在产品之间分配费用，采用不计算在产品成本法适用于（　　）的产品。

A. 各月末在产品数量很少　　B. 各月末在产品数量较大

C. 没有在产品　　D. 各月末在产品数量变化小

11. 假设某企业某产品工时定额为 40 小时，经两道工序组成，各工序的工时定额分别为 30 小时和 10 小时，则第二道工序的完工程度为（　　）。

A. 37.5%　　B. 50%　　C. 87.5%　　D. 90%

12. 某产品在产品数量较小，或者数量虽大但各月之间在产品数量变化不大，月初、月末在产品成本的差额对完工产品成本的影响不大，为了简化核算工作，可采用（　　）。

A. 不计算在产品成本的方法　　B. 在产品按所耗的原材料费用计算法

C. 按年初数固定计算在产品成本　　D. 定额比例法

13. 某产品加工中材料是分工序一次投入的，第一道工序材料消耗定额为 30 千克，第二道工序材料消耗定额为 30 千克，则第二道工序在产品的投料程度为（　　）。

A. 75%　　B. 50%　　C. 100%　　D. 都不对

14. 某企业生产产品经过两道工序，各道工序的工时定额分别为 30 小时和 20 小时，则第二道工序在产品的加工程度为（　　）。

A. 40%　　B. 50%　　C. 80%　　D. 100%

15. 采用约当产量法计算在产品成本时，影响在产品成本准确性的关键因素是（　　）。

A. 在产品数量　　B. 在产品完工程度　C. 完工产品的数量　D. 废品的数量

二、多项选择题

1. 广义在产品包括（　　）。

A. 正在各个车间加工中的在制品

B. 已经完成一个或几个生产步骤，但还需继续加工的自制半成品

C. 对外销售的自制半成品

D. 已完工但尚未验收入库的产成品

2. 完工产品与在产品之间划分成本的方法有（　　）。

A. 约当产量法　　B. 不计算在产品成本法

C. 计划成本分配法　　D. 定额比例法

3. 在产品成本按年初固定数计算的方法，适用于（　　）的情况。

A. 各月在产品数量较少

B. 各月在产品数量较大

C. 各月末在产品数量变化较大

D. 各月末在产品数量较多，但各月数量比较均衡

4. 采用约当产量法计算月末在产品成本，在产品的约当产量应按（ ）计算。

A. 投料程度 B. 完工程度 C. 预计废品率 D. 完工入库程度

5. 采用定额比例法分配完工产品和在产品成本，应具备（ ）的条件。

A. 消耗定额比较准确 B. 消耗定额比较稳定

C. 各月末在产品数量变化不大 D. 各月末在产品数量变化较大

6. 采用约当产量法分配直接人工费用时，必须正确计算在产品的完工程度，测定在产品完工程度的方法有（ ）。

A. 定额工时 B. 按50%平均计算各工序完工程度

C. 分工序分别计算完工程度 D. 定额比例法

7. 约当产量法可以用来分配的费用有（ ）。

A. 直接材料 B. 直接人工 C. 制造费用 D. 管理费用

8. 采用在产品按定额成本计价法，分配完工产品和月末在产品成本，应具备的条件有（ ）。

A. 定额管理基础较好 B. 各月末在产品数量变化较大

C. 各月末在产品数量变化较小 D. 各月末在产品数量较大

9. 计算本月完工产品成本时，要依据的成本资料主要有（ ）。

A. 月初在产品成本 B. 本月发生的生产费用

C. 月末在产品成本 D. 上月完工产品成本

10. 本月发生的直接人工费用和制造费用，不计入月末在产品成本的方法有（ ）。

A. 不计算在产品成本法 B. 定额成本法

C. 在产品只计算材料成本法 D. 在产品按完工产品成本计算法

11. 确定完工产品与月末在产品之间分配费用的方法时，应考虑的条件有（ ）。

A. 各月末在产品数量的多少 B. 月初、月末在产品数量变动的大小

C. 产品成本中各项费用比重的大小 D. 定额管理基础的好坏

12. 采用定额成本法时，本期完工产品成本中包括（ ）。

A. 月末在产品的实际成本

B. 月末在产品的定额成本

C. 本期完工产品的实际成本

D. 月末在产品的定额成本与实际成本的差异

13. 生产费用在完工产品和在产品之间进行分配的下列方法中，会使本月生产费用全部由本月完工产品负担的方法有（ ）。

A. 不计算在产品成本

B. 在产品成本按其消耗的原材料费用计算

C. 在产品成本按定额成本计算

D. 在产品成本按年初固定数计算

14. 生产费用在完工产品与在产品之间采用约当产量法分配的适用条件有（ ）。

A. 月末在产品数量较大

B. 各月末在产品结存量不稳定

C. 月末在产品数量不大

D. 月初、月末在产品成本的差额对完工产品成本的影响很小

15. 工业企业的完工产品，应记入（ ）。

A. “库存商品”科目的借方

B. “原材料”科目的借方

C. “低值易耗品”科目的借方

D. “生产成本——基本生产成本”科目的贷方

三、判断题

1. 为了简化核算工作，在产品成本可以只计算原材料费用。（ ）

2. 定额成本法是按照完工产品和月末在产品定额比例计算产品成本的方法。（ ）

3. 约当产量法适用于月末在产品数量较小，各月末在产品数量变化也较小的产品。（ ）

4. 为了反映完工产品成本构成情况，分配生产费用时，应按成本项目分别计算。（ ）

5. 按定额比例法计算月末在产品成本，一般以原材料定额消耗量作为分配标准。（ ）

6. 在产品数量的日常核算，可以通过设置“在产品台账”来进行。（ ）

7. 对于各月末在产品数量变化不大的产品，可以不计算在产品成本。（ ）

8. 广义的在产品，包括狭义的在产品和已经完成一个或多个生产步骤，尚未最终完工需要继续加工的自制半成品。（ ）

9. 采用在产品成本按年初固定数额计算的方法时，其基本点是：年内各月的在产品成本都按年初在产品成本计算，永远不变。（ ）

10. 原材料在生产过程中分次投入时，应当根据该工序在产品累计已投入的材料费用占完工产品应投入的材料费用的比重来计算在产品的投料程度。（ ）

11. 采用月末在产品按定额成本计价法时，定额成本与实际成本之间的差异，由完工产品负担。（ ）

12. 如果材料是在生产开始时一次投入的，则采用约当产量法计算完工产品和月末在产品成本时，在产品的约当产量就是指在产品的数量。（ ）

13. 采用约当产量法计算完工产品和月末在产品成本时，各成本项目的约当总产量是相等的。（ ）

14. 采用定额比例法和定额成本法计算在产品成本，其计算结果应当是一致的。（ ）

15. 采用定额比例法计算完工产品和月末在产品成本时，定额成本与实际成本之间的差异，由完工产品和月末在产品共同负担。（ ）

四、业务操作题

1. 某企业 3 月份生产甲产品 200 件，月末完工产品数量为 194 件，在产品数量为 6 件。本月发生的生产费用为：直接材料 10 080 元，直接人工 3 040 元，制造费用 2 012 元，每月末在产品的数量很少，为简化成本核算工作，采用不计算在产品成本法分配本月生产费用。

要求：计算本月甲产品的完工产品总成本和单位成本。

解

2. 某企业产品成本计算采用在产品成本按年初数固定计算的方法。3月份生产乙产品280件，本月完工产品数量为200件，月末在产品数量为80件。本月初在产品成本为24 000元，其中直接材料10 000元，直接人工8 000元，制造费用6 000元。本月生产费用为68 000元，其中直接材料30 000元，直接人工20 000元，制造费用18 000元。

要求：计算本月的完工产品成本和月末在产品成本。

解

3. 某企业生产丙产品，原材料在生产开始时一次投入，产品成本中原材料费用所占比重较大，月末在产品按所耗原材料费用计价。本月初在产品成本为7 200元。本月生产费用为：直接材料60 000元，直接人工4 000元，制造费用1 000元。本月完工产品数量为400件，月末在产品数量为200件。

要求：计算完工产品成本和月末在产品成本。

解

4. 某企业甲产品由两道工序加工而成，原材料在各道工序生产开始后陆续投入。甲产品原材料消耗定额为100千克，其中第一道工序60千克，第二道工序40千克，在产品在本道工序原材料的消耗定额按50%计算。本月完工产品1 500件，月末在产品数量800件，其中第一道工序500件，第二道工序300件。该产品月初在产品直接材料为8 350元，本月发生直接材料为20 000元。

要求：（1）按材料投入程度计算各道工序在产品的投料程度和月末在产品的约当产量。

（2）采用约当产量法，计算完工产品和月末在产品的直接材料成本。

解

5. 甲产品经过两道工序加工完成，原材料在每道工序开始时一次投入。采用约当产量法分配各项生产费用。3月份甲产品的完工产品500件，月末在产品数量为：第一道工序350件，第二道工序200件，其他有关资料如下：

（1）第一道工序的材料消耗定额为30千克，第二道工序的材料消耗定额为20千克。甲产品月初在产品和本月发生的材料费用共计182 000元。

（2）甲产品的工时定额为50小时，其中第一道工序为40小时，第二道工序为10小时。每道工序内在产品的加工程度分别为：第一道工序60%，第二道工序80%。甲产品月初在产品和本月发生的工资福利费共计18 920元，制造费用共计25 800元。

要求：按以下提示，采用约当产量法计算完工产品与月末在产品成本。

解

（1）直接材料费用的分配：

（2）直接人工费用的分配：

（3）制造费用的分配：

（4）完工产品成本＝

月末在产品成本＝

6. 某企业生产甲产品，3月初在产品成本为：直接材料1 400元，直接人工600元，制造费用400元。本月发生费用：直接材料8 200元，直接人工3 000元，制造费用2 000元。本月完工产品4 000件，单件原材料费用定额2元，单件工时定额1.25小时。月末在产品1 000件，单件原材料费用定额2元，工时定额1小时。

要求：按以下提示，计算完工产品成本和月末在产品成本。

解

（1）计算完工产品和月末在产品各项费用消耗总定额：

（2）计算各项费用分配率：

（3）计算月末在产品成本和本月完工产品成本：

7. 某产品各项消耗定额比较准确、稳定，各月在产品数量变化不大，月末在产品按定额成本计价。该产品月初和本月生产费用累计为：直接材料15 000元，直接人工4 500元，制造费用6 000元。原材料在生产开始时一次投入。单位产品原材料费用定额为40元，月末在产品80件，单位定额工时为10小时，每小时费用定额为：工资及福利费1.5元，制造费用2元。

要求：计算完工产品和月末在产品成本。

解

技能训练

按定额成本法计算在产品成本和完工产品成本技能训练

（一）技能训练的目的

熟练掌握按定额成本法计算在产品成本和完工产品成本。

（二）技能训练资料

某公司生产的丙产品20××年3月初在产品成本为13 500元，其中直接材料9 300元，直接人工2 200元，制造费用2 000元。本月发生的生产费用为25 000元，其中直接材料13 000元，直接人工7 000元，制造费用5 000元。该产品本月完工300件，月末在产品150件，其中第一道工序80件，第二道工序70件。单位在产品直接材料定额成本分别为第一道工序30元，第二道工序20元，原材料在每道工序生产开始时一次性投入。单位产品工时定额为6小时，其中第一道工序4小时，第二道工序2小时。月末在产品在各工序的完工程度均为50%。产品人工费用的小时工资费用定额为4元，制造费用的小时费用定额为3元。

（三）技能训练要求

1. 按定额成本法计算在产品成本和完工产品成本，按以下提示完成各项任务：

解

（1）计算直接材料成本。

月末在产品直接材料定额成本＝

完工产品直接材料成本＝

（2）计算直接人工成本。

月末在产品定额总工时＝

月末在产品定额直接人工＝

完工产品直接人工＝

(3) 计算制造费用。

月末在产品定额制造费用＝

完工产品制造费用＝

(4) 在产品定额成本＝

(5) 本月完工产品成本＝

2. 根据计算分配结果编制产品成本计算单（见表 3－1）。

表 3－1　产品成本计算单

20××年 3 月

产品名称：丙产品　　完工产量：300 件　　金额单位：元

摘要	直接材料	直接人工	制造费用	合计
月初在产品成本	9 300	2 200	2 000	13 500
本月发生生产费用	13 000	7 000	5 000	25 000
本月生产费用合计	22 300	9 200	7 000	38 500
本月完工产品成本				
月末在产品定额成本				

3. 根据产品成本计算单（见表 3－1），编制结转本月完工入库产品成本的会计分录。

解

模块四
品种法

知识测试

一、单项选择题

1. 品种法的成本计算对象是（　　）。

A. 生产的产品品种　　B. 产品的加工步骤
C. 产品的批别　　D. 生产产品的数量

2. （　　）是产品成本计算的最基本的方法。

A. 分类法　　B. 分批法　　C. 分步法　　D. 品种法

3. 若企业只生产一种产品，则发生的费用（　　）。

A. 全部是间接费用
B. 全部是直接费用
C. 部分是直接费用，部分是间接费用
D. 全部是期间费用

4. 下列各项中，属于品种法特点的是（　　）。

A. 分品种、分批别、分步骤计算产品成本
B. 分品种、分批别、不分步骤计算产品成本
C. 分品种、不分批别、不分步骤计算产品成本
D. 不分品种、分批别、分步骤计算产品成本

5. 采用品种法，生产成本明细账（产品成本计算单）应当按照（　　）分别开设。

A. 生产单位　　B. 产品品种　　C. 产品类别　　D. 生产步骤

6. 采用品种法，在本期完工产品和期末在产品之间分配生产费用的特点是（　　）。

A. 没有在产品，不需要分配
B. 通常有在产品，需要分配
C. 管理上不要求分步计算产品成本的多步骤生产通常有在产品，需要分配
D. 大量大批单步骤生产都有在产品，需要分配

7. 在各种成本计算方法中，品种法的成本计算程序（　　）。

A. 最具有代表性　　B. 最具有特殊性
C. 最不完善　　D. 与其他方法的成本计算程序完全不同

8. 产品成本计算的（　　），是指以产品品种作为成本计算对象，归集生产费用、计

算产品成本的方法。

A. 分类法　　B. 分批法　　C. 分步法　　D. 品种法

9. 品种法成本计算期的特点是（　　）。

A. 定期按月计算成本，与生产周期一致

B. 定期按月计算成本，与会计报告期一致

C. 不定期计算成本，与生产周期一致

D. 不定期计算成本，与会计报告期不一致

10.（　　）是最基本的成本计算方法，其他成本计算方法一般都需要与其结合使用。

A. 分类法　　B. 分批法　　C. 品种法　　D. 分步法

二、多项选择题

1. 品种法主要适用于（　　）企业。

A. 大量大批的单步骤生产

B. 单件小批的单步骤生产

C. 大量大批且管理上不要求分步骤计算产品成本的多步骤生产

D. 大量大批且管理上要求分步骤计算产品成本的多步骤生产

2. 根据产业生产特点，下列企业适宜采用品种法计算产品成本的有（　　）。

A. 发电厂　　B. 玻璃制品厂　　C. 机械制造厂　　D. 自来水厂

3. 品种法的特点有（　　）。

A. 以生产的产品品种为成本计算对象

B. 成本计算期与会计期间一致

C. 生产费用在完工产品与在产品之间的分配要视具体情况而定

D. 一般适用于小批单件生产企业

4. 品种法是成本计算最基本的方法，这是因为（　　）。

A. 各种方法最终都要计算出各产品品种的成本

B. 品种法成本计算程序是成本计算的一般程序

C. 品种法定期按月计算成本

D. 品种法不需要进行费用分配

5. 工业企业的生产，按其工艺过程划分为（　　）。

A. 单步骤生产　　B. 多步骤生产　　C. 大量生产　　D. 单件生产

6. 在确定成本计算方法时，应重点考虑（　　）。

A. 生产类型的特点　　B. 生产规模的大小

C. 有没有月末在产品　　D. 成本管理的要求

7. 生产类型对成本计算方法的影响，表现在（　　）等方面。

A. 成本计算对象的确定

B. 生产费用归集及计入产品成本的程序

C. 成本计算期的确定

D. 完工产品与月末在产品之间分配生产费用

8. 品种法的计算程序包括（　　）。

A. 分配各种要素费用

B. 按产品品种开设成本明细账

C. 分配辅助生产成本和基本生产车间的制造费用

D. 计算完工产品成本和月末在产品成本

9. 产品成本计算与会计核算的联系在于（ ）。

A. 编制各种费用分配表

B. 平行登记

C. 生产费用在完工产品和月末在产品之间分配

D. 编制各种会计分录

10. 下列各项不影响产品成本计算基本方法选择的有（ ）。

A. 产品消耗定额是否计算准确、稳定

B. 产品品种、规格是否繁多

C. 是否能加速成本计算工作

D. 生产类型的特点及成本管理要求的不同

三、判断题

1. 产品成本计算的品种法只适用于单步骤生产的企业。（ ）

2. 凡是多步骤大量大批生产的企业都不适宜采用品种法计算成本。（ ）

3. 品种法主要适用于大量大批的单步骤生产，还适用于大量大批且管理上不要求分步骤计算产品成本的多步骤生产。（ ）

4. 品种法下的生产成本明细账应按所生产的产品品种设置，并按成本项目分别设置专栏。（ ）

5. 成本计算的简单方法是指成本计算时不设置明细账只设置总账的成本计算方法。（ ）

6. 品种法计算成本的程序就是产品成本计算的一般程序。（ ）

7. 品种法的成本计算是按月进行的，因此，月末都需要采用一定的方法将生产费用在完工产品与在产品之间进行分配，以便计算出完工产品的成本。（ ）

8. 采用品种法计算产品成本时，如果企业只生产一种产品，该种产品就是成本计算对象，所发生的各种生产费用，可以直接计入该种产品的成本明细账。（ ）

9. 采用品种法计算产品成本，期末不存在将生产费用在完工产品和在产品之间进行分配的问题。（ ）

10. 采用品种法计算产品成本时，在单步骤生产中，月末一般没有在产品或在产品数量很少，是否计算在产品成本，对产品成本影响不大，因而可以不计算在产品成本。（ ）

四、业务操作题

1. 某企业设一个基本生产和一个辅助生产车间（机修车间）。基本生产车间生产甲、乙两种产品，采用品种法计算产品成本。辅助生产车间的制造费用不通过“制造费用”科目核算。

20××年6月份该企业生产车间发生的经济业务如下：

（1）基本生产车间领用材料 40 000 元，其中，直接用于甲产品生产的 A 材料 10 800 元，直接用于乙产品生产的 B 材料 18 000 元，甲、乙产品共同耗用的 C 材料 10 000 元（按甲、乙产品的定额消耗量比例进行分配，甲产品的定额消耗量为 440 千克，乙产品的定额消耗量为 560 千克），车间一般消耗 D 材料 1 200 元，辅助生产车间领用 D 材料 2 300 元，各个部门共计领料 42 300 元。

（2）结算本月应付职工工资共计 20 000 元，其中，基本生产车间的工人工资 16 000 元（按甲、乙产品耗用的生产工时比例分配，甲产品生产工时为 300 小时，乙产品生产工时为 500 小时），车间管理人员工资 2 500 元，辅助生产车间职工工资 1 500 元。

（3）企业本月发生的职工福利费占各部门工资额的 14%。

（4）计提固定资产折旧费。基本生产车间月初在用固定资产原值 100 000 元，辅助生产车间月初在用固定资产原值 40 000 元；月折旧率为 1%。

（5）基本生产车间和辅助生产车间发生的其他支出分别为 1 200 元和 600 元，均通过银行办理转账结算。

（6）辅助生产车间（机修车间）提供劳务 2 505 小时，其中为基本生产车间提供劳务 2 000 小时，为管理部门提供劳务 505 小时。

（7）基本生产车间的制造费用按生产工时比例在甲、乙产品之间进行分配。

（8）甲产品各月在产品数量变化不大，生产费用在完工产品与在产品之间的分配，采用在产品按固定成本计价法。乙产品原材料在生产开始时一次投入，原材料费用按完工产品数量和月末在产品数量的比例进行分配，工资及福利费和制造费用采用约当产量比例法进行分配。乙产品本月完工产品 100 件，月末在产品 50 件，完工率为 50%。甲产品月初在产品成本为 9 500 元，其中，原材料费用 4 000 元，工资及福利费 1 200 元，制造费用 4 300 元；乙产品月初在产品成本为 14 500 元，其中，原材料费用 6 000 元，工资及福利费 3 500 元，制造费用 5 000 元。

要求：（1）编制各项要素费用分配的会计分录。（分配率计算结果保留两位小数）

解

1）材料费用分配：

解

2）工资费用分配：

3）发生福利费：

4）计提固定资产折旧：

5）其他支出：

（2）编制辅助生产费用分配的会计分录。

解

（3）编制结转基本生产车间制造费用的会计分录。

解

（4）计算甲、乙产品成本，并编制表 4－1 和表 4－2。

表 4－1　产品成本计算单

产品名称：甲产品　　　　数量：×××件

项目	原材料	工资、福利	制造费用	合计
月初在产品				
本月生产费用				
生产费用合计				
完工产品成本				
月末在产品				

表 4－2　产品成本计算单

产品名称：乙产品　　　　数量：100 件

项目	原材料	工资、福利	制造费用	合计
月初在产品				
本月生产费用				
生产费用合计				
在产品约当产量				—
约当总产量				—
完工产品单位成本				—
完工产品成本				
月末在产品				

（5）编制结转入库产成品成本的会计分录。

解

2. 大明公司某生产车间大量生产甲、乙两种产品，20××年6月有关会计资料如下：

（1）本月耗用原材料153 400元。其中：甲产品耗用119 400元，乙产品耗用20 000元，生产车间耗用8 000元，企业管理部门耗用6 000元。

（2）本月共发生工资和福利费96 000元。其中：生产工人工资和福利费80 000元，车间管理人员工资和福利费8 000元，企业管理部门工资和福利费8 000元。生产工人工资和福利费按甲、乙产品生产工时分配，本月甲产品生产工时为15 000小时，乙产品生产工时为10 000小时。

（3）生产车间固定资产折旧费16 000元，企业管理部门固定资产折旧费4 000元。

（4）生产车间还发生办公费等8 000元，企业管理部门发生办公费等8 000元，款项已支付。

（5）归集并分配制造费用，按甲、乙产品生产工时分配。

（6）甲产品经过3道工序制成。各工序工时定额分别为4小时 、2小时和4小时。各工序结存在产品数量分别为1 400件、640件和500件。完工产品4 000件。甲产品月初在产品成本为：原材料31 020元，工资和福利费7 000元，制造费用6 000元。采用约当产量法计算完工产品和在产品成本。假设原材料在开工时一次投入，各工序内在产品的平均加工程度为50%。

（7）乙产品无月初在产品，本月投产400件，月末全部完工。

要求：（1）分配材料费用。

解

（2）分配人工费用。

解

（3）分配折旧费用。

解

（4）分配办公费用等。

解

（5）归集并分配制造费用。

解

（6）按以下提示，计算甲产品完工产品成本和在产品成本，并结转完工产品成本。

解

1）计算各工序在产品完工率：

2）计算各成本项目约当产量：

3）计算各成本项目分配率：

4）计算甲产品完工产品成本和月末在产品成本：

5）会计分录：

（7）结转乙产品完工产品成本。

解

技能训练

品种法技能训练

（一）技能训练目的

通过训练，达到熟练应用品种法核算产品成本的目的。

（二）技能训练资料

1. 企业的基本情况

鲅鱼圈造纸有限公司是一家造纸企业，生产打印纸和制图纸两种产品，在同一基本生产车间完成，属于简单、大批量生产企业。企业拥有两个辅助生产车间，即供水车间和供气车间，这两个辅助生产车间规模较小，制造费用发生额较少，不单独开设“制造费用”明细账，所发生的费用直接记入“辅助生产成本明细账”。该企业采用品种法核算产品成本。

2. 相关会计资料

（1）该公司20××年6月份期初有关资料见表4-3至表4-5。

表4-3　20××年6月份产品产量和工时　　数量单位：千克

产品名称	月初在产品	本月投产	本月完工产量	月末在产品	生产工时（小时）
打印纸	40	200	200	40	15 000
制图纸	60	100	120	40	10 000

表4-4　20××年6月份月初在产品成本　　单位：元

产品名称	直接材料	燃料及动力	直接人工	制造费用	合计
打印纸	2 100	260	3 400	3 180	8 940
制图纸	7 360	280	4 860	4 368	16 868

表 4-5　20××年 6 月份辅助生产车间对外劳务量

部门	供气车间	供水车间
基本生产车间	5 400 立方米	12 000 吨
管理部门	1 500 立方米	8 000 吨

（2）该公司 20××年 6 月份发生如下业务：

1）材料发出情况：本月各个部门消耗材料情况详见领料单，如表 4-6 至表 4-11 所示。已知：生产产品共同耗用原材料按定额耗用量比例分配，其中打印纸消耗定额为 5 千克，制图纸消耗定额为 8 千克。

表 4-6　领料单

领料部门：基本生产车间　　　　领料编号：01
用　　途：生产打印纸　　　　20××年 6 月 30 日　　　　发料仓库：1 号

材料编号	材料名称	材料规格	计量单位	数量		单价	金额
				请领	实发		
001	100%木浆		千克	750	750	8.00	6 000.00

供应单位：××　　　　领料单位：××　　　　保管员：杨淼　　　　领料人：杨洪

表 4-7　领料单

领料部门：基本生产车间　　　　领料编号：02
用　　途：生产制图纸　　　　20××年 6 月 30 日　　　　发料仓库：1 号

材料编号	材料名称	材料规格	计量单位	数量		单价	金额
				请领	实发		
001	100%木浆		千克	600	600	8.00	4 800.00

供应单位：××　　　　领料单位：××　　　　保管员：杨淼　　　　领料人：杨洪

表 4-8　领料单

领料部门：基本生产车间　　　　领料编号：03
用　　途：生产产品共同耗用　　　　20××年 6 月 30 日　　　　发料仓库：1 号

材料编号	材料名称	材料规格	计量单位	数量		单价	金额
				请领	实发		
001	100%木浆		千克	1 890	1 890	8.00	15 120.00

供应单位：　　　　领料单位：　　　　保管员：杨淼　　　　领料人：杨洪

表 4-9　领料单

领料部门：基本生产车间　　　　领料编号：04
用　　途：机物料消耗　　　　20××年 6 月 30 日　　　　发料仓库：1 号

材料编号	材料名称	材料规格	计量单位	数量		单价	金额
				请领	实发		
001	100%木浆		千克	50	50	8.00	400.00

供应单位：××　　　　领料单位：××　　　　保管员：杨淼　　　　领料人：杨洪

表 4－10 领料单

领料部门：供气车间　　　　　　　　　　　　　　　　　　　　领料编号：05
用　　途：辅助生产　　　　　　20××年 6 月 30 日　　　　　发料仓库：2 号

材料编号	材料名称	材料规格	计量单位	数量		单价	金额
				请领	实发		
001	100%木浆		千克	100	100	8.00	800.00

供应单位：××　　　　领料单位：××　　　　保管员：杨淼　　　　领料人：杨洪

表 4－11 领料单

领料部门：管理部门　　　　　　　　　　　　　　　　　　　　领料编号：06
用　　途：一般耗用　　　　　　20××年 6 月 30 日　　　　　发料仓库：2 号

材料编号	材料名称	材料规格	计量单位	数量		单价	金额
				请领	实发		
001	100%木浆		千克	30	30	8.00	240.00

供应单位：××　　　　领料单位：××　　　　保管员：杨淼　　　　领料人：杨洪

2）本月电费 4 746 元，已经开出转账支票支付；各受益部门共耗用电 6 000 度，用电量分配表见表 4－14。（另附增值税专用发票见表 4－12、转账支票存根见表 4－13）。

表 4－12 辽宁省增值税专用发票　　　　No 0662368

全国统一发票监制章 辽宁 国家税务局监制

开票日期：20××年 06 月 15 日

<table>
<tr><td rowspan="4">购买方</td><td>名称</td><td colspan="4">鲅鱼圈造纸有限公司</td><td rowspan="4">密码区</td><td colspan="2" rowspan="4">■■■■■■■■■■
■■■■■■■■■■
■■■■■■■■■■</td></tr>
<tr><td>纳税人识别号</td><td colspan="4">330103738515168</td></tr>
<tr><td>地址、电话</td><td colspan="4">营口市鲅鱼圈区平安大街 25 号 0417－7840000</td></tr>
<tr><td>开户行及账号</td><td colspan="4">中国银行工大支行 24587965251060020394</td></tr>
<tr><td colspan="2">货物或应税劳务、服务名称</td><td>规格型号</td><td>单位</td><td>数量</td><td>单价</td><td>金额</td><td>税率</td><td>税额</td></tr>
<tr><td colspan="2">工业用电</td><td></td><td>度</td><td>6 000</td><td>0.70</td><td>4 200.00</td><td>13%</td><td>546.00</td></tr>
<tr><td colspan="2">合计</td><td></td><td></td><td></td><td></td><td>¥4 200.00</td><td></td><td>¥546.00</td></tr>
<tr><td colspan="2">价税合计（大写）</td><td colspan="5">⊗肆仟柒佰肆拾陆元整</td><td colspan="2">（小写）¥4 746.00</td></tr>
<tr><td rowspan="4">销售方</td><td>名称</td><td colspan="3">营口市电业有限公司</td><td rowspan="4">备注</td><td colspan="3" rowspan="4">营口市电业有限公司 发票专用章 460086790000515</td></tr>
<tr><td>纳税人识别号</td><td colspan="3">460086790000515</td></tr>
<tr><td>地址、电话</td><td colspan="3">鲅鱼圈辽东湾大街××号 7020000</td></tr>
<tr><td>开户行及账号</td><td colspan="3">中行鲅鱼圈支行 010801080082019</td></tr>
</table>

第三联 发票联

收款人：李丽　　　　复合：张茵　　　　开票人：王明　　　　销售方：（盖章）

表 4-13　转账支票（正联和反面省略）

中国银行　（辽）
转账支票存根
MIB02016318
附加信息

出票日期 20××年 6 月 15 日
收款人：营口市电业有限公司
金额：¥4 746.00
用途：支付电费
备注：
单位主管　　会计
复　　核　　记账

表 4-14　各受益部门用电量分配表

受益部门	耗用量单位（度）	受益部门	耗用量单位（度）
基本生产车间（生产耗用）	4 400	供水车间	100
基本生产车间（一般消耗）	200	管理部门	300
供气车间	1 000	合计	6 000

注：基本生产车间（生产耗用）按产品的生产工时进行分配。

3）本月职工薪酬资料：共支付工资 86 640 元，如表 4-15 和表 4-16 所示。

表 4-15　现金支票（正联和反面省略）

中国银行　（辽）
转账支票存根
MIB02016319
附加信息

出票日期 20××年 6 月 15 日
收款人：鲅鱼圈造纸有限公司
金额：¥86 640.00
用途：工资
备注：
单位主管　　会计
复　　核　　记账

表 4－16　职工薪酬分配表

受益部门	金额（元）	受益部门	金额（元）
生产工人	45 600	供水车间	10 260
基本生产车间技术人员	5 700	管理部门	17 100
供气车间	7 980	合计	86 640

注：生产工人的薪酬按生产工时比例分配。

4）本月固定资产折旧情况。企业上月折旧额：基本生产车间 8 600 元，供气车间3 200 元，供水车间 4 700 元，行政管理部门 5 100 元。上月增加的固定资产：基本生产车间 80 000 元，年折旧率 12%；供水车间增加一辆价值 70 000 元的汽车，年折旧率为 14.4%。上月减少的固定资产：基本生产车间报废一台在用的设备，原价 60 000 元，年折旧率为 7.2%；行政管理部门报废一台在用的电子设备一台，原价 45 000 元，年折旧率为 16.8%。

5）其他费用：本月发生保险费、租赁费、办公费和其他费用共计 8 030 元，假设均以银行存款支付，其他费用汇总表见表 4－17。

表 4－17　其他费用汇总表　　金额单位：元

项目	基本生产车间	供气车间	供水车间	管理部门
财产保险费	1 500	700	500	800
房租费	800	200	1 200	1 000
办公费	110	170	130	620
其他费用	30	50	100	120

6）两种产品共同耗用的材料根据定额耗用量比例分配，生产工人薪酬、制造费用按照生产工时比例分配，辅助生产费用采用直接分配法分配。

7）计算完工产品成本。对月末完工产品和月末在产品费用的分配：打印纸月末在产品数量变化较小，月末按固定成本计价；制图纸在月末时采用约当产量法计算完工产品和在产品成本。投料方式为生产开始时一次投入，在产品完工程度按 50%计算。

（三）技能训练要求

（1）根据“技能训练”中的领料单填制材料费用分配表（见表 4－18），并编写会计分录。

表 4－18　材料费用分配表

20××年 6 月　　金额单位：元

借方科目		直接耗用材料	共同耗用材料					合计
			产量	消耗定额	定额消耗量	分配率	分配费用	
基本生产成本	打印纸							
	制图纸							
	小计		—	—	—	—		
辅助生产成本	供气车间		—	—	—	—	—	
	供水车间	—	—	—	—	—	—	—
	小计		—	—	—	—	—	

续表

借方科目		直接耗用材料	共同耗用材料					合计
			产量	消耗定额	定额消耗量	分配率	分配费用	
制造费用	基本生产车间		—	—	—	—	—	
管理费用			—	—	—	—	—	
合计			—	—	—	—		

编写会计分录：

解

（2）根据“技能训练”中各受益部门用电量分配表（见表 4－14），填制外购动力费用（电费）分配表（见表 4－19），并编写会计分录。

表 4－19　外购动力费用（电费）分配表

20××年 6 月　　　　金额单位：元

借方科目		动力费用分配			电费分配		
		生产工时	分配率	分配金额	用电度数	分配率	分配金额
基本生产成本	打印纸						
	制图纸						
	小计		—			—	
辅助生产成本	供气车间	—	—				
	供水车间	—	—				—
	小计	—	—			—	
制造费用	基本生产车间	—	—				
管理费用		—	—				
合计		—	—			—	

编写会计分录：

解

（3）根据“技能训练”中职工薪酬分配表（见表 4－16），填制应付职工薪酬分配表（见表 4－20），并编写会计分录。

表 4－20　应付职工薪酬分配表

20××年 6 月

金额单位：元

借方科目		分配生产工人薪酬			薪酬合计
		生产工时	分配率	分配金额	
基本生产成本	打印纸				
	制图纸				
	小计		—		
辅助生产成本	供气车间	—	—	—	
	供水车间	—	—	—	
	小计	—	—	—	
制造费用	基本生产车间	—	—	—	
管理费用		—	—	—	
合计		—	—	—	

编写会计分录：

解

（4）根据“技能训练”中本月固定资产折旧情况，填制折旧费用分配表（见表 4－21），并编写会计分录。

表 4－21　折旧费用分配表

20××年 6 月　　　　单位：元

借方科目		5 月份折旧额	5 月份增加固定资产折旧额	5 月份减少固定资产折旧额	6 月份折旧额
辅助生产成本	供气车间		—	—	
	供水车间			—	
	小计			—	
制造费用	基本生产成本				
管理费用			—		
合计		—	—	—	

编写会计分录：

解

（5）根据“技能训练”中其他费用汇总表（见表 4－17），填制其他费用分配表（见表 4－22），并编写会计分录。

表 4－22　其他费用分配表

20××年 6 月　　　　单位：元

总账科目	明细科目	保险费	房租费	办公费	其他	合计
制造费用	基本生产车间					
辅助生产成本	供水车间					
	供气车间					
	小计					
管理费用						
合计						

编写会计分录：

解

（6）根据“技能训练”中辅助生产车间对外劳务量资料表（见表 4－5），填制辅助生产费用分配表并编写会计分录，登记相关的会计账簿，见表 4－23 至表 4－25。

表 4－23　辅助生产费用分配表

（直接分配法）

20××年 6 月

数量单位：立方米、吨

金额单位：元

辅助生产车间名称	供气车间		供水车间		合计
	供气量	供气费用	供水量	供水费用	
待分配辅助生产费用和劳务数量					
费用分配率（单位成本）	—		—		—
基本生产车间耗用（记入“制造费用”）					
行政管理部门耗用（记入“管理费用”）					
合计	—		—		

编写会计分录：

解

表 4－24　辅助生产成本多栏式明细账

辅助车间：供水车间

20××年		摘要	借方项目						贷方	余额
月	日		直接材料	燃料及动力	直接人工	折旧费用	其他费用	借方合计		
6	30	原材料费用汇总		—	—	—	—		—	

续表

20××年		摘要	借方项目						贷方	余额
月	日		直接材料	燃料及动力	直接人工	折旧费用	其他费用	借方合计		
6	30	动力费用汇总	—		—	—	—		—	
6	30	职工薪酬汇总	—	—		—	—		—	
6	30	折旧费用汇总	—	—	—		—		—	
6	30	其他费用汇总	—	—	—	—			—	
6	30	分配辅助费用								

表 4-25 辅助生产成本多栏式明细账

辅助车间：供气车间

20××年		摘要	借方项目						贷方	余额
月	日		直接材料	燃料及动力	直接人工	折旧费用	其他费用	借方合计		
6	30	动力费用汇总	—		—	—	—		—	
6	30	职工薪酬汇总	—	—		—	—		—	
6	30	折旧费用汇总	—	—	—		—		—	
6	30	其他费用汇总	—	—	—	—			—	
6	30	分配辅助费用	—							

（7）根据“技能训练”中的要求，填制制造费用分配表、编写会计分录和登记相关的会计账簿，见表 4-26 和表 4-27。

表 4-26 制造费用分配表

20××年 6 月 金额单位：元

项目	分配标准（生产工时）	分配率	分配金额
打印纸			
制图纸			
合计		—	

编写会计分录：

解

表 4-27　制造费用多栏式明细账

车间名称：基本生产车间

20××年		摘要	借方项目							余额
月	日		直接材料	燃料及动力	直接人工	折旧费用	辅助成本	其他费用	借方合计	
6	30	原材料费用汇总		—	—	—	—	—		
6	30	动力费用汇总	—		—	—	—	—		
6	30	职工薪酬汇总	—	—		—	—	—		
6	30	折旧费用汇总	—	—	—		—	—		
6	30	其他费用汇总	—	—	—	—	—			
6	30	分配辅助费用	—	—	—	—		—		
6	30	分配制造费用								

（8）根据“技能训练”中产品产量和工时资料（见表 4-3）和其他有关资料，计算完工产品和在产品成本，编写结转完工产品成本的会计分录，并登记相关的会计账簿，见表 4-28 至表 4-31。

表 4-28　产品成本计算单

产品名称：打印纸　　　　20××年 6 月　　　　单位：元

项目	直接材料	燃料及动力	直接人工	制造费用	合计
期初在产品成本					
本月生产费用小计					
生产费用累计					
本月完工产品单位成本					
本月完工产品总成本					
月末在产品成本					

注：打印纸月末在产品数量变化较小，月末按固定成本计价。

表 4－29　产品成本计算单

产品名称：制图纸　　20××年 6 月　　单位：元

项目	直接材料	燃料及动力	直接人工	制造费用	合计
期初在产品成本					
本月生产费用小计					
生产费用累计					
月末在产品约当产量					—
本月完工产品单位成本					
本月完工产品总成本					
月末在产品成本					

注：制图纸在月末时采用约当产量法计算完工产品和在产品成本。投料方式为生产开始时一次投入，在产品完工程度按 50%计算。

表 4－30　基本生产成本多栏式明细账

产品：打印纸

20××年		摘要	借方科目						余额
月	日		直接材料	燃料及动力	直接人工	制造费用	其他费用	借方合计	
6	1	期初余额					—		
6	30	材料费用汇总		—	—	—	—		
6	30	动力费用汇总	—		—	—	—		
6	30	职工薪酬汇总	—	—		—	—		
6	30	分配制造费用	—	—	—		—		
6	30	结转完工成本					—		
6	30	月末在产品成本					—		

表 4－31　基本生产成本多栏式明细账

产品：制图纸

20××年		摘要	借方科目						余额
月	日		直接材料	燃料及动力	直接人工	制造费用	其他费用	借方合计	
6	1	期初余额					—		
6	30	材料费用汇总		—	—	—	—		
6	30	动力费用汇总	—		—	—	—		
6	30	职工薪酬汇总	—	—		—	—		
6	30	分配制造费用	—	—	—		—		
6	30	结转完工成本					—		
6	30	月末在产品成本					—		

编写会计分录：

解

模块五

分批法

知识测试

一、单项选择题

1. 下列适合精密仪器制造企业采用的成本计算方法是（　　）。

A. 品种法　　B. 分批法

C. 逐步结转分步法　　D. 平行结转分步法

2. 产品成本计算不定期，成本计算期与产品生产周期基本一致，而与财务报告期不一致的成本计算方法是（　　）。

A. 平行结转分步法　　B. 逐步结转分步法

C. 分批法　　D. 品种法

3. 分批法适用的组织形式是（　　）。

A. 大量大批生产　　B. 单件小批生产

C. 成批生产　　D. 大量小批生产

4. 简化分批法是（　　）。

A. 不计算在产品成本的分批法

B. 不分批计算在产品成本的分批法

C. 不分批计算完工产品成本的分批法

D. 分批计算完工产品和在产品成本的分批法

5. 分批法与简化分批法的主要区别在于（　　）。

A. 简化分批法不分批计算在产品成本　　B. 分批法不计算在产品成本

C. 简化分批法分批计算在产品成本　　D. 分批法分批计算在产品成本

6. 简化分批法不适宜在（　　）的情况下采用。

A. 月末未完工批数较多

B. 各月间接费用的水平相差不大

C. 同一月份投产的产品批数很多，但月末完工批数较少

D. 本月份间接费用水平与前几个月份间接费用水平相差悬殊

7. 在各种成本计算方法中，必须设置生产成本二级账的是（　　）。

A. 简化分批法　　B. 分批法　　C. 分步法　　D. 品种法

8. 采用简化分批法，在有完工产品之前，产品成本明细账（　　）。

A. 不登记任何生产费用　　B. 只登记直接费用和生产工时
C. 登记全部生产费用　　D. 登记其应负担的各项费用

9. 在简化分批法下，累计间接费用分配率（　　）。
A. 只是在各批产品之间分配间接费用的依据
B. 只是在各批在产品之间分配间接费用的依据
C. 只是完工产品与在产品之间分配间接费用的依据
D. 既是各批产品之间，也是完工产品与在产品之间分配间接费用的依据

10. 分批法的成本计算单是按照（　　）设置的。
A. 产品品种　　B. 产品批别　　C. 产品类别　　D. 生产车间

二、多项选择题

1. 下列关于成本计算分批法的表述中，正确的有（　　）。
A. 以产品的批别作为成本核算对象
B. 产品成本计算期与产品生产周期基本一致
C. 适用于单步骤、大量生产的企业
D. 一般不存在在产品与完工产品之间的费用分配问题

2. 分批法与品种法的主要区别有（　　）。
A. 生产周期不同　　B. 产成品的含义不同
C. 成本计算对象不同　　D. 成本计算期不同

3. 分批法适用于（　　）。
A. 单件小批的单步骤生产
B. 管理上不要求分步计算各步骤半成品的多步骤生产
C. 大量生产
D. 大批生产

4. 简化分批法的适用条件有（　　）。
A. 月末未完工批数较多
B. 各月间接费用的水平相差不大
C. 同一月份投产的产品批数很多，但月末完工批数较少
D. 本月份间接费用水平与前几个月份间接费用水平相差悬殊

5. 采用简化分批法，月末（　　）。
A. 只计算完工产品成本　　B. 只对完工产品分配间接费用
C. 要在完工产品与在产品之间分配费用　D. 不分批计算在产品成本

6. 采用简化分批法（　　）。
A. 必须设置基本生产成本二级账
B. 产品完工时必须计算全部产品各项累计间接费用分配率
C. 按照产品批别开设生产成本明细账，产品完工前账内只登记直接费用和生产工时
D. 不分批计算在产品成本

7. 采用简化分批法，在产品完工以前，产品成本明细账应该（　　）。
A. 登记直接费用　　B. 登记生产工时

C. 只登记间接费用，不登记直接费用　　D. 不登记任何费用

8. 分批法的特点有（　　）。

A. 以产品的批次或订单作为成本计算对象

B. 产品成本计算期不固定

C. 按月计算产品成本

D. 一般不需要在完工产品与在产品之间分配生产费用

三、判断题

1. 在分批法下，成本计算期与产品生产周期基本一致，也与会计报告期一致。（　　）

2. 分批法是按照产品的生产步骤归集生产费用，计算产品成本的一种方法。（　　）

3. 分批法适用于大量大批的单步骤生产或管理上要求分步计算成本的大量、大批多步骤生产。（　　）

4. 采用简化的分批法、不必设立基本生产成本二级账。（　　）

5. 若本月份间接费用水平与前几个月份间接费用水平相差悬殊，按累计平均的间接费用分配率计算本月投产、本月完工的产品成本，将会影响成本计算的准确性。（　　）

6. 简化分批法由于只对完工产品分配间接费用，而不分批计算在产品成本，因此又称其为不分批计算在产品成本的分批法。（　　）

7. 采用简化的分批法，应在各月间接费用的水平相差不大且同一月份投产的产品批数很多，但月末完工批数较少、未完工批数较多的情况下采用。（　　）

8. 采用简化分批法，产品在完工以前，生产成本明细账登记产品的各项费用和生产工时。（　　）

9. 在分批法下，一般不需要在完工产品与在产品之间分配生产费用。（　　）

10. 采用分批法时，如果批内产品跨月陆续完工情况不多，完工产品数量占全部批量比重较小，则完工产品可按计划成本或定额成本计算。（　　）

四、业务操作题

1. 某企业单件小批生产甲、乙、丙三种产品，产品成本计算采用分批法，该企业 6 月份的有关成本计算资料如下：

（1）各生产批次产量、投产及完工情况见表 5－1。

表 5－1　产品生产批次表

20××年 6 月

批次	产品	批量（件）	投产日期	完工数量	完工日期
901	甲产品	50	4 月 15 日	50	6 月 20 日
902	乙产品	100	5 月 8 日	60	6 月 30 日 完工 60 件
903	丙产品	7	6 月 5 日	0	尚未完工

（2）月初在产品成本及累计工时情况见表 5－2。

表 5-2 各批产品月初在产品成本

20××年 6 月

单位：元

批次	产品	直接材料	直接人工	制造费用
901	甲产品	4 000	1 000	1 200
902	乙产品	60 000	15 000	13 000

（3）本月发生的生产费用及工时情况见表 5-3。

表 5-3 各批产品本月发生生产费用、生产工时

20××年 6 月

金额单位：元

批次	产品	直接材料	直接人工	制造费用
901	甲产品	—	400	500
902	乙产品	—	7 000	6 000
903	丙产品	20 000	5 600	4 800

三种产品的原材料均在生产开始时一次投入。902 号乙产品本月完工产品数量在批内所占比重较大（60%），根据生产费用发生情况，其原材料费用按照完工产品和在产品的实际数量比例分配，直接人工费用和制造费用采用约当产量比例法在完工产品和月末在产品之间进行分配，在产品完工程度为 50%。

要求：采用一般分批法分配各批次产品费用并填写下列相关成本计算单。

（1）分配 901 号甲产品的生产费用，填写 901 号甲产品成本计算单（见表 5-4），并编制完工产品分录。

表 5-4 901 号产品成本计算单

批别：901 批次　　　　　　　　　　　　　　　　开工日期：4 月 15 日

产品：甲产品　　批量：50 件　　完工：50 件　　完工日期：6 月 20 日

项目	直接材料	直接人工	制造费用	合计
月初在产品成本				
本月生产费用	—			
生产费用合计				
转出完工产品成本				
单位成本				

编写会计分录：

解

（2）分配 902 号乙产品的生产费用，填写 902 号乙产品成本计算单（见表 5-5），并编制完工产品分录。

表 5-5　902 号产品成本计算单

批别：902 批次　　　　　　　　　　　　　　　　　　　　　　开工日期：5 月 8 日
产品：乙产品　　批量：100 件　　完工：60 件　　　　　　　　完工日期：6 月 30 日

项目	直接材料	直接人工	制造费用	合计
月初在产品成本				
本月生产费用	—			
生产费用合计				
完工产品数量				—
在产品约当产量				—
费用分配率				—
转出完工产品成本				
月末在产品成本				

计算过程及会计分录：

解

1）约当产量：

直接材料项目约当产量＝

直接人工项目约当产量＝

制造费用项目约当产量＝

2）分配率：

直接材料项目费用分配率＝

直接人工项目费用分配率＝

制造费用项目费用分配率＝

3）完工产品成本：

直接材料项目＝

直接人工项目＝

制造费用项目＝

4）月末在产品成本：

直接材料项目＝

直接人工项目＝

制造费用项目＝

会计分录：

（3）填写903号丙产品成本计算单（见表5-6）。

903号产品本月末完工，发生的费用均为在产品成本。

表5-6　903号产品成本计算表

批别：903批次　　　　　　　　　　　　　　　　　　　　开工日期：6月5日

产品：丙产品　　批量：7件　　完工：　　　　　　　　　完工日期：　月　日

项目	直接材料	直接人工	制造费用	合计
本月生产费用				
生产费用合计				
月末在产品成本				

2. 某企业小批生产多种产品，由于生产批数多，为简化成本计算工作，采用简化分批法计算产品成本。原材料均在投产时一次性投入。该企业4月份的有关成本计算资料如下：

（1）生产情况见表5-7。

表5-7　第二车间产品生产批次表

20××年6月

批号	产品	批量（台）	投产时间	完工数量	完工时间
201	A产品	10	2月	10	4月
302	B产品	15	3月	15	4月
303	C产品	8	3月	2	4月完工2台
401	D产品	12	4月	0	尚未完工

（2）月初在产品成本及累计工时情况见表5-8。

表5-8　各批产品月初在产品成本及累计工时

20××年6月　　　　　　　　　　　　　　　　金额单位：元

<table>
<tr><th>批号</th><th>产品</th><th>直接材料</th><th>直接人工</th><th>制造费用</th><th>生产工时（小时）</th></tr>
<tr><td>201</td><td>A产品</td><td>9 500</td><td rowspan="3">22 000</td><td rowspan="3">15 000</td><td>11 000</td></tr>
<tr><td>302</td><td>B产品</td><td>12 000</td><td>13 000</td></tr>
<tr><td>303</td><td>C产品</td><td>8 500</td><td>5 000</td></tr>
<tr><td colspan="2">合计</td><td>30 000</td><td>22 000</td><td>15 000</td><td>29 000</td></tr>
</table>

注：303批次C产品8台，本月完工2台，完工产品工时2 025小时。

（3）本月发生的生产费用及工时情况见表5-9。

表5-9　各批产品本月发生的生产费用及工时

20××年6月　　　　　　　　　　　　　　　　金额单位：元

<table>
<tr><th>批号</th><th>产品</th><th>直接材料</th><th>直接人工</th><th>制造费用</th><th>生产工时（小时）</th></tr>
<tr><td>201</td><td>A产品</td><td>—</td><td rowspan="4">12 960</td><td rowspan="4">8 920</td><td>3 900</td></tr>
<tr><td>302</td><td>B产品</td><td>—</td><td>6 700</td></tr>
<tr><td>303</td><td>C产品</td><td>—</td><td>3 100</td></tr>
<tr><td>401</td><td>D产品</td><td>24 000</td><td>3 300</td></tr>
<tr><td colspan="2">合计</td><td>24 000</td><td>12 960</td><td>8 920</td><td>17 000</td></tr>
</table>

要求：采用简化分批法分配生产费用，并填写基本生产成本二级账和相关成本计算单。

(1) 开设基本生产成本二级账并登记（见表 5－10）。

表 5－10　基本生产成本二级账

金额单位：元

20××年		凭证字号（略）	摘要	直接材料	生产工时（小时）	直接人工	制造费用	成本合计
月	日							
4	1		月初在产品成本					
4	30		发生材料费用		—	—	—	
	30		分配生产工人薪酬	—			—	
	30		分配制造费用	—	—	—		
	30		本月发生生产费用		—			
	30		累计生产费用					
	30		累计间接费用分配率	—	—			—
	30		转出本月完工产品成本					
	30		月末在产品成本					

(2) 按产品批次设置并填写产品成本计算单（见表 5－11 至表 5－15）。

表 5－11　产品成本计算单

批号：201　　　　　　　　　　　　　　　　　　　　　投产日期：2 月

产品名称：A 产品　　　批量：10 台　　　完工：10 台　　　完工日期：4 月

20××年		摘要	直接材料	生产工时（小时）	直接人工	制造费用	成本合计
月	日						
4	1	累计余额			—	—	—
	30	本月发生生产费用	—		—	—	—
	30	本月累计			—	—	—
	30	累计间接费用分配率	—	—			—
	30	转入间接计入费用	—	—			—
	30	结转本月完工产品成本					
		单位完工产品成本		—			

表 5－12　产品成本计算单

批号：302　　　　　　　　　　　　　　　　　　　　　投产日期：3 月

产品名称：B 产品　　　批量：15 台　　　完工：15 台　　　完工日期：4 月

20××年		摘要	直接材料	生产工时（小时）	直接人工	制造费用	成本合计
月	日						
4	1	累计余额			—	—	—

续表

20××年 月	日	摘要	直接材料	生产工时（小时）	直接人工	制造费用	成本合计
4	30	本月发生生产费用	—		—	—	—
	30	本月累计			—	—	—
	30	累计间接费用分配率	—	—			—
	30	转入间接计入费用	—	—			—
	30	结转本月完工产品成本					
		单位完工产品成本		—			

表 5－13　产品成本计算单

批号：303　　　　　　　　　　　　　　　　　　　　　　　　投产日期：3 月

产品名称：C 产品　　批量：8 台　　完工：2 台　　　　　　完工日期：4 月

20××年 月	日	摘要	直接材料	生产工时（小时）	直接人工	制造费用	成本合计
4	1	累计余额			—	—	—
	30	本月发生生产费用	—		—	—	—
	30	本月累计			—	—	—
	30	累计间接费用分配率	—	—			—
	30	转入间接计入费用	—				
	30	结转本月完工产品成本					
	30	单位完工产品成本		—			
	30	月末在产品成本			—	—	—

表 5－14　产品成本计算单

批号：401　　　　　　　　　　　　　　　　　　　　　　　　投产日期：4 月

产品名称：D 产品　　批量：12 台　　完工：　　　　　　　完工日期：未完工

20××年 月	日	摘要	直接材料	生产工时（小时）	直接人工	制造费用	成本合计
4	30	本月发生			—	—	—
	30	本月止累计	—		—	—	—

（3）编制完工产品成本汇总表（见表 5－15），结转本月完工产品成本。

表 5－15　完工产品成本汇总表

20××年 4 月　　　　　　　　　　　　　　　　　　　　单位：元

成本项目	A 产品（产量 10 台）		B 产品（产量 15 台）		C 产品（产量 2 台）	
	总成本	单位成本	总成本	单位成本	总成本	单位成本
直接材料						

续表

成本项目	A产品（产量10台）		B产品（产量15台）		C产品（产量2台）	
	总成本	单位成本	总成本	单位成本	总成本	单位成本
直接人工						
制造费用						
合计						

结转本月完工产品成本的会计分录：

解

技能训练

一、分批法技能训练

（一）技能训练目的

通过训练，达到熟练采用一般分批法核算产品成本的目的。

（二）技能训练资料

1. 企业基本情况

海星公司设有一个基本生产车间，按生产任务通知单分批组织生产，属于小批生产组织类型的企业。根据其自身的生产特点和管理要求，采用一般分批法计算投产各批产品的生产成本。

2. 相关会计资料

（1）该公司6月产品投产及完工情况见表5-16。

表5-16 本月产品生产情况

产品批次	本月投产数量（件）	投产时间	本月完工数量（件）
6001批次甲产品	100	6月1日	100
6002批次乙产品	150	6月10日	40
6003批次丙产品	200	6月15日	0

（2）该公司6月发生的生产费用及工时情况见表5－17。

表5－17　各批产品本月发生的生产费用及工时　　金额单位：元

<table>
<tr><th>项目</th><th>直接材料</th><th>直接人工</th><th>制造费用</th><th>生产工时（小时）</th></tr>
<tr><td>6001批次甲产品</td><td>125 000</td><td rowspan="3">19 600</td><td rowspan="3">18 375</td><td>18 000</td></tr>
<tr><td>6002批次乙产品</td><td>167 000</td><td>20 000</td></tr>
<tr><td>6003批次丙产品</td><td>226 000</td><td>11 000</td></tr>
</table>

（三）技能训练任务

（1）根据6月材料领用统计，编制领用材料的会计分录：

解

（2）采用生产工时分配法在各批产品之间分配本月发生的直接人工费用（见表5－18），并编制会计分录。

表5－18　直接人工费用分配表

生产单位：第一生产车间　　年　月　　金额单位：元

产品	生产工时（小时）	分配率	分配金额
6001批次甲产品			
6002批次乙产品			
6003批次丙产品			
合计		—	

根据分配结果，编制分配直接人工费用的会计分录：

解

（3）采用生产工时分配法在各批产品之间分配本月发生的制造费用（见表5－19），并编制会计分录。

表 5-19　制造费用分配表

生产单位：第一生产车间　　　　年　　月　　　　金额单位：元

产品	生产工时（小时）	分配率	分配金额
6001 批次甲产品			
6002 批次乙产品			
6003 批次丙产品			
合计		—	

根据分配结果，编制分配制造费用的会计分录：

解

（4）开设产品成本计算单（见表 5-20 至表 5-22），计算本月完工产品和月末在产品成本，并根据计算结果，编制结转完工产品会计分录。

表 5-20　第一生产车间产品成本计算单

批别：6001 批次　　　　开工日期：6 月 1 日

产品：甲产品　　批量：100 件　　完工：100 件　　完工日期：6 月 25 日

项目	直接材料	直接人工	制造费用	合计
本月生产费用				
生产费用合计				
转出完工产品成本				
单位成本				

表 5-21　第一生产车间产品成本计算单

批别：6002 批次　　　　开工日期：6 月 10 日

产品：乙产品　　批量：150 件　　完工：40 件　　完工日期：　月　日

项目	直接材料	直接人工	制造费用	合计
本月生产费用				
生产费用合计				
单位产品定额成本				
转出完工产品成本				
月末在产品成本				

表 5-22　第一车间产品成本计算单

批别：6003 批次　　　　　　　　　　　　　　　　　　　　　　　开工日期：6 月 15 日

产品：丙产品　　批量：200 件　　完工：　　　　　　　　　　　完工日期：　月　日

项目	直接材料	直接人工	制造费用	合计
本月生产费用				
生产费用合计				
月末在产品成本				

根据计算结果，编制结转完工产品的会计分录：

解

（5）登记相关的成本明细账（见表 5-23 至表 5-25）。

表 5-23　基本生产成本多栏式明细账

产品批次：6001 批次

20××年		摘要	借方科目						余额
月	日		直接材料	燃料及动力	直接人工	制造费用	其他费用	借方合计	
6	30	材料费用汇总		—	—	—	—		
	30	职工薪酬汇总	—	—		—	—		
	30	分配制造费用	—	—	—		—		
	30	结转完工成本		—			—		
	30	月末在产品成本	—	—	—	—	—	—	

表 5-24　基本生产成本多栏式明细账

产品批次：6002 批次

20××年		摘要	借方科目						余额
月	日		直接材料	燃料及动力	直接人工	制造费用	其他费用	借方合计	
6	30	材料费用汇总		—	—	—	—		
	30	职工薪酬汇总	—	—		—	—		
	30	分配制造费用	—	—	—		—		
	30	结转完工成本		—			—		
	30	月末在产品成本		—			—		

表 5-25　基本生产成本多栏式明细账

产品批次：6003 批次

20××年		摘要	借方科目						余额
月	日		直接材料	燃料及动力	直接人工	制造费用	其他费用	借方合计	
6	30	材料费用汇总		—	—	—	—		
	30	职工薪酬汇总	—	—		—	—		
	30	分配制造费用	—	—	—		—		
	30	月末在产品成本		—			—		

二、简化分批法技能训练

（一）技能训练目的

通过训练，达到熟练应用简化分批法核算产品成本的目的。

（二）技能训练资料

南山工厂第二生产车间成批生产多种产品，为简化核算，采用简化的分批法进行成本计算。6 月的有关成本计算资料如下：

（1）生产情况见表 5-26。

表 5-26　第二生产车间产品生产批次表

20××年 6 月

批号	产品	批量（件）	投产日期	完工日期
9801	A 产品	100	4 月 6 日	6 月 20 日
9802	B 产品	40	4 月 24 日	6 月 25 日
9803	C 产品	200	5 月 5 日	未完工
9804	D 产品	20	5 月 22 日	未完工
9805	E 产品	80	6 月 10 日	未完工

（2）月初在产品成本及累计工时情况见表 5-27。

表 5-27　各批产品月初在产品成本

20××年 6 月　　金额单位：元

批号	产品	直接材料	直接人工	制造费用	生产工时（小时）
9801	A 产品	400 000	295 000	245 000	34 000
9802	B 产品	160 000			28 000
9803	C 产品	200 000			32 000
9804	D 产品	40 000			6 000
合计		800 000	295 000	245 000	100 000

（3）本月发生的生产费用及工时情况见表5－28。

表5－28 各批产品本月发生生产费用及工时

20××年6月　　金额单位：元

批号	产品	直接材料	直接人工	制造费用	生产工时（小时）
9801	A产品	—	84 200	59 624	6 000
9802	B产品	—			4 000
9803	C产品	—			7 000
9804	D产品	—			5 000
9805	E产品	200 000			4 400
合计		200 000	84 200	59 624	26 400

（三）技能训练任务

（1）根据产品批别，开设基本生产成本二级账（见表5－29）。

表5－29 基本生产成本二级账

生产单位：第二生产车间　　金额单位：元

20××年		凭证字号（略）	摘要	直接材料	生产工时（小时）	直接人工	制造费用	成本合计
月	日							
6	1		月初在产品成本					
	30		发生材料费用		—	—	—	
	30		分配生产工人薪酬	—			—	
	30		分配制造费用	—	—	—		
	30		本月发生生产费用		—			
	30		累计生产费用					
	30		费用分配率	—	—			—
	30		转出本月完工产品成本					
	30		月末在产品成本					

（2）按产品批次设置并填写产品成本计算单（见表5－30至表5－34）。

表5－30 第二生产车间产品成本计算单

批号：9801　　投产日期：月　日

产品名称：A产品　　批量：　件　　完工：　件　　完工日期：月　日

20××年		摘要	直接材料	生产工时（小时）	直接人工	制造费用	成本合计
月	日						
6	1	累计余额			—	—	—
	30	本月发生生产费用	—		—	—	—
	30	累计间接计入费用分配率	—	—			—
	30	转入间接计入费用	—				—
	30	结转本月完工产品成本					
		单位完工产品成本					

表 5-31　第二生产车间产品成本计算单

批号：9802　　　　　　　　　　　　　　　　　　　　投产日期：月　日
产品名称：B产品　　批量：　　件　　完工：　　件　　完工日期：月　日

20××年		摘要	直接材料	生产工时（小时）	直接人工	制造费用	成本合计
月	日						
6	1	累计余额			—	—	—
	30	本月发生生产费用	—		—	—	—
	30	累计间接计入费用分配率	—	—			—
	30	转入间接计入费用	—				—
	30	结转本月完工产品成本					
		单位完工产品成本					

表 5-32　第二生产车间产品成本计算单

批号：9803　　　　　　　　　　　　　　　　　　　　投产日期：月　日
产品名称：C产品　　批量：　　件　　完工：　　件　　完工日期：月　日

20××年		摘要	直接材料	生产工时（小时）	直接人工	制造费用	成本合计
月	日						
6	1	累计余额			—	—	—
	30	本月发生	—		—	—	—
	30	本月止累计			—	—	—

表 5-33　第二生产车间产品成本计算单

批号：9804　　　　　　　　　　　　　　　　　　　　投产日期：月　日
产品名称：D产品　　批量：　　件　　完工：　　件　　完工日期：月　日

20××年		摘要	直接材料	生产工时（小时）	直接人工	制造费用	成本合计
月	日						
6	1	累计余额			—	—	—
	30	本月发生	—		—	—	—
	30	本月止累计			—	—	—

表 5-34　第二生产车间产品成本计算单

批号：9805　　　　　　　　　　　　　　　　　　　　投产日期：月　日
产品名称：E产品　　批量：　　件　　完工：　　件　　完工日期：月　日

20××年		摘要	直接材料	生产工时（小时）	直接人工	制造费用	成本合计
月	日						
6	30	本月发生			—	—	—
	30	本月止累计			—	—	—

（3）编制完工产品成本汇总表（见表 5－35），结转本月完工产品成本。

表 5－35　第二生产车间完工产品成本汇总表

20××年 6 月

金额单位：元

成本项目	A 产品（产量 100 件）		B 产品（产量 40 件）	
	总成本	单位成本	总成本	单位成本
直接材料				
直接人工				
制造费用				
合计				

模块六

分步法

知识测试

一、单项选择题

1. 采用逐步结转分步法，在完工产品与在产品之间分配费用，是指在（　　）之间分配费用。

A. 产成品与月末在产品

B. 完工半成品与月末加工中的在产品

C. 产成品与广义的在产品

D. 前面步骤的完工半成品与加工中的在产品及最后步骤的产成品与加工中的在产品

2. 成本还原的对象是（　　）。

A. 产成品

B. 各步骤所耗用上一步骤半成品的综合成本

C. 最后步骤的产成品成本

D. 各步骤半成品成本

3. 管理上要求计算各步骤完工产品所耗半成品费用，而不要求进行成本还原的情况下应采用（　　）。

A. 实际结转分步法　　B. 平行结转分步法

C. 综合结转分步法　　D. 分项结转分步法

4. 采用（　　），为反映原始成本项目，必须进行成本还原。

A. 综合结转分步法　　B. 分项结转分步法

C. 平行结转分步法　　D. 逐步结转分步法

5. 成本还原是将（　　）耗用各步骤半成品的综合成本，逐步分解还原为原来的成本项目。

A. 在产品　　B. 自制半成品　　C. 狭义在产品　　D. 产成品

6. 成本还原应从（　　）开始。

A. 第一生产步骤　　B. 中间生产步骤

C. 任意某个生产步骤　　D. 最后一个生产步骤

7. 在管理上不要求计算各步骤完工产品所耗半成品费用和本步骤加工费用，而要求按原始成本项目计算产品成本的企业，采用分步法计算成本时，应采用（　　）。

A. 平行结转分步法　　　　　　　　B. 综合结转分步法
C. 分项结转分步法　　　　　　　　D. 按计划成本结转法

8. 在大量大批多步骤生产企业，当半成品的种类很多，但半成品对外销售的情况却很少，管理上不要求计算半成品成本时，可采用（　　）。

A. 平行结转分步法　　　　　　　　B. 综合结转分步法
C. 分项结转分步法　　　　　　　　D. 按计划成本结转法

9. 平行结转分步法各步骤的费用（　　）。

A. 第一步骤只包括本步骤的费用，其余步骤不仅包括本步骤的费用，也包括上一步骤转入的费用
B. 只包括本步骤发生的费用，不包括上一步骤转入的费用
C. 包括本步骤和上一步骤转入的费用
D. 最后步骤包括前边所有步骤的费用

10. 平行结转分步法下，每一生产步骤计入完工产品成本的"份额"是（　　）。

A. 该步骤完工产成品的成本
B. 该步骤完工半成品的成本
C. 该步骤生产费用中应计入产成品成本的份额
D. 该步骤生产费用中应计入在产品成本的份额

11. 采用平行结转分步法计算产品成本时（　　）。

A. 可以提供所有步骤耗用上一步骤半成品的成本资料
B. 不能提供各个步骤耗用上一步骤半成品的成本资料
C. 只能提供第二步骤耗用上一步骤半成品的成本资料
D. 只能提供最后步骤耗用上一步骤半成品的成本资料

12. 采用（　　）这种成本计算方法，半成品成本不随实物转移而转移。

A. 综合结转分步法　　　　　　　　B. 分项结转分步法
C. 平行结转分步法　　　　　　　　D. 分批法

13. 平行结转分步法中的"在产品"是指（　　）。

A. 广义在产品　　B. 自制半成品　　C. 狭义在产品　　D. 本步骤在制品

14. 平行结转分步法中的"产成品"是指（　　）。

A. 本步骤在制品　　B. 狭义在产品　　C. 广义在产品　　D. 最终产成品

二、多项选择题

1. 出于是否需要计算各生产步骤的半成品成本和简化成本计算工作的考虑，分步法分为（　　）。

A. 逐步结转分步法　　　　　　　　B. 平行结转分步法
C. 综合结转分步法　　　　　　　　D. 分项结转分步法

2. 逐步结转分步法按照半成品成本在下一步骤成本明细账中的反映方法，可分为（　　）。

A. 综合结转分步法　　　　　　　　B. 逐步结转分步法
C. 分项结转分步法　　　　　　　　D. 平行结转分步法

3. 综合结转分步法下，半成品成本的结转可以（　　）。

A. 按照半成品的实际成本结转　　B. 按照半成品的定额成本结转

C. 按照半成品的作业成本结转　　D. 按照半成品的计划成本结转

4. 分项结转分步法，半成品成本的结转可以（　　）。

A. 按实际成本结转　　B. 按计划成本结转

C. 按定额成本结转　　D. 按标准成本结转

5. 逐步结转分步法的特点是（　　）。

A. 除第一生产步骤外，其余各生产步骤的生产费用均包括上步骤转入的半成品成本和本步骤所发生的生产费用

B. 半成品成本随实物的转移而转移

C. 各生产步骤的完工产品，除最后步骤为产成品外，其余各步骤均为半成品

D. 各步骤的在产品均为狭义在产品

6. 应当采用逐步结转分步法计算成本的企业主要是（　　）。

A. 自制半成品可以加工成多种产品的企业

B. 有自制半成品对外销售的企业

C. 为加强成本管理，考核自制半成品成本计划执行情况的企业

D. 按订单组织生产的企业

7. 在分步法中不用成本还原，可直接按成本项目反映产成品成本的分步法是（　　）。

A. 综合结转分步法　　B. 分项结转分步法

C. 平行结转分步法　　D. 逐步结转分步法

8. 采用平行结转分步法，各生产步骤的期末在产品包括（　　）。

A. 本步骤正在加工的在制品

B. 本步骤已加工完毕交给各半成品仓库的半成品

C. 上步骤正在加工的在制品

D. 本步骤已完工但正在以后步骤进一步加工并尚未最终完工的半成品

9. 半成品成本随实物转移而转移的分步法是（　　）。

A. 综合结转分步法　　B. 分项结转分步法

C. 平行结转分步法　　D. 定额法

10. 平行结转分步法的特点是（　　）。

A. 各生产步骤不计算在产品成本，只计算本步骤发生的生产费用

B. 各步骤半成品成本不需要随半成品实物的转移而转移，半成品成本的核算与实物相脱节

C. 某步骤生产成本明细账中转出的完工产品成本，只是指该步骤生产费用中应由产成品负担的份额

D. 各步骤生产费用的分配是在产成品与广义在产品之间进行的

11. 采用平行结转分步法（　　）。

A. 各步骤可以同时计算产品成本

B. 不能提供半成品成本资料

C. 半成品成本的核算与实物相脱节

D. 不能全面地反映各个生产步骤产品的生产耗费水平

12. 与逐步结转分步法相比，平行结转分步法（　　）。

A. 不必进行成本还原

B. 可以提供各步骤的半成品成本资料

C. 不利于在产品的实物管理和资金管理

D. 各步骤不可以同时计算产品成本

13. 平行结转分步法的特点有（　　）。

A. 不计算各步骤半成品成本

B. 半成品实物转移但成本不结转

C. 在产品是指广义在产品

D. 需要进行成本还原

14. 采用平行结转分步法计算产品成本，各生产步骤的月末在产品成本包括（　　）。

A. 本步骤月末在产品的成本

B. 已转入以后步骤尚未最终完工的半成品成本

C. 最终产成品成本

D. 上一步骤月末在产品成本

15. 平行结转分步法适合在（　　）的情况下采用。

A. 产品种类多，计算和结转半成品工作量大

B. 管理上不要求提供各步骤半成品成本资料

C. 管理上不要求提供按原始成本项目反映的产成品成本资料

D. 管理上不要求全面地反映各个生产步骤的生产耗费水平

三、判断题

1. 采用平行结转分步法，每月末各步骤成本计算单中归集的生产费用，应选用适当的方法在完工产品与在产品之间进行分配。（　　）

2. 逐步结转分步法就是为了计算半成品成本而采用的一种成本计算方法。（　　）

3. 分步法成本计算一般都是按月、定期地进行，而与生产周期不一致。（　　）

4. 采用分步法计算各种产品的产成品成本，还需要按照产品品种结转各步骤成本，这是分步法与其他成本计算方法的不同之处，也是分步法的一个重要特点。（　　）

5. 分步法适用于大量大批的多步骤生产企业。（　　）

6. 采用逐步结转分步法，半成品成本的结转同实物的结转相一致，可以提供半成品和在产品实物管理和资金管理的数据。（　　）

7. 逐步结转分步法，除第一生产步骤外，其余各生产步骤的生产费用均包括两部分，即上步骤转入的半成品成本和本步骤所发生的生产费用。（　　）

8. 逐步结转分步法，各生产步骤的完工产品，除最后步骤为产成品外，其余各步骤均为半成品。（　　）

9. 逐步结转分步法，各步骤的在产品均为广义在产品。（　　）

10. 逐步结转分步法，在产品成本是按在产品实物所在地反映的，各步骤产品成本明细账的期末余额，就是结存在该步骤在产品的全部成本。（　　）

11. 采用平行结转分步法时，产成品是指最后一个生产步骤的产品。（　）

12. 逐步结转分步法，按照半成品成本在下一步骤成本明细账中的反映方法，分为综合结转分步法和分项结转分步法。（　）

13. 综合结转分步法和分项结转分步法均可以按照半成品的实际成本结转，也可以按照半成品的计划成本结转。（　）

14. 进行成本还原，是将产成品所耗半成品的综合成本分解还原为按原始成本项目反映的成本，以满足企业考核和分析产成品成本构成的需要。（　）

15. 采用逐步结转分步法，每月月末各步骤成本计算单中归集的生产费用，应采用适当的方法在完工半成品与狭义在产品之间进行分配。（　）

四、业务操作题

1. 某企业采用平行结转分步法计算产品成本。该企业生产A产品顺序经过三个生产步骤（不经过半成品库），原材料在开始生产时一次投产，在产品成本按约当产量法计算。各步骤月末在产品的完工程度为50%。

（1）产量资料如表6-1所示。

表6-1　产量资料　　数量单位：件

项目	第一步骤	第二步骤	第三步骤
月初在产品数量	80	40	120
本月投产数量	120	140	160
本月完工数量	140	160	200

（2）成本资料如表6-2所示。

表6-2　成本资料　　单位：元

项目	第一步骤		第二步骤	第三步骤
	原料	加工费		
月初在产品成本	6 240	1 000	980	120
本月生产费用	3 120	650	1 050	360
合计	9 360	1 650	2 030	480

（3）要求：

1）计算各步骤应计入A产品成本的份额，将计算结果直接填入各步骤产品成本明细账内（见表6-3至表6-5）。

表6-3　第一步骤产品成本明细账　　单位：元

项目	直接材料	加工费	合计
期初在产品			
本月生产			
费用合计			

续表

项目	直接材料	加工费	合计
约当产量			—
分配率			—
产成品份额			
期末在产品			

表 6-4　第二步骤产品成本明细账　　单位：元

项目	直接材料	加工费	合计
期初在产品			
本月生产			
费用合计			
约当产量			—
分配率			—
产成品份额			
期末在产品			

表 6-5　第三步骤产品成本明细账　　单位：元

项目	直接材料	加工费	合计
期初在产品			
本月生产			
费用合计			
约当产量			—
分配率			—
产成品份额			
期末在产品			

2）将各步骤应计入 A 产品成本的份额平等结转、汇总，编制 A 产品成本汇总计算表（见表6-6）。

表 6-6　A 产品成本汇总计算表　　单位：元

项目	直接材料	加工费	合计
第一步骤			
第二步骤	—		
第三步骤	—		
总成本			
单位成本			

2. 假设甲产品成本采用综合结转分步法进行核算，共计需要三个生产步骤，本月的

有关资料如表 6-7 所示。

表 6-7　甲产品成本计算资料　　单位：元

步骤	完工产品成本	直接材料或半成品	直接人工	制造费用
一	36 000	32 000	3 000	1 000
二	50 000	40 000	6 000	4 000
三	64 000	54 000	7 000	3 000

要求：按以下提示，将本月产成品成本进行成本还原。

解

成本还原的过程如下：
第一次还原（对 54 000 进行分解）：
还原分配率＝
分解出的直接材料＝
分解出的直接人工＝
分解出的制造费用＝
第二次还原（对 43 200 进行分解）：
还原分配率＝
分解出的直接材料＝
分解出的直接人工＝
分解出的制造费用＝
完工产品成本 64 000 元中：
直接人工成本＝
制造费用成本＝
直接材料成本＝

技能训练

分步法技能训练

(一) 技能训练目的

通过训练，达到熟练应用分步法核算产品成本的目的。

(二) 技能训练资料

佳美公司的甲产品经过三个车间连续加工制成，第一车间生产 A 半成品，直接转入第二车间加工制成B半成品，B半成品直接转入第三车间加工成甲产品。其中，1件甲产品耗用1件B半成品，1件B半成品耗用1件A半成品。原材料于生产开始时一次投入，各车间月末在产品完工率均为50%。各车间生产费用在完工产品和在产品之间的分配采用约当产量法。佳美公司20××年3月生产甲产品的有关成本计算资料如下：

（1）本月各车间产量资料如表6-8所示。

表6-8 各车间产量资料表

数量单位：件

项目	第一车间	第二车间	第三车间
月初在产品数量	20	50	40
本月投产数量或上步转入	180	160	180
本月完工产品数量	160	180	200
月末在产品数量	40	30	20

（2）各车间月初及本月费用资料如表6-9所示。

表6-9 各车间月初及本月费用表

单位：元

项目		直接材料	直接人工	制造费用	合计
第一车间	月初在产品成本	1 000	60	100	1 160
	本月生产费用	18 400	2 200	2 400	23 000
第二车间	月初在产品成本	—	200	120	320
	本月生产费用	—	3 200	4 800	8 000
第三车间	月初在产品成本	—	180	160	340
	本月生产费用	—	3 450	2 550	6 000

（三）技能训练要求

（1）采用平行结转分步法计算产成品成本，编制各步骤成本计算单及产品成本汇总表（见表6-10至表6-13）。

表6-10 成本计算单

第一车间　　20××年3月　　金额单位：元

项目	直接材料	直接人工	制造费用	合计
月初在产品成本				
本月发生费用				
合计				
步骤约当产量				—
单位成本				—
应计入产成品成本份额				
月末在产品成本				

表 6-11　成本计算单

第二车间　　20××年 3 月　　金额单位：元

项目	直接人工	制造费用	合计
月初在产品成本			
本月发生费用			
合计			
步骤约当产量			—
单位成本			—
应计入产成品成本份额			
月末在产品成本			

表 6-12　成本计算单

第三车间　　20××年 3 月　　金额单位：元

项目	直接人工	制造费用	合计
月初在产品成本			
本月发生费用			
合计			
步骤约当产量			—
单位成本			—
应计入产成品成本份额			
月末在产品成本			

表 6-13　产品成本汇总计算表

产品名称：甲产品　　20××年 3 月　　金额单位：元

项目	数量	直接材料	直接人工	制造费用	总成本	单位成本
第一车间	—					
第二车间	—	—				
第三车间	—	—				
合计						

（2）编制各步骤成本计算单，采用综合结转分步法计算各步骤半成品成本及产成品成本，并进行成本还原（见表 6-14 至表 6-17）。

表 6-14　第一车间成本计算单

产品名称：A 半成品　　20××年 3 月　　金额单位：元

项目	直接材料	直接人工	制造费用	合计
月初在产品成本				
本月发生费用				

续表

项目	直接材料	直接人工	制造费用	合计
费用合计				
约当产量合计				—
单位成本				—
完工产品成本				
月末在产品成本				

表 6－15　第二车间成本计算单

产品名称：B半成品　　20××年3月　　金额单位：元

项目	半成品	直接人工	制造费用	合计
月初在产品成本	—			
本月发生费用				
费用合计				
约当产量合计				—
单位成本				—
完工产品成本				
月末在产品成本				

表 6－16　第三车间成本计算单

产品名称：甲产品　　20××年3月　　金额单位：元

项目	半成品	直接人工	制造费用	合计
月初在产品成本	—			
本月发生费用				
费用合计				
约当产量合计				—
单位成本				—
完工产品成本				
月末在产品成本				

表 6－17　产品成本还原计算表

甲产品：200件　　20××年3月　　金额单位：元

项目	还原分配率	B半成品	A半成品	直接材料	直接人工	制造费用	合计
还原前甲产品成本	—		—	—			
B半成品成本	—	—		—			
第一次成本还原				—			—
A半成品成本	—	—	—				
第二次成本还原		—					—

续表

项目	还原分配率	B半成品	A半成品	直接材料	直接人工	制造费用	合计
还原后甲产品成本	—	—	—				
单位甲产品成本	—	—	—				

（3）编制各步骤成本计算单，采用分项结转分步法计算各步骤半成品成本及产成品成本（见表6－18至表6－20）。

表6－18 第一车间成本计算单

产品名称：A半成品　　20××年3月　　金额单位：元

项目	直接材料	直接人工	制造费用	合计
月初在产品成本				
本月发生费用				
合计				
约当产量合计				—
单位成本				—
完工产品成本				
月末在产品成本				

表6－19 第二车间成本计算单

产品名称：B半成品　　20××年3月　　金额单位：元

项目	直接材料	直接人工	制造费用	合计
月初在产品成本	—			
本月本步骤加工费用	—			
本月耗用上步骤半成品费用				
合计				
约当产量合计				—
单位成本				—
完工产品成本				
月末在产品成本				

表6－20 第三车间成本计算单

产品名称：甲产品　　20××年3月　　金额单位：元

项目	直接材料	直接人工	制造费用	合计
月初在产品成本	—			
本月本步骤加工费用	—			
本月耗用上步骤半成品费用				
合计				
约当产量合计				—
单位成本				—
完工产品成本				
月末在产品成本				

模块七

分类法

知识测试

一、单项选择题

1. 分类法是在产品品种、规格繁多，但可按一定标准对产品进行分类的情况下，为了（　　）而采用的方法。

A. 简化成本计算工作　　B. 计算各批产品成本

C. 计算各类产品成本　　D. 加强成本的管理

2. 分类法以（　　）作为成本计算对象，归集各类产品的生产费用，计算各类产品的成本。

A. 产品的步骤　　B. 产品的批次　　C. 产品的类别　　D. 产品的品种

3. 在分类法中，按照系数比例在类内各种产品之间分配费用所采用的方法，称为（　　）。

A. 约当产量法　　B. 系数法　　C. 次品　　D. 副产品

4. 企业使用同种原材料在同一生产过程中生产主要产品的同时，附带生产出一些非主要产品，或利用生产中的废料加工而成的产品，称为（　　）。

A. 等级品　　B. 联产品　　C. 次品　　D. 副产品

5. 企业使用原材料相同，经过相同加工过程生产出来的品种相同但质量有所差别的产品，称为（　　）。

A. 副产品　　B. 等级品　　C. 联产品　　D. 次品

6. 分离后发生的加工成本，因可以分辨其承担主体，所以称为（　　）。

A. 联合成本　　B. 计划成本　　C. 目标成本　　D. 可归属成本

7. 如果等级品是由于生产工人操作不当、技术不熟练或企业经营管理不善造成的，应按（　　）分配各等级产品应负担的联合成本。

A. 等级产品的实际产量比例　　B. 等级产品的单位售价

C. 等级产品的实际工时　　D. 等级产品的工人工资

8. 联产品在分离前发生的加工成本称为（　　）。

A. 可归属成本　　B. 联合成本

C. 共同成本　　D. 间接成本

9. 企业利用同种原材料，在同一生产过程中生产出的几种主要产品，称为（　　）。

A. 等级产品　　B. 副产品　　C. 联产品　　D. 产成品

10. 采用系数法时，被选定为标准产品的应是（　　）。

A. 成本计算工作量最大的产品

B. 盈利最多的产品

C. 产量较大、生产比较稳定或规格适中的产品

D. 占企业产品成本比重较大的产品

二、多项选择题

1. 在类内各种规格的产品之间分配费用时，采用的标准有（　　）。

A. 材料定额消耗量　　B. 工时定额

C. 费用定额　　D. 产品的售价、重量或体积

2.（　　）都是使用相同原材料，经过同一生产过程生产出来的产品。

A. 主要产品　　B. 副产品　　C. 联产品　　D. 等级品

3. 联产品的联合成本的分配方法有（　　）。

A. 系数分配法　　B. 分类法

C. 实物量分配法　　D. 销售收入比例分配法

4. 有些联产品分离后还需要进一步加工才能出售，这时，联产品的成本应是其负担的（　　）之和。

A. 联合成本　　B. 定额成本　　C. 计划成本　　D. 可归属成本

5. 对分离后仍需进一步加工才能出售的副产品，成本计算方法通常有（　　）。

A. 如价值较低，只负担可归属成本

B. 不负担任何成本

C. 如价值较高，负担分离前联合成本和可归属成本

D. 负担分离前所有的联合成本

6. 等级品产生的原因通常有（　　）。

A. 生产工人操作不当、技术不熟练

B. 所用材料质量不同

C. 企业经营管理不善

D. 受目前技术水平限制

7. 在分类法中，关键问题在于（　　）。

A. 产品能按一定的标准分类　　B. 必须是大量大批生产

C. 选择适当的分配标准　　D. 必须是小批生产

8. 采用分类法，可将（　　）等方面相同或相似的产品归为一类。

A. 产品结构和耗用原材料　　B. 产品生产工艺技术过程

C. 产品的性质和用途　　D. 产品的售价

三、判断题

1. 分类法应根据各类产品的生产工艺特点和成本管理要求，与品种法、分步法和分批法结合运用。（　　）

2. 采用分类法计算产品成本时，产品分类一定要准确，否则将直接影响成本计算结

果的准确性。（　　）

3. 在类内各种规格的产品之间分配费用时，要选择与产品各项耗用有密切联系的分配标准进行分配。（　　）

4. 分类法与企业生产类型有直接关系，不可以在各种类型的生产中应用。（　　）

5. 采用系数法在类内不同规格产品之间分配费用时，应选择一种产量较大、生产稳定、规格适中的产品作为标准产品，将其分配标准定为“1”。（　　）

6. 分类法是以产品的类别为成本计算对象计算成本的，可以单独使用。（　　）

7. 在类内各种产品之间分配费用时，各成本项目可以按同一个分配标准进行分配，也可以按照各成本项目的性质，分别采用不同的分配标准进行分配。（　　）

8. 采用分类法计算成本时，由于类内各产品成本是按一定标准分配计算出来的，因而计算结果带有一定的假设性。（　　）

9. 在副产品加工处理时间不长、费用不多的情况下，为简化核算，副产品也可按计划单位成本计价。（　　）

10. 副产品是在企业辅助生产过程中生产出来的产品。（　　）

四、业务操作题

1. 某企业在生产甲主产品的同时，还附带生产出了乙副产品，20××年6月份，甲、乙产品的联合成本为80 000元，其中直接材料56 000元，直接人工16 000元，制造费用8 000元。甲、乙产品分离后可直接出售，本月甲产品的产量为3 500千克，乙产品的产量为600千克，乙产品销售单价扣除销售费用、销售税金及相关利润后为每千克5元，乙产品成本按比例从联合成本的各成本项目中扣除。

要求：计算甲、乙产品的总成本和单位成本，并将计算结果填入表7-1。

表7-1　产品成本计算表

20××年6月　　　　单位：元

项目		直接材料	直接人工	制造费用	合计
联合成本					
费用项目比重					
乙产品	总成本				
	单位成本				
甲产品	总成本				
	单位成本				

2. 某企业20××年6月份生产甲产品，在生产中出现不同等级质量的产品。该企业本月生产的甲产品实际产量为1 000件，其中：一等品600件，二等品240件，三等品160件。各等级品的市场售价分别为：一等品售价100元，二等品售价60元，三等品售价35元，本月甲产品的联合成本为28 000元，其中：直接材料18 600元，直接人工6 000元，制造费用3 400元。

要求：(1) 假设不同质量等级的甲产品是由于企业经营管理不善造成的。请采用实物量分配法计算各等级产品成本，并将产品成本计算结果填入表7-2。

表 7-2　等级产品成本计算表

20××年 6 月　　金额单位：元

产品等级	实际产量（件）	分配比例（%）	应负担的成本				单位成本
			直接材料	直接人工	制造费用	合计	
一等品							
二等品							
三等品							
合计							—

（2）假设不同质量等级的甲产品是由于材料质量不同造成的。请采用系数法计算各等级产品成本，并将成本计算结果填入表 7-3。

表 7-3　等级产品成本计算表

20××年 6 月　　金额单位：元

产品等级	实际产量（件）	售价	系数	总系数	分配比例（%）	应负担的成本				单位成本
						直接材料	直接人工	制造费用	合计	
一等品										
二等品										
三等品										
合计		—	—							—

技能训练

分类法技能训练

（一）技能训练目的

通过训练，达到熟练应用分类法核算产品成本的目的。

（二）技能训练资料

某企业生产的产品品种、规格较多，根据产品结构特点和所耗用的原材料、工艺技术过程的不同将它们分为 A、B 两大类，A 类产品包括 A1、A2、A3 三种不同规格的产品。该企业根据产品的生产特点和成本管理要求，先采用品种法计算出 A、B 两大类产品的完工产品实际总成本，然后再采用系数法将各类完工产品总成本在类内各种产品之间进行分配，两类产品的生产费用在完工产品和在产品之间的分配，都采用定额比例法。

20××年 6 月 A 类完工产品总成本与在产品成本资料、产量资料及定额资料如表 7-4 至表 7-6 所示。

表 7－4　产品成本计算单

产品类别：A类产品　　20××年6月　　金额单位：元

项目	直接材料	直接人工	制造费用	合计
月初在产品成本	4 300	3 200	780	8 280
本月发生费用	50 200	14 650	9 440	74 290
生产费用合计	54 500	17 850	10 220	82 570
完工产品成本	45 600	15 050	8 600	69 250
月末在产品成本	8 900	2 800	1 620	13 320

表 7－5　产量资料

产品类别：A类产品　　20××年6月

项目	计量单位	A1 产品	A2 产品	A3 产品
实际产量	件	600	1 000	700

表 7－6　定额资料

产品类别：A类产品　　20××年6月

产品类别	产品品种	计量单位	原材料消耗定额（千克）	工时定额（小时）
A产品	A1 产品	件	12	22
	A2 产品	件	10	20
	A3 产品	件	8	14

（三）技能训练要求

根据上述资料，采用系数法分配费用（A2 产品为标准产品），其中直接材料费用按直接材料定额成本系数分配，其他费用按工时定额系数分配。

确定类内各种产品的系数，将计算结果填入表 7－7。

表 7－7　产品系数计算表

产品类别：A类产品　　20××年6月

产品名称	材料消耗定额（千克）	系数	工时消耗定额（小时）	系数
A1 产品	12		22	
A2 产品	10		20	
A3 产品	8		14	

（1）计算类内各种产品本月总系数，将计算结果填入表 7－8。

表 7－8　产品总系数（标准产量）计算表

产品类别：A类产品　　20××年6月　　金额单位：元

产品名称	产品产量（件）	材料		工时	
		系数	总系数	系数	总系数
A1 产品					

续表

产品名称	产品产量（件）	材料		工时	
		系数	总系数	系数	总系数
A2 产品					
A3 产品					
合计	—	—		—	

（2）计算 A 类产品内 A1、A2、A3 三种产品的总成本和单位成本，将计算结果填入表 7－9。

表 7－9　产品成本计算表

产品类别：A 类产品　　20××年 6 月　　金额单位：元

产品名称	产品产量（件）	材料总系数	直接材料		工时总系数	直接人工		制造费用		产成品总成本	产成品单位成本
			分配率	分配金额		分配率	分配金额	分配率	分配金额		
A1 产品											
A2 产品											
A3 产品											
合计	—		—			—		—			—

模块八

定额法

知识测试

一、单项选择题

1. 原材料脱离定额差异是（　　）。

A. 数量差异　　B. 一种定额变动差异

C. 价格差异　　D. 原材料成本差异

2. 产品成本计算的定额法在适用范围上（　　）。

A. 与生产类型直接相关　　B. 与生产类型无关

C. 适用于大量生产　　D. 适用于小批生产

3. 在脱离定额差异的核算中，与制造费用脱离定额差异核算方式相同的是（　　）。

A. 原材料　　B. 计件工资形式的生产工人工资

C. 自制半成品　　D. 计时工资形式的生产工人工资

4. 定额法的主要缺点是（　　）。

A. 只适用于大批生产的机械化企业

B. 不便于成本分析

C. 较其他成本计算方法核算工作量大

D. 不能合理解决完工产品与月末在产品之间的费用分配问题

5. 在生产过程中，企业实际发生的成本与定额成本的差异是（　　）。

A. 定额变动差异　　B. 材料成本差异

C. 脱离定额差异　　D. 标准成本

6. 在定额法下，当消耗定额提高时，月初在产品的定额成本调整和定额变动差异数（　　）。

A. 都是正数　　B. 都是负数

C. 前者是正数，后者是负数　　D. 前者是负数，后者是正数

7. 用盘存法计算原材料定额消耗量时，根据“本期投产数量＝本期完工产品数量＋期末在产品数量－期初在产品数量”公式计算本期的投产产品数量时，如果原材料随着生产进度连续投入、在产品需要耗用原材料，则公式中的期初和期末在产品数量应按（　　）。

A. 实际消耗量计算　　B. 实际产量计算

C. 约当产量计算　　D. 计划产量计算

8. 计算月初在产品的定额变动差异，是为了（ ）。

A. 调整月初在产品的定额成本　　B. 调整本月发生的定额成本

C. 正确计算本月累计定额成本　　D. 正确计算本月产成品定额成本

9. 定额法的主要缺点是（ ）。

A. 只适用于大批量生产的机械制造企业

B. 较其他成本计算方法核算工作量大

C. 不能合理、简便地解决完工产品与在产品之间的费用分配问题

D. 不便于成本分析工作

10. 直接材料脱离定额差异是（ ）。

A. 数量差异　　B. 一种定额变动差异

C. 价格差异　　D. 原材料成本差异

11. 产品生产过程中各项实际生产费用脱离定额的差异，称为（ ）。

A. 材料成本差异　　B. 定额成本差异

C. 定额变动差异　　D. 脱离定额差异

12. 在定额修改的月份并且存有（ ）的情况下，才会有定额变动差异存在。

A. 月初在产品　　B. 本月投入产品

C. 本月完工产品　　D. 月末在产品

13. 定额成本是根据（ ）制定的。

A. 目标成本　　B. 企业过去的各种消耗定额

C. 计划成本　　D. 企业现行的各种消耗定额

14. 采用定额法计算产品成本时，月末完工产品的实际成本是在（ ）的基础上计算出来的。

A. 月初在产品定额成本　　B. 本月完工产品定额成本

C. 本月投入产品定额成本　　D. 月末在产品定额成本

15. 采用定额法计算产品成本时，材料的日常核算都应按（ ）进行。

A. 定额成本　　B. 实际成本　　C. 目标成本　　D. 计划成本

二、多项选择题

1. 计算和分析脱离定额成本差异主要包括（ ）。

A. 原材料脱离定额差异　　B. 直接人工费用脱离定额差异

C. 制造费用脱离定额差异　　D. 管理费用脱离定额差异

E. 销售费用脱离定额差异

2. 原材料脱离定额差异的计算方法有（ ）。

A. 限额法　　B. 切割法　　C. 盘存法　　D. 年限法

E. 工作量法

3. 采用定额法计算产品成本，产品实际成本的组成项目有（ ）。

A. 定额成本　　B. 定额成本调整　　C. 脱离定额差异　　D. 材料成本差异

E. 定额变动差异

4. 为了简化成本计算工作，（ ）等一般可以全部由本月完工产品成本负担。

A. 定额成本　　B. 脱离定额差异
C. 材料成本差异　　D. 定额变动差异
E. 定额成本调整

5. 定额法应在（　　）的基础上，运用其特有的汇集费用的技术，计算产品成本。
A. 品种法　　B. 分批法　　C. 分步法　　D. 分类法

6. 与企业的生产类型无直接关系的成本计算方法有（　　）。
A. 品种法　　B. 分批法　　C. 定额法　　D. 分类法

7. 在定额法下，如果月初在产品定额变动差异是负数，则说明（　　）。
A. 旧的消耗定额小于新的消耗定额
B. 旧的消耗定额大于新的消耗定额
C. 旧的消耗定额等于新的消耗定额
D. 定额变动系数大于 1
E. 定额变动系数小于 1

8. 定额法的优点有（　　）。
A. 挖掘降低成本的潜力
B. 有利于提高成本定额管理工作的水平
C. 及时加强成本控制
D. 合理、简便地解决完工产品和月末在产品之间分配费用的问题

9. 定额法的适用范围有（　　）。
A. 定额管理制度比较健全，定额管理工作的基础比较好
B. 产品的生产已经定型，消耗定额比较准确、稳定
C. 产品的生产属于大量大批生产
D. 生产的产品规格较多

三、判断题

1. 实际工作中，企业可以单独采用定额法计算产品成本。（　　）

2. 材料成本差异是指修订定额以后，月初在产品账面定额成本与新的定额成本之间的差异。（　　）

3. 定额变动差异反映了费用本身的节约和超支，是经常存在的。（　　）

4. 定额成本是根据企业现行消耗定额和费用定额，按照产品品种和规定的成本项目制定的。（　　）

5. 脱离定额差异是指产品生产过程中各项实际发生的生产费用脱离现行定额的差异。（　　）

6. 定额法是为加强成本管理而采用的一种成本计算方法，可以单独使用。（　　）

7. 定额变动差异与生产费用的超支或节约无关，是定额成本本身变动的结果。（　　）

8. 合理的现行成本定额是衡量企业成本节约或超支的尺度。（　　）

9. 制造费用脱离定额的差异就是由工时差异造成的。（　　）

10. 脱离定额的差异，应全部由月末在产品负担。（　　）

四、业务操作题

1. 某企业生产甲产品，采用定额法计算成本。本月份有关甲产品原材料费用的资料如下：

（1）月初在产品定额费用为 5 000 元，月初在产品脱离定额的差异为节约 145 元（即－145 元，下同），月初在产品定额费用调整为降低 100 元。定额变动差异全部由完工产品负担。

（2）本月定额费用为 100 000 元，本月脱离定额差异为节约 5 100 元。

（3）本月原材料成本差异率为超支 1%，材料成本差异全部由完工产品成本负担。

（4）本月完工产品的产量为 500 件。甲产品单位产品原材料费用定额为 220 元，定额变动系数为 0.9。

要求：（1）计算本月完工产品的原材料定额费用。

（2）计算月末在产品的原材料定额费用。

（3）计算完工产品和月末在产品的原材料实际费用（脱离定额差异，按定额费用比例在完工产品和月末在产品之间分配）。

解

2. 某企业对甲产品采用定额法计算成本。本月有关甲产品直接材料的资料如下：

（1）月初在产品定额原材料费用为 1 000 元，月初在产品原材料脱离定额差异为节约 200 元，月初在产品原材料定额费用调整后降低 100 元。定额变动差异全部由完工产品负担。

（2）本月原材料定额费用为 9 000 元，本月原材料脱离定额差异为节约 97 元。

（3）本月原材料成本差异为超支 1%，原材料成本差异全部由完工产品成本负担。

（4）本月完工产品的定额原材料费用为 8 100 元。

要求：（1）计算月末在产品的原材料定额费用。

（2）计算完工产品和月末在产品的直接材料实际费用（脱离定额差异按定额费用比例在完工产品和月末在产品之间分配）。

解

技能训练

定额法技能训练

（一）技能训练目的

通过训练，达到熟练应用定额法核算产品成本，编制产品成本计算表的目的。

（二）技能训练资料

某企业生产A产品，采用定额法计算产品成本。该产品的上月定额成本资料如表8-1所示。投产情况如下：月初在产品100件，本月投产500件，本月完工550件，月末在产品50件。实际发生费用如下：原材料37 200元，生产工人工资12 950元，制造费用10 630元。定额变动情况：本月初原材料定额成本改为73.5元/件。

表8-1 月份产品定额成本资料

单位：元

成本项目		原材料	工资	制造费用	合计
产成品定额成本		75	24	20	119
在产品定额成本		75	12	10	97
月初在产品成本（100件）	定额成本	7 500	1 200	1 000	9 700
	定额差异	−125	36	43	−46
	定额变动	—	—	—	—
本月生产费用	定额成本	36 750	12 600	10 500	59 850
	定额差异	450	350	130	930

（三）技能训练要求

根据上述资料，采用定额法核算产品成本，编制 A 产品成本计算（见表 8－2）。

表 8－2　A 产品成本计算表（定额法）

单位：元

<table>
<tr><th colspan="2">成本项目</th><th>原材料</th><th>工资</th><th>制造费用</th><th>合计</th></tr>
<tr><td rowspan="3">月初在产品（100 件）</td><td>定额成本</td><td></td><td></td><td></td><td></td></tr>
<tr><td>定额差异</td><td></td><td></td><td></td><td></td></tr>
<tr><td>定额变动</td><td>—</td><td>—</td><td>—</td><td></td></tr>
<tr><td rowspan="2">月初在产品定额变动</td><td>定额成本调整</td><td></td><td>—</td><td>—</td><td></td></tr>
<tr><td>定额变动</td><td></td><td>—</td><td>—</td><td></td></tr>
<tr><td rowspan="2">本月发生费用</td><td>定额成本</td><td></td><td></td><td></td><td></td></tr>
<tr><td>定额差异</td><td></td><td></td><td></td><td></td></tr>
<tr><td rowspan="3">合计</td><td>定额成本</td><td></td><td></td><td></td><td></td></tr>
<tr><td>定额差异</td><td></td><td></td><td></td><td></td></tr>
<tr><td>定额变动</td><td></td><td>—</td><td>—</td><td></td></tr>
<tr><td rowspan="2">分配率</td><td>定额差异</td><td></td><td></td><td></td><td>—</td></tr>
<tr><td>定额变动</td><td></td><td>—</td><td>—</td><td>—</td></tr>
<tr><td rowspan="5">产成品（550 件）</td><td>定额成本</td><td></td><td></td><td></td><td></td></tr>
<tr><td>定额差异</td><td></td><td></td><td></td><td></td></tr>
<tr><td>定额变动</td><td></td><td>—</td><td>—</td><td></td></tr>
<tr><td>总成本</td><td></td><td></td><td></td><td></td></tr>
<tr><td>单位成本</td><td></td><td></td><td></td><td></td></tr>
<tr><td rowspan="3">月末在产品（50 件）</td><td>定额成本</td><td></td><td></td><td></td><td></td></tr>
<tr><td>定额差异</td><td></td><td></td><td></td><td></td></tr>
<tr><td>定额变动</td><td></td><td>—</td><td>—</td><td></td></tr>
</table>

模块九

编制成本报表

知识测试

一、单项选择题

1. 企业成本报表（　　）。

A. 是对外报送的报表

B. 是对内编报的报表

C. 由有关部门规定哪些指标对外公布，哪些指标不对外公布

D. 可根据债权人和投资人的要求，确定哪些指标对外公布，哪些指标不对外公布

2. 企业成本报表的种类、项目、格式和编制方法（　　）。

A. 由国家统一规定　　B. 由企业主管部门统一规定

C. 由企业主管部门与企业共同制定　　D. 由企业自行制定

3. 下列关于主要产品单位成本表的说法中，错误的是（　　）。

A. 主要产品单位成本表是反映企业在报告期内生产的各种主要产品单位成本构成情况的报表

B. 主要产品单位成本表应按主要产品分别编制

C. 主要产品单位成本表是对产品生产成本表的补充说明

D. 主要产品单位成本表是反映企业在报告期内全部产品单位成本构成情况的报表

4. 按照《企业会计准则》的规定，成本报表是（　　）。

A. 对外报表

B. 对内报表（或称内部报表）

C. 既是对外报表，又是对内报表

D. 对内还是对外，由企业自行决定

5. 企业编制主要产品单位成本表时应按（　　）分别编制。

A. 产品品种　　B. 成本项目　　C. 产品种类　　D. 核算对象

6. 下列有关成本报表的论述中，正确的说法是（　　）。

A. 工业企业的成本报表就是用来反映企业一定时期产品成本水平及构成情况的报告文件

B. 在市场经济条件下，成本报表不能为企业确定其产品价格提供数据资料

C. 成本报表与资产负债表、损益表等报表一样，都是企业对外报送或公布的会计

报表

D. 成本报表的种类、项目、格式和编制方法，由企业自行确定，但有时也可以由主管企业的上级机构与企业共同规定

二、多项选择题

1. 工业企业成本报表一般包括（　　）。

A. 产品生产成本表　　B. 主要产品单位成本表

C. 制造费用明细表　　D. 各种期间费用明细表

2. 主要产品单位成本表反映的单位成本包括（　　）。

A. 本月实际数　　B. 历史先进水平

C. 本年计划数　　D. 上年实际平均

3. 期间费用明细表，一般按照期间费用项目分别反映费用项目的（　　）。

A. 计划数　　B. 上年同期实际数

C. 本月实际数　　D. 本年累计实际数

4. 主要产品单位生产成本表中反映的内容主要包括（　　）。

A. 产品产量　　B. 产品单位生产成本

C. 主要技术经济指标　　D. 产品的销售价格

5. 以下报表属于内部报表的有（　　）。

A. 制造费用明细表　　B. 产品生产成本表

C. 利润表　　D. 财务费用明细表

6. 按成本项目反映的产品成本表能够披露报告期内的（　　）。

A. 全部产品生产费用支出情况

B. 完工产品累计实际成本

C. 按计划产量和计划单位成本计算的总成本

D. 上年实际总成本

三、判断题

1. 商品产品成本表中的补充资料部分，只填列单位成本、本月总成本及产值成本率。（　　）

2. 主要产品单位成本表从成本角度揭示了主要产品的状况。（　　）

3. 制造费用明细账只需列出“上年同期实际数”及“本年累计实际数”两栏数字。（　　）

4. 成本报表是对外报告的会计报表。（　　）

5. 成本报表包括财务费用明细表。（　　）

6. 成本报表的编制只要做到数字准确、内容完整就符合要求了。（　　）

四、业务操作题

1. ××公司生产 A、B、C 三种产品，其中 A 产品和 B 产品为主要产品，C 产品为次要产品。20××年有关产量、成本资料如表 9－1 所示。

表 9-1　产量、成本资料表

20××年度　　金额单位：元

项目		A 产品	B 产品	C 产品
产品产量（件）	本年计划	2 260	1 000	980
	本年实际	2 580	1 020	1 000
单位成本（元）	上年实际平均	600	500	—
	本年计划	585	490	545
	本年实际平均	579	492	530

要求：根据上述资料，按产品品种类别编制产品生产成本表（见表 9-2）。

表 9-2　产品生产成本表（按产品品种类别编制）

编制单位：××公司　　20××年度　　金额单位：元

<table>
<tr><th rowspan="2">产品</th><th rowspan="2">计量单位</th><th colspan="2">产量</th><th colspan="3">单位成本</th><th colspan="3">总成本</th></tr>
<tr><th>本年计划</th><th>本年实际</th><th>上年实际平均</th><th>本年计划</th><th>本年累计实际平均</th><th>按上年实际单位成本计算</th><th>按本年实际单位成本计算</th><th>本年实际</th></tr>
<tr><td>主要产品</td><td>—</td><td>—</td><td>—</td><td>—</td><td>—</td><td>—</td><td>—</td><td>—</td><td>—</td></tr>
<tr><td>A 产品</td><td>—</td><td></td><td></td><td></td><td></td><td></td><td></td><td></td><td></td></tr>
<tr><td>B 产品</td><td>—</td><td></td><td></td><td></td><td></td><td></td><td></td><td></td><td></td></tr>
<tr><td>次要产品</td><td>—</td><td>—</td><td>—</td><td>—</td><td>—</td><td>—</td><td>—</td><td>—</td><td>—</td></tr>
<tr><td>C 产品</td><td>—</td><td></td><td></td><td>—</td><td></td><td></td><td>—</td><td></td><td></td></tr>
<tr><td>合计</td><td>—</td><td>—</td><td>—</td><td>—</td><td>—</td><td>—</td><td>—</td><td>—</td><td>—</td></tr>
</table>

2. 某工厂 20××年 12 月份生产车间制造费用有关资料如表 9-3 所示。

表 9-3　制造费用明细资料

20××年 12 月　　单位：元

项目	上年同期实际	本月计划	本月实际	1—11 月份实际累计
职工薪酬	2 655	2 712	2 769	30 280
办公费	700	800	800	9 200
折旧费	3 000	3 300	3 350	36 860
修理费	1 040	1 160	1 180	12 440
运输费	1 380	1 500	1 300	15 700
租赁费	450	600	650	7 400
保险费	700	800	820	9 120
水电费	400	500	500	5 460
劳动保护费	300	400	430	4 880
机物料消耗	180	210	220	2 470

续表

项目	上年同期实际	本月计划	本月实际	1—11 月份实际累计
其他	127	153	170	1 400
合计	10 932	12 135	12 189	135 210

要求：编制该工厂 20××年 12 月份制造费用明细表（见表 9 - 4）。

表 9 - 4　制造费用明细表

编制单位：某工厂　　20××年 12 月　　金额单位：元

项目	行次	本月计划	上年同期实际	本月实际	本年累计实际
职工薪酬	1				
办公费	2				
折旧费	3				
修理费	4				
运输费	5				
租赁费	6				
保险费	7				
水电费	8				
劳动保护费	9				
机物料消耗	10				
其他	11				
合计	12				

模块十

成本报表分析

知识测试

一、单项选择题

1. 可比产品成本降低额与降低率之间的关系是（　　）。

A. 成反比　　B. 成正比

C. 同方向变动　　D. 无直接关系

2. 经济技术指标变动对产品成本的影响主要表现在对（　　）指标的影响。

A. 产品总成本　　B. 产品单位成本

C. 产品产量　　D. 产品总成本和产品产量

3. 采用连环替代法，可以揭示（　　）。

A. 产生差异的因素

B. 实际数与计划数之间的差异

C. 产生差异的因素和各因素的影响程度

D. 产生差异的因素和各因素的变动原因

4. 主要产品单位成本的一般分析，通常首先采用（　　）进行分析。

A. 对比分析法　　B. 趋势分析法　　C. 比率分析法　　D. 连环替代法

5. 下列各指标中，不属于构成比率的是（　　）。

A. 直接材料费用比率　　B. 制造费用比率

C. 直接人工费用比率　　D. 成本利润率

6. 下列成本报表的分析方法中，属于连环替代法的一种简化形式的是（　　）。

A. 比较分析法　　B. 差额计算法　　C. 比率分析法　　D. 结构分析法

二、多项选择题

1. 影响可比产品成本降低额变动的因素有（　　）。

A. 产品价格　　B. 产品产量

C. 产品品种构成　　D. 产品单位成本

2. 工业企业成本报表的分析方法通常包括（　　）。

A. 对比分析法　　B. 比率分析法

C. 连环替代分析法　　D. 差额计算分析法

3. 在生产多品种产品的情况下，影响可比产品成本降低额变动的因素有（　　）。

A. 产品产量　　B. 产品单位成本

C. 产品价格　　D. 产品品种结构

4. 下列各指标中，属于相关指标比率的是（　　）。

A. 产值成本率　　B. 成本利润率

C. 直接材料费用比率　　D. 直接人工费用比率

5. 主要产品单位成本的项目分析包括（　　）。

A. 直接材料费用分析　　B. 制造费用分析

C. 直接人工费用分析　　D. 主要技术经济指标分析

6. 对企业成本报表反映的成本数据可以进行对比分析的是（　　）。

A. 实际与定额　　B. 实际与计划

C. 本期实际与前期实际　　D. 本期实际与以往年度同期实际

三、判断题

1. 按成本项目反映的产品生产成本表，可以分为生产费用和产品生产成本两部分。（　　）

2. 技术经济指标变动对产品成本的影响，主要表现在对产品单位成本的影响上。（　　）

3. 趋势比率分析法既可用于评价企业的经营业绩，又可以用于进行成本预测。（　　）

4. 对大多数企业而言，可比产品成本是成本分析的重点，也是企业降低成本的重点。（　　）

5. 制造费用明细账只需列出“上年同期实际数”及“本年累计实际数”两栏数字。（　　）

6. 可比产品成本降低率就是指可比产品成本降低额与上年实际总成本之比。（　　）

四、业务操作题

1. 星空企业的 A 产品产量对单位成本的影响资料如表 10 - 1 所示。

表 10 - 1　产品产量变动对单位成本影响分析表　　金额单位：元

项目	本年计划			本年实际			降低额		
	产量（件）	总成本	单位成本	产量（件）	总成本	单位成本	产量（件）	总成本	单位成本
变动成本	—	200 000	400	—	220 000	400	—	20 000	0
固定成本	—	50 000	100	—	50 000	90.90	—	0	9.10
合计	1 000	250 000	500	1 100	270 000	490.90	−100	20 000	9.10

要求：请根据表中资料计算以下数据，并做出相应的分析。

解

（1）产量增长率＝

（2）计划固定成本占单位产品全部成本的比重＝

（3）产品产量变动影响的成本降低率＝

（4）产品产量变动影响的总成本降低额＝

分析：

2. 甲公司 2025 年 2 月生产 R 产品的原材料费用计划为 312 000 元，实际为 279 620 元，降低了 32 380 元。该种产品的数量为：计划生产 800 件，实际生产 820 件；单件消耗计划为 60 千克，实际为 62 千克；每千克原材料计划单价为 26 元，实际为 22 元。

要求：用连环替代法计算产品数量、单位产品耗料数量和原材料单价变动对原材料费用的影响程度。

解

附录一
成本管理

知识测试

一、单项选择题

1. 下列各项中，属于酌量性固定成本的是（　　）。

A. 房屋及设备租金　　B. 技术研发费

C. 行政管理人员的薪金　　D. 不动产资金

2. 某公司生产乙产品 200 件，实际耗用总工时 400 小时，标准总工时为 380 小时，标准工资率为 1 元/小时，实际工资率为 0.8 元/小时，则工资率差异为（　　）元。

A. 20　　B. 42　　C. －40　　D. －80

3. 下列各项中，不能列入变动成本法下的产品成本的是（　　）。

A. 直接材料　　B. 直接人工　　C. 固定制造费用　　D. 变动制造费用

4.（　　）是负责完成某一项特定产品制造功能的一系列作业的集合。

A. 作业中心　　B. 制造中心　　C. 企业　　D. 车间

5. 在实际工作中得到广泛应用的标准成本是（　　）。

A. 理想标准成本　　B. 基本标准成本

C. 正常标准成本　　D. 先进标准成本

6. 某企业只生产一种产品，本月份生产并销售产品 100 件，单位产品售价 1 000 元，发生的变动生产成本 30 000 元，变动管理费用和变动销售费用 2 000 元，固定制造费用 10 000 元，固定管理费用和固定销售费用 40 000 元，按照变动成本法计算，该企业的营业利润为（　　）元。

A. 58 000　　B. 70 000　　C. 68 000　　D. 18 000

7. 企业应至少（　　）对标准成本进行测试，通过编制成本差异分析表，确认是否存在因标准成本不准确而形成的成本差异。

A. 每月　　B. 每季度　　C. 每半年　　D. 每年

8. 与传统成本法相比，作业成本法更注重成本信息的（　　）。

A. 一致性　　B. 相关性　　C. 可比性　　D. 可靠性

9. 下列费用属于约束性固定成本的是（　　）。

A. 照明费　　B. 广告费　　C. 职工教育培训费　　D. 业务招待费

10. 作业成本法的核心在于把（　　）与传统成本计算系统中的“数量”（如人工工

时、机器工时）区别开来，并主张以作业量作为分配大多数间接成本的基础。

A. 业务量　　B. 产量　　C. 作业量　　D. 销量

二、多项选择题

1. 下列项目中，属于酌量性固定成本的有（　　）。

A. 研究开发费　　B. 广告费　　C. 职工培训费　　D. 保险费

2. 变动成本法将（　　）作为期间成本。

A. 固定生产成本　　B. 销售费用　　C. 管理费用　　D. 财务费用

3. 适用作业成本法的企业应具备的特征有（　　）。

A. 作业类型较多且作业链较长

B. 同一生产线生产多种产品

C. 企业规模较大且管理层对产品成本准确性要求较高

D. 产品、客户和生产过程多样化程度较高

4. 标准成本法的主要内容包括（　　）。

A. 标准成本的制定　　B. 成本差异的计算

C. 成本差异的分析　　D. 成本差异的账务处理

5. 成本管理，是指企业在营运过程中实施（　　）等一系列管理活动的总称。

A. 成本预测　　B. 成本决策　　C. 成本计划　　D. 成本控制

6. 完全成本法与变动成本法的区别在于（　　）。

A. 应用的前提条件不同

B. 产品成本和期间成本的构成内容不同

C. 税前利润的计算程序和公式不同

D. 税前利润的计算结果不同

7. 下列关于作业成本法的说法中，正确的有（　　）。

A. 作业成本法认为产品成本实际上就是企业全部作业消耗资源之总和

B. 作业成本法之成本计算可以概括为“资源＋产品”

C. 作业成本法的基本思想是“产品消耗作业、作业消耗资源”

D. 作业成本法强调使用直接追溯和动因追溯方式来分配成本

8. 成本性态，是指成本与业务量之间的相互依存关系。按照成本性态，成本可划分为（　　）。

A. 固定成本　　B. 期间成本　　C. 变动成本　　D. 混合成本

9. 目标成本法一般适用于（　　）。

A. 制造业　　B. 物流行业　　C. 建筑行业　　D. 服务行业

10. 下列标准成本差异汇总，通常应由生产部门负责的有（　　）。

A. 直接材料的价格差异　　B. 直接人工的数量差异

C. 变动制造费用的价格差异　　D. 变动制造费用的数量差异

三、判断题

1. 市场容许成本是指目标售价减去目标利润之后的余额。（　　）

2. 作业成本法适用于直接材料和直接人工在产品成本中所占比例较大的产品的核算。（　）

3. 固定成本总额不随业务量的变动而变动，但其单位固定成本与业务量成反比。（　）

4. 不论各期产量是否相等，只要销售量相等，其按完全成本法计算的各期税前利润都相等。（　）

5. 当期末存货量大于期初存货量时，按变动成本法确定的存货成本必然小于完全成本法下的存货成本。（　）

6. 采用高低点法时，区分高低点的指标应该是成本指标，而不是业务量指标。（　）

7. 采用变动成本法和完全成本法计入利润表的期间费用，虽然形式上不同，但实质上相同。（　）

8. 机器调整属于一项作业，它会导致产品成本的发生。（　）

9. 作业动因是将作业中心的成本分配到产品或劳务的标准，它反映了作业中心对资源的耗用情况。

10. 目标成本法是产品生命周期处于成熟期对标准产品广泛采用的成本计算方法。（　）

四、计算分析题

1. 语桐科技有限公司生产 A 产品，产品售价为 20 元，单位产品变动成本为 8 元，固定制造费用总额为 40 000 元，固定销售及管理费用为 10 000 元，无变动销售及管理费用，存货按先进先出法计价，该公司最近三年的产销量资料如表 1 所示。

表 1　最近三年产销量资料

产销量	第一年	第二年	第三年
期初存货量	0	0	4 000
本期生产量	12 000	16 000	8 000
本期销售量	12 000	12 000	12 000
期末存货量	0	4 000	0

要求：(1) 分别按变动成本法和完全成本法计算单位产品成本。

解

（2）分别按变动成本法和完全成本法计算期末存货成本。

解

（3）分别按变动成本法和完全成本法计算期初存货成本。

解

2. 望儿山科技有限公司采用作业成本法核算产品成本，该公司共生产 A、B 两种产品，某月生产 A 产品 600 件、B 产品 800 件，作业成本资料如表 2 所示。

表 2　作业成本资料

作业中心	资源耗用（元）	动因	动因量（A 产品）	动因量（B 产品）	合计
材料处理	20 000	移动次数（次）	500	400	900
材料采购	30 000	订单件数（件）	300	150	450
使用机器	40 000	机器小时（小时）	1 500	1 200	2 700
设备维修	20 000	维修小时（小时）	800	500	1 300
质量控制	24 000	质检次数（次）	240	120	360
产品运输	18 000	运输次数（次）	50	30	80
合计	152 000	—	3 390	2 400	5 790

要求：按作业成本法计算 A、B 两种产品的成本，并填制表 3。

表 3　作业成本计算表

作业中心	成本库（元）	动因	成本动因分配率	A 产品	B 产品
材料处理	20 000	900			
材料采购	30 000	450			
使用机器	40 000	2 700			
设备维修	20 000	1 300			
质量控制	24 000	360			
产品运输	18 000	80			
合计	152 000	5 790			
单位成本	—	—	—		

技能训练

一、目标成本法技能训练

（一）技能训练的目的

掌握目标成本法，能够使用目标成本法进行成本管理。

1. 企业基本情况

恒通公司为一家生产电脑整机的公司，主要生产 A 品牌产品。

2. 相关资料

（1）A 品牌产品 2024 年定价为每台 1 600 元，产销售量为 20 000 台。每台产品成本为 1 090 元：直接材料 820 元，直接人工 122 元，制造费用 148 元。为生产 A 品牌产品，期间费用为 380 万元：其中管理费用 323 万元，销售费用 35 万元，财务费用 22 万元。

（2）随着技术进步及生产效率的极大提高，产品市场竞争大大加剧，产品价格大幅度下降。2025 年竞争对手可能会将竞争品牌的价格下调 8%，为获得市场竞争优势，实现公司经营目标，公司召开会议后决定 A 品牌产品价格必须在 2024 年售价基础上降价 10%，以回击竞争者的挑战，以这样的价格，企业销售经理预计 2025 年产销量将增长 15%。2025 年，虽然产品价格降低，但销量提高，企业管理层期望要力保实现 2024 年的利润水平并小幅攀升 0.5%。

（3）为实现目标利润，必然要加强成本管控，降低产品成本和期间费用。财务部经理结合多年的期间费用对比分析提出，期间费用在 2024 年基础上，管理费用可以压缩 15%，销售费用和财务费用可以压缩 10%。

（二）技能训练要求

（1）根据相关资料（1），计算 2024 年公司实现的利润总额。

解

（2）根据相关资料（2），分析恒通公司 2025 年适宜采用的成本管理方法，并简要说明理由。

解

（3）根据相关资料（2），确定恒通公司A品牌产品2025年的销售量和销售额，填入表4。

表4 A品牌产品销量表

金额单位：万元

项目	2024年			2025年		
	销售量（台）	售价	销售额	销售量（台）	售价	销售额
A品牌产品						

解

（4）根据相关资料（2），确定2025年的目标成本。

解

（5）根据相关资料（3），确定A品牌产品的目标产品成本、单位目标产品成本的降低额。

解

（6）结合目标成本法，分析如何进一步分解目标成本，实现经营目标。

解

二、标准成本法技能训练

(一) 技能训练的目的

掌握标准成本法，能够使用标准成本法进行成本管理。

(二) 技能训练资料

威美制造企业对其生产的甲产品采用标准成本法进行成本管理。该企业在生产甲产品的过程中需消耗 A、B 两种材料。该企业对其生产的甲产品需要经过两道工序，本月实际生产甲产品 200 件。本月生产使用 A 材料 2 500 千克，材料单价为 4.2 元/千克；使用 B 材料 2 000 千克，材料单价为 4.8 元/千克。本月为生产甲产品，第一道工序实际耗用的工时为 1 100 小时，实际发生的直接人工成本为 12 100 元；第二道工序实际耗用的工时为 1 000 小时，实际发生的直接人工成本为 10 000 元。本月为生产甲产品，第一车间实际耗用的机器工时为 800 小时，实际发生的变动制造费用分配率为 9 元/小时。第二车间实际耗用的机器工时为 1 000 小时，实际发生的变动制造费用分配率为 8 元/小时。本月为生产甲产品，第一车间实际发生的固定制造费用总额是 7 000 元；第二车间实际发生的固定制造费用总额是 6 500 元。

(三) 技能训练要求

(1) 请根据用量标准和价格标准确定直接材料标准成本，填入表 5。

表 5　甲产品直接材料标准成本

标准	A 材料	B 材料
用量标准（千克）	—	—
材料消耗量	12	10
损耗用量	2	3
单位产品标准用量合计		
价格标准（元/千克）	—	—
发票价格	3	3.5
运费	0.2	0.7
检验费	0.3	0.3
正常损耗	0.5	0.5
直接材料标准价格合计		
直接材料标准成本		
合计		

(2) 请根据用量标准和价格标准确定直接人工标准成本，填入表 6。

表 6　甲产品直接人工标准成本　　金额单位：元

标准	第一工序	第二工序
用量标准	—	—
产品生产时间	5.1	3.6

续表

标准	第一工序	第二工序
设备调整时间	0.1	0.4
停工时间	0.5	0.3
其他消耗时间	0.3	0.2
单位产品工时合计		
价格标准	—	—
小时工资率	10	12
直接人工标准成本		
合计		

（3）假设该企业采用完全成本法计算变动制造费用，请根据用量标准和价格标准确定变动制造费用标准成本，填入表7。

表7　甲产品变动制造费用标准成本　　金额单位：元

项目	第一车间	第二车间
直接人工标准总工时（小时）	5	4
变动制造费用预算	—	—
间接材料费用	15	7
间接人工费用	6	6
水电费	1	2
其他	0.5	1
合计		
变动制造费用标准分配率		
工时用量	10	15
变动制造费用标准成本		
合计		

（4）假设该企业采用完全成本法计算固定制造费用，请根据用量标准和价格标准确定固定制造费用标准成本，填入表8。

表8　甲产品固定制造费用标准成本　　金额单位：元

项目	第一车间	第二车间
直接人工标准总工时（小时）	5	4
固定制造费用预算	—	—
折旧费	4	2
管理人员工资	12	4
保险费	3	1.5

续表

项目	第一车间	第二车间
其他费用	1	0.5
合计		
固定制造费用分配率		
工时用量	10	15
固定制造费用标准成本		
合计		

（5）请依据以上资料，汇总制定威美制造企业单位甲产品的标准成本，填入表9。

表9　单位甲产品的标准成本　　金额单位：元

成本项目	标准用量（千克）	标准价格	标准成本
直接材料：	—	—	—
A材料			
B材料			
小计			
直接人工：	—	—	—
工序一			
工序二			
小计			
变动制造费用：	—	—	—
第一车间			
第二车间			
小计			
固定制造费用：	—	—	—
第一车间			
第二车间			
小计			
合计			

（6）请依据表9的资料，计算甲产品的直接材料成本差异。

解

（7）请依据表 9 的资料，计算甲产品的直接人工成本差异。

解

（8）请依据表 9 的资料，计算甲产品的变动制造费用成本差异。

解

（9）请依据表 9 的资料，计算甲产品的固定制造费用成本差异。

解

三、变动成本法技能训练

（一）技能训练的目的

掌握变动成本法，能够使用变动成本法进行成本管理。

（二）技能训练资料

英伦郡股份有限公司（以下简称“英伦郡公司”）生产 ZYT 系列直流永磁电机，2024 年是公司正式投产第 2 年，财务部门根据公司生产工艺的特点、管理的要求，严格按照企业会计准则的有关规定，采用完全成本法核算产品成本，对外提供财务信息。同时，为了更好地进行成本管理和控制，内部也采用变动成本法核算产品成本，提供更有利于公司管理需要的内部成本信息。

2024 年 6 月，英伦郡公司生产和销售 220V 的 HD 型号直流电机相关数据如表 10 所示。已知销售单价为 2 000 元/台。HD 型号直流电机的相关成本及公司期间费用资料如表 11 所示。

表 10 HD 型号直流电机生产和销售数量及成本表

单位：英伦郡公司　　2024 年 6 月　　金额单位：元

项目	数量（台）	金额
期初存货量	0	0
本期投产完工量	4 000	—
本期销售量	3 000	6 000 000
期末存货量	1 000	—

表 11 HD 型号直流电机的相关成本及公司期间费用数据

单位：英伦郡公司　　2024 年 6 月　　单位：元

成本项目	变动性	固定性	合计
直接材料	2 400 000	—	2 400 000
直接人工	1 200 000	—	1 200 000
制造费用	400 000	240 000	640 000
销售费用	120 000	160 000	280 000
管理费用	160 000	340 000	500 000
财务费用	0	20 000	20 000
合计	4 280 000	760 000	5 040 000

（三）技能训练要求

（1）请依据表 11 中的资料对比分析变动成本法和完全成本法对产品成本和期间费用产成的影响。

解

（2）根据表 11 中的成本项目，以成本性态分析为基础，区分变动成本和固定成本，并分别按变动成本法和完全成本法，计算英伦郡公司 2024 年 6 月的产品成本和期间成本，编制表 12。

表 12　产品成本和期间成本计算表

单位：英伦郡公司　　2024 年 6 月　　单位：元

成本	项目	变动成本法		完全成本法	
		总金额	单位金额	总金额	单位金额
产品成本（产量 4 000 件）	直接材料				
	直接人工				
	变动制造费用			—	—
	制造费用	—	—		
	合计				
期间成本	固定生产成本		—	—	—
	销售费用		—		—
	管理费用		—		—
	财务费用		—		—
	合计		—		—

（3）请依据表 12 的计算结果，对比变动成本法和完全成本法下产品总成本和单位成本，并分析二者产生差异的原因。

解

（4）请依据表 10 至表 12 中的相关资料，编制产品销货成本和存货成本计算表（见表 13），并作出变动成本法和完全成本法的对比分析。

表 13　产品销货成本和存货成本计算表

单位：英伦郡公司　　2024 年 6 月　　金额单位：元

序号	项目	变动成本法	完全成本法	差额
①	期初存货成本			
②	本期产品成本			
③＝①＋②	可供销售产品成本合计			
④	单位产品成本			
⑤	期末存货量			

续表

序号	项目	变动成本法	完全成本法	差额
⑥=④×⑤	期末存货成本			
⑦=③-⑥	本期销货成本			

解

四、作业成本法技能训练

（一）技能训练的目的

熟练掌握作业成本法。

（二）技能训练资料

仙人岛股份有限公司生产三种产品，分别是甲产品、乙产品和丙产品。甲、乙产品均为多年生产的常规产品，该公司 2024 年销售甲产品 40 000 件，乙产品 80 000 件，丙产品 8 000 件。丙产品属于新开发产品。

仙人岛股份有限公司设有一个生产车间，主要工序包括零部件排序准备、自动插件、手工插件、压焊、技术冲洗及烘干、质量检验和包装。原材料和零部件均需外购。该公司一直采用传统成本计算法计算产品成本。2024 年该公司成本的有关资料如表 14 所示。

表 14 产品成本的相关资料

2024 年　　金额单位：元

项目	甲产品	乙产品	丙产品	合计
产量（件）	40 000	80 000	8 000	—
直接材料	720 000	1 200 000	192 000	2 112 000
直接人工	240 000	480 000	72 000	792 000
制造费用	—	—	—	2 640 000
年直接人工总工时（小时）	18 000	46 000	2 000	66 000

（三）技能训练要求

1. 请按传统成本计算法以直接人工小时作为制造费用的分配基础，计算甲、乙、丙三种产品应分配的制造费用金额及单位产品成本。

（1）分配制造费用（见表15）。

表15 制造费用分配表

2024年　　金额单位：元

项目	甲产品	乙产品	丙产品	合计
年直接人工总工时				
分配率				
制造费用				

（2）计算单位成本（见表16）。

表16 产品单位成本计算表

2024年　　金额单位：元

项目	甲产品	乙产品	丙产品
直接材料			
直接人工			
制造费用			
产品成本合计			
产量（件）			
产品单位成本			

2. 仙人岛股份有限公司在对制造费用做详细分析后，将生产过程中的各项作业分为8个作业中心（即将全部制造费用划分为8个作业成本库），依据作业成本库归集的制造费用如表17所示。管理人员认定各作业成本库的成本动因如表18所示。请按作业成本法分别计算甲、乙、丙三种产品应分配的制造费用及各产品单位成本。

表17 依据作业成本库归集的制造费用

2024年　　金额单位：元

制造费用项目	数额	制造费用项目	数额
产品装配	240 000	工厂管理：	—
材料采购	400 000	管理人员工资	200 000
材料处理及设备折旧	440 000	办公费等	120 000
生产准备	240 000	小计	320 000
产品检验	320 000	其他制造费用：	—
产品包装	260 000	照明及采暖费用	100 000
—	—	房屋建筑物折旧	320 000
小计	1 900 000	小计	420 000
合计	2 640 000		

表 18 各作业成本库的成本动因

作业	成本动因	作业量			
		甲产品	乙产品	丙产品	合计
产品装配（产品作业）	机器小时（小时）	4 000	6 000	4 000	14 000
材料采购（产品作业）	订单数量（张）	400	800	1 600	2 800
材料处理及设备折旧（批次作业）	材料移动（次数）	800	240	800	1 840
生产准备（批次作业）	准备次数（次数）	80	40	400	520
产品检验（批次作业）	检验小时（小时）	2 000	1 200	4 000	7 200
产品包装（产品作业）	包装次数（次数）	150	100	400	650
工厂管理（维持作业）	直接人工（小时）	18 000	46 000	4 000	68 000
其他制造费用（维持作业）	机器小时（小时）	4 000	6 000	4 000	14 000

（1）计算单位作业成本（见表 19）。

表 19 制造费用单位作业成本

2024 年

金额单位：元

作业	成本动因	年制造费用	年作业量（件）	单位作业成本
产品装配	机器小时（小时）			
材料采购	订单数量（张）			
材料处理及设备折旧	材料移动（次数）			
生产准备	准备次数（次数）			
产品检验	检验小时（小时）			
产品包装	包装次数（次数）			
工厂管理	直接人工（小时）			
其他制造费用	机器小时（小时）			

（2）将作业成本库的制造费用按单位作业成本分配到各产品（见表 20）。

表 20 作业成本库的制造费用按单位作业成本分摊表

2024 年

数量单位：件
金额单位：元

作业	单位作业成本	甲产品		乙产品		丙产品	
		作业量	作业成本	作业量	作业成本	作业量	作业成本
产品装配							
材料采购							
材料处理及设备折旧							
生产准备							
产品检验							
产品包装							

续表

作业	单位作业成本	甲产品		乙产品		丙产品	
		作业量	作业成本	作业量	作业成本	作业量	作业成本
工厂管理							
其他制造费用							
合计	—	—		—		—	

（3）计算产品单位成本（见表21）。

表21　产品单位成本计算表　　金额单位：元

项目	甲产品	乙产品	丙产品
直接材料（单位作业）			
直接人工（单位作业）			
产品装配（产品作业）			
材料采购（产品作业）			
材料处理及设备折旧（批次作业）			
生产准备（批次作业）			
产品检验（批次作业）			
产品包装（产品作业）			
工厂管理（维持作业）			
其他制造费用（维持作业）			
总成本			
产量			
单位产品成本			

3. 请对比分析采用传统成本计算法与作业成本计算法导致产品成本计算结果不同的原因。

解

附录二

成本会计综合测试

一、基础知识与基本技能应用题（共 2 小题，每小题 15 分，共计 30 分）

1. 某企业某月某种产品的原材料费用计划为 156 000 元，实际为 139 810 元，降低了 16 190 元。该种产品的数量为：计划生产 400 件，实际为 410 件；单件消耗计划为 30 千克，实际为 31 千克；每千克原材料计划单价为 13 元，实际为 11 元。

要求：用连环替代法计算产品数量、单位产品耗料数量和原材料单价变动对原材料费用的影响程度。

解

2. 某企业有一个基本生产车间和锅炉、供水两个辅助生产车间。20××年 8 月锅炉车间费用 220 000 元，供水车间费用 160 000 元。根据生产统计资料记录，辅助生产车间劳务供应量如表 22 所示。

表 22　辅助生产车间劳务供应量表　　20××年 8 月

受益对象	产品供应量	
	热力蒸汽（立方米）	水（吨）
锅炉车间	—	60 000
供水车间	20 000	—
基本生产车间	70 000	15 000

续表

受益对象	产品供应量	
	热力蒸汽（立方米）	水（吨）
企业管理部门	10 000	5 000
合计	100 000	80 000

要求：采用直接分配法分配辅助生产费用并编制分配结转辅助生产费用的会计分录。

解

二、综合知识与综合技能应用题（共 70 分）

美华公司某生产车间大量生产甲、乙两种产品，20××年 8 月有关资料如下：

1. 本月耗用原材料 38 350 元。其中：甲产品耗用 29 850 元，乙产品耗用 5 000 元，生产车间耗用 2 000 元，企业管理部门耗用 1 500 元。

要求：填写发出材料汇总表（见表 23），编写分配材料费用的会计分录。（10 分）

表 23 发出材料汇总表

材料类别：A 材料　　20××年 8 月　　金额单位：元

领料用途	直接领用材料	共同耗用材料	耗用材料合计
生产甲产品		—	
生产乙产品		—	
车间耗用		—	
管理部门		—	
合计		—	

解

2. 本月共发生工资和福利费为 24 000 元。其中：生产工人工资和福利费为 20 000 元，车间管理人员工资和福利费为 2 000 元，企业管理部门工资和福利费为 2 000 元。生产工人工资和福利费按甲、乙产品生产工时分配，本月甲产品生产工时为 15 000 小时，乙产品为 10 000 小时。

要求：填写直接人工费用分配表（见表 24），分配人工费用并编写会计分录。（10 分）

表 24　直接人工费用分配表

20××年 8 月　　金额单位：元

产品	生产工时（小时）	分配率	分配金额
甲产品			
乙产品			
合计		—	

解

3. 生产车间固定资产折旧费为 4 000 元，企业管理部门固定资产折旧费为 1 000 元。要求：分配折旧费用并编写会计分录。（5 分）

解

4. 生产车间发生办公费等 2 000 元，企业管理部门发生办公费等 2 000 元，款项已支付。要求：分配办公费费用等并编写会计分录。（5 分）

解

5. 归集并分配制造费用（按甲、乙产品生产工时分配）。

要求：填写制造费用分配表（见表25），根据结果编写会计分录。（10分）

表25 制造费用分配表

20××年8月　　金额单位：元

产品	生产工时（小时）	分配率	分配金额
甲产品			
乙产品			
合计		—	

会计分录：

解

6. 甲产品经过3道工序制成。各工序工时定额分别为4小时、2小时和4小时。各工序结存在产品数量分别为350件、160件和125件。完工产品为1 000件。甲产品月初在产品成本为：原材料7 755元，工资和福利费1 750元，制造费用1 500元。采用约当产量法计算完工产品和在产品成本。假设原材料在开工时一次投入，各工序内在产品的平均加工程序为50%。

要求：计算甲产品完工产品成本和在产品成本，填写产品成本计算单（见表26），并编写结转完工产品成本的会计分录。（20分）

表26 产品成本计算单

金额单位：元

生产单位：第一车间　　20××年8月　　产品：甲产品

项目	直接材料	直接人工	制造费用	合计
月初在产品成本				—
本月生产费用				—
生产费用合计				—
完工产品产量				—
在产品约当产量				—
生产总量				—

续表

项目	直接材料	直接人工	制造费用	合计
分配率（本月完工产品单位成本）				—
本月完工产品总成本				
月末在产品成本				

会计分录：

解

7. 乙产品无月初在产品，本月投产 100 件，月末全部完工。

要求：计算乙产品完工产品成本，填写产品成本计算单（见表 27），并编写结转完工产品成本的会计分录。(10 分)

表 27　产品成本计算单

金额单位：元

生产单位：第一车间　　20××年 8 月　　产品：乙产品

项目	直接材料	直接人工	制造费用	合计
本月生产费用				
完工产品产量				—
本月完工产品总成本				

会计分录：

解